大学生思想政治教育系列丛书

我与心理的初次约会
——大学生心理健康教育

郭凤臣　杨孟雪　李向珍◎著

中国纺织出版社有限公司

内 容 提 要

本书深入浅出地阐述了大学生常见的心理问题，文字通俗易懂、案例生动，针对性强、涵盖面广，几乎囊括了大学生在校可能遇到的各种心理问题，同时部分章节附有相应的心理测试和思考题，旨在引导大学生适应学校生活、合理运用网络、正确面对情感问题等，并向大学生普及心理咨询、心理疾病治疗、心理疏导方法等知识。

本书适合用作大学生心理健康教育的通识读本，以供大学生、学生家长、教师进一步参考借鉴。

图书在版编目（CIP）数据

我与心理的初次约会：大学生心理健康教育 / 郭凤臣，杨孟雪，李向珍著 . -- 北京：中国纺织出版社有限公司，2024.5

（大学生思想政治教育系列丛书）

ISBN 978-7-5229-1337-7

Ⅰ. ①我… Ⅱ. ①郭… ②杨… ③李… Ⅲ. ①大学生－心理健康－健康教育 Ⅳ. ①G444

中国国家版本馆 CIP 数据核字（2024）第 025183 号

责任编辑：苗 苗　　责任校对：高 涵　　责任印制：王艳丽

中国纺织出版社有限公司出版发行
地址：北京市朝阳区百子湾东里 A407 号楼　邮政编码：100124
销售电话：010—67004422　传真：010—87155801
http://www.c-textilep.com
中国纺织出版社天猫旗舰店
官方微博 http://weibo.com/2119887771
三河市宏盛印务有限公司印刷　各地新华书店经销
2024 年 5 月第 1 版第 1 次印刷
开本：787×1092　1/16　印张：14.5
字数：293 千字　定价：88.00 元

序

　　高校是开展大学生思想政治教育的主阵地，辅导员是对大学生进行思想政治教育的主要队伍之一。然而，思想政治教育在高校大学生心目中并不被重视，大学生的学习积极性并不高，效果不理想。充分发挥高校辅导员在大学生思想政治教育中的主导作用，构建一种行之有效的"开放式、立体化、全方位"育人模式尤为重要。

　　本系列丛书是作者思想政治工作研究的具体成果。在辅导员工作范畴内，大学生思想政治教育可以采取小说、电影（微电影）、戏剧、公众号、App端手机数据库、辅导员网站、特色校园文化、生活导报、周记、随笔等形式；开展有声音、文字、视频、图片等形式多样的信息量大的活动，可以与德育课程紧密衔接，采取栏目形式多样、喜闻乐见、师生能够互动、大学生愿意接受的方式。

　　本系列丛书内容丰富，形式新颖，切合实际，可操作性强，体现了与时俱进的意识和科学发展的思想，是辅导员必备的读物，对辅导员的工作有着深远的意义。

　　更新高校辅导员德育工作理念：高校辅导员立体化德育力求把比较简单、枯燥、注重抽象说教的平面灌输式德育教育方式变得更加生动、形象、真切，增强德育教育的吸引力、感召力和影响力，提升育人的效果。

　　丰富高校辅导员德育工作理论：通过对辅导员立体化德育进行系统全面的研究，包括在内涵、特征、方法、途径等方面的进一步深化和拓展，将传统德育向现代德育转化，把相对平面的德育模式向立体的德育模式转变的新思路，使立体化德育理论进一步丰富。

　　完善高校辅导员德育工作途径：高校辅导员立体化德育实施，形成育人资源整合，促进高校德育教育形成多渠道、全方位、立体化共同作用的综合影响，进一步增强德育教育实效性。

　　有利于提高育人效果：高校辅导员立体化德育相对于平面化德育更生动、形象、具体、真切，克服了简单、枯燥、抽象说教的弱点，以增强德育的吸引力和德育的实效性。

有利于德育教育资源的整合：高校辅导员立体化德育强调全方位、多渠道、系统影响和综合作用。有利于开辟多种教育渠道，进一步发挥家庭、社会、学校和个人的教育影响，充分发挥高校育人功能。促进高校德育多渠道、全方位、立体化、系统化，完善德育实施过程。

有利于扩大德育教育的覆盖面和渗透力：高校辅导员立体化德育强调充分利用多种现代传媒手段，方便快捷、生动形象、应用广泛，可以大大增强教育的覆盖面和渗透力。

陈景翊

2024 年 1 月于长春

前言

　　教育是国之大计、党之大计，教育的根本任务是立德树人，是培养堪当民族复兴大任的建设者和接班人。

　　在教育持续发展的背景下，心理健康教育成为教育的重要组成部分。教育是一种春风化雨的力量，是一片云影响另一片云的艺术。教育工作的最终效果，需要通过大学生自身心理成长来承载和呈现，相对于一切外部手段和外来影响，大学生自身心理的变化和成熟才是至为关键的。授人以鱼，不如授人以渔，学校心理健康教育的奥妙恰在于此，有效的心理健康教育可以帮助大学生形成健康的心理状态，积极面对学习与生活，敢于克服学习与生活中的各类困难，在接受教育的过程中健康成长。

　　人生路漫漫，各阶段的挫折与困难都会给大学生带来或大或小的压力和迷惘，考验着大学生的心理承受能力和抗摔打能力。无论是求学阶段，还是踏入社会之后，每一个人都必须具有一定的耐挫能力，本书设计了一系列课堂及课外活动，将辅助教育者有意且有效地增强大学生的耐挫能力，克服大学生心理的脆弱性，增强大学生的心理韧性。俗语所言的"强大的心脏"，亦强大的心理韧性，无疑是广大学子迎接人生路上各种可以预见和难以预见的挑战的必要条件，更是大学生将来踏入社会、担当全面建成社会主义现代化强国重任的必备心理素质。

　　本书语言生动朴实，结合诸多知名事件及事实案例，立足于大学生现有的实际情况，从自我意识、学习、网络、挫折、恋爱等方面，全面、透彻地解析了当代大学生的心理健康状况和深层意义，并且从自我心理疏导、情绪管理、心理咨询、辨识与预防心理疾病等方面，为大学生提供了心理调适的方式。通过阅读本书，读者将找到完善自身心理健康的方法与途径，主动正视自己的心理问题，在不断完善自我的同时成为健康成长的时代接班人！

　　本书依托于职业院校思想政治教育研究基地，是基地科学研究成果。由郭凤臣、杨孟雪、张文祺共同撰写，参加撰写的还有郑岩、刘广鑫、胡云英、董琛、赵婷婷、刘忻怡等。

本书在编写过程中，广泛查阅了近年来国内外心理健康教育领域的研究成果，参考借鉴了大量同仁的研究成果，在此一并向这些资料的作者表示深深的感谢。由于编者水平有限，书中难免有不足和疏漏之处，敬请广大读者批评指正！

著者

2023年12月于长春

目录

第一章
走进心理健康

第一节
健康与心理健康

一、对人类社会具有深远意义：心理学的内涵

"心理学"一词来源于希腊文，意思是关于灵魂的科学。随着科学的发展，心理学的对象由灵魂改为心灵。直到19世纪初，德国哲学家、教育学家赫尔巴特才首次提出心理学是一门科学。在1879年，德国著名心理学家冯特在德国莱比锡大学创建了世界上第一个心理学实验室，开始对心理现象进行系统的实验研究。科学的心理学不仅对心理现象进行描述，更重要的是对心理现象进行说明，以揭示其发生、发展的规律。

心理学（psychology）是研究人和动物心理现象的发生、发展和活动规律的一门科学，它既是理论学科，又是应用学科，包括理论心理学和应用心理学。心理学是研究心理现象和心理规律的一门科学。心理学分为五个子领域，即神经科学（neuroscience）、发展心理学（developmental psychology）、认知心理学（cognitive psychology）、社会心理学（society psychology）、临床心理学（clinical psychology）（图1-1）。

二、健康不仅是强健的体魄：健康的内涵

根据《辞海》解释，"健康"是指一个人身体的各个部分都发展得很好，其功能运作正常，拥有强壮的体魄，充满活力并且能够高效工作的一种状态。这种状态通常是通过对人的身高、体重等物理特征的测定或者对其身体机能的检测来进行评估的。

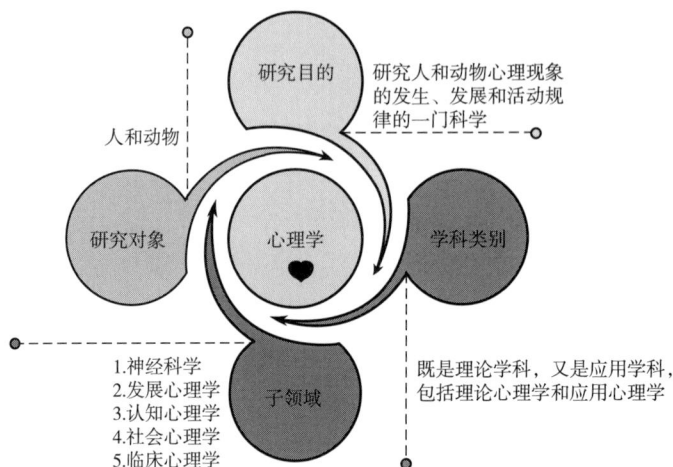

图1-1 心理学的内涵

身体状况出现的不寻常生理或者心智现象，是在有害影响的作用下，身体的组织结构和功能与正常的标准发生偏差的情况。健康的评估可以通过可测量的数据（如身高、体重、温度、心跳速度、血压、视力和其他指标）来确定。

根据世界卫生组织（World Health Organization，WHO）的定义，健康是一种在身体上、心理上和社会上的完满状态，不仅仅是没有疾病或不衰弱的状态。人们对健康的理解已经超越了单纯健康无病与衰弱之说，而是扩大到生理机能及社会关系的全面发展。因此，现在我们对于身体健康的要求是全方位、多层次的，既包含人体自身的完整性和协调性的要求，又涵盖其所在的环境条件和人际交往等诸多方面的情况。综合考虑后得出结论，当今社会现代化、标准化的健康管理理念——人类应该追求的是一种全过程的、多方位的发展模式以达到最佳的生活质量水平并实现自我价值最大化的人生目标。

三、知、情、意活动的内在关系协调：心理健康含义

广义的"健康"概念，不仅包括人的生理、心理、精神等方面的良好状态，还应包括人的观念、道德、伦理规范，以及作为人的观念形态而出现的文化形态等广泛的领域❶。心理健康是人的健康的重要组成部分，它是以人的神经系统为基础，要求个体能够对客观环境持续做出良好适应，并能保持旺盛的生命力，充分发挥身体潜能的心理效能状态。❷

心理健康有狭义和广义之分，如图1-2所示。

---

❶ 朱樱琼：《当代大学生心理健康现状的分析与教育》，江西师范大学，2006。
❷ 周春燕：《高职院校大学生的心理问题、形成原因及教育对策》，苏州大学，2008。

心理健康状态

维持心理健康

身体处于这种状态时，不仅自我情况良好，而且与社会契合和谐

减少行为问题和精神疾病的原则和措施

狭义的心理健康
▼
主要目的是预防
心理障碍或行为问题

1

2

广义的心理健康
▼
以促进人们心理调节、
发展更大的心理效能为目标

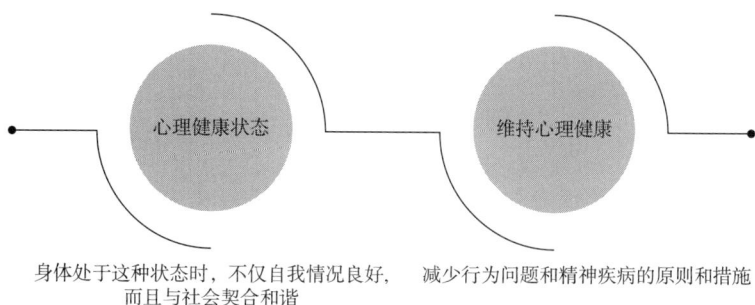

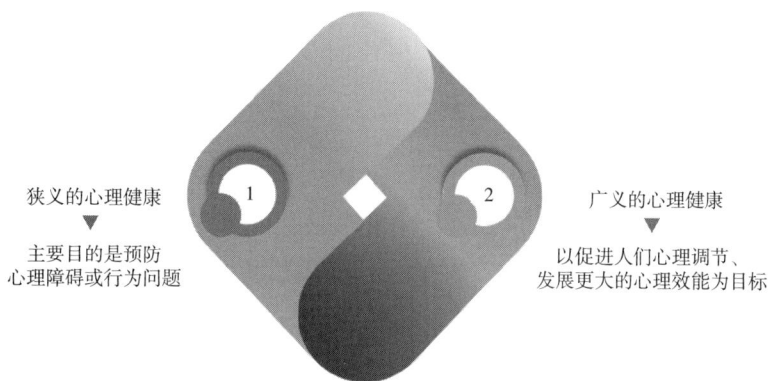

图1-2　心理健康的含义

1946年，在第三届国际心理卫生大会中定义了"心理健康"一词，即当个体的心境状态，能够达到其身心和情绪上的最优表现，且这种表现不会与其人际关系中其他人的心理健康产生冲突。衡量心理健康的标准如图1-3所示。

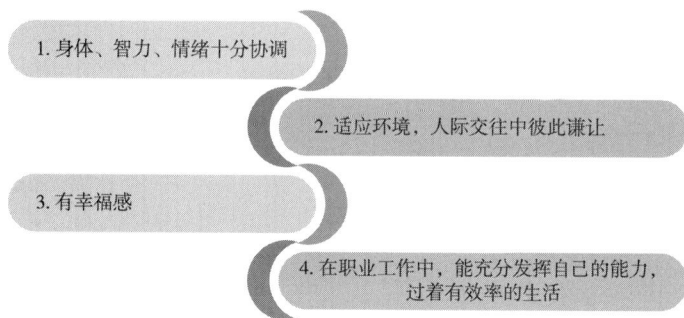

1. 身体、智力、情绪十分协调

2. 适应环境，人际交往中彼此谦让

3. 有幸福感

4. 在职业工作中，能充分发挥自己的能力，过着有效率的生活

图1-3　心理健康的标准

所谓的精神卫生指的是人类的精神活动（包括认知能力、情感体验及意志行为）之间的和谐互动；同时保证了内心世界的观念内容，与其外部现实一致且相互融合的能力。这种状态能够维持身体内外部的稳定和平衡，使个人和社会环境达到一种互相兼容的关系，并在持续的过程中，完善人性的完整度以提升生活的品质，激发充沛的力量和积极的心态。

【讨论活动】

程度自测

美国精神病学家弗列曼认为："人们患病的原因，心理因素占了很大比例。"现将测定心理老化的16个问题列表如下（如果你的答案有7条以上是肯定的，那么你的心理有老化的危机，要保护好自己的心理状态）：

（1）是否变得很健忘？

（2）是否经常束手无策？

（3）是否总把心思集中在以自己为中心的事情上？

（4）是否喜欢谈起往事？

（5）是否总是爱发牢骚？

（6）是否对眼前发生的事漠不关心？

（7）是否对亲人产生疏离感，甚至想独自生活？

（8）是否对接受新事物感到非常困难？

（9）是否对与自己有关的事过于敏感？

（10）是否不愿与人交往？

（11）是否觉得自己已经跟不上时代？

（12）是否常常很冲动？

（13）是否常会莫名其妙地伤感？

（14）是否觉得生活枯燥无味，没有意义？

（15）是否渐渐喜欢收集不实用的东西？

（16）是否常常无缘无故地生气？

第二节
大学生的心理健康发展

一、当今社会和学校关注重点：当代大学生心理健康的现状

21世纪科技迅猛发展，社会瞬息万变，高变化频率、短变化周期、大变化幅度和持续变化的趋势足以表达这种变化的突出特点。❶

---

❶ 张海燕、李蓉、赵雨、朱育红、戚蕊：《研究生心理健康调查及对策研究》，载于《化工高等教育》，2006（4）：71-75。

高等教育的使命在于创设卓越的文化环境，鼓励大学生积极成才，进行知识与技能的传授；还要提升大学生的思想道德素养，培养他们的道德判断力，帮助他们追寻正确的人生观和价值观，塑造健全的人格。

大学阶段在人生成长过程中非常关键。这意味着大学生的发展逐渐受到心理与社会环境的影响。实现成长进程，需要健康的心理。有健康的心理做基础，大学生能够学会正确认识、接纳和管理自己，认识、了解周围环境并与之保持适应，有效应对问题并增强能力；改善行为、化解负面的想法与情感，能够做出成熟的、负责任的决定。

当代大学生作为具有较高智力、较高文化和较高自尊心的群体，有着更高的抱负和追求，同时面临更多的机遇和挑战。大学生是心理问题的高发率人群，一部分大学生的心理健康状况不容乐观。心理疾病已经成为大学生的一种常见病、多发病。大学生在社会化的各个阶段会遇到不同的问题，又由于大学生心理未完全成熟，有时容易导致"问题行为"。心理问题已对大学生的身体健康和学习成才产生了较为严重的威胁，大学生的心理健康已成为当今社会和学校关注的重点。[1]

二、成长的烦恼：当代大学生常见心理问题分析

生活适应、人际关系、学业、情绪、焦虑、情感和择业等问题是目前大学生中较为普遍存在的心理问题。[2]

（一）生活适应心理问题

1. 大学生生活能力、自理能力偏弱的情况普遍存在

学校倡导大学生"自我教育、自我管理、自我服务"的管理模式。大学生中普遍存在以下几种情况：不能很好地处理自己的事务，有些连简单的劳动都不愿做，衣服找人洗、被子请人洗，甚至寝室卫生都不愿意打扫。[3]

2. 大学生对挫折的心理承受力弱

目前部分在校大学生，基本家庭物质条件好，有些大学生是在溺爱的环境中成长起来的，在学业、生活、感情方面面临挫折的时候，这部分大学生就显得无所适从，感到失去了依靠，甚至开始怀疑人生。有些大学生只愿听表扬话，不愿听批评的语言。面对就业带来的压力，部分大学生在独立性、未来方向感、自由感、自信心等方面更容易受挫折[4]。

❶ 朱樱琼：《当代大学生心理健康现状的分析与教育》，江西师范大学，2006。
❷ 李晓佳：《瑜伽运动处方对女大学生身心健康水平影响的实验研究》，苏州大学，2010。
❸ 周春燕：《高职院校大学生的心理问题、形成原因及教育对策——以明达职业技术学院为个案研究》，苏州大学，2007。
❹ 沈瑶、曾宏：《关于大学生心理健康管理的探讨》，载于《当代教育论坛（管理研究）》，2011（4）：5-7。

【案例1-1】

安同学，外表文静，性格内向。他一直保持着勤奋的学习态度，并取得了优秀的成绩，性格温和且有礼貌地对待他人。然而据同学们反馈，他在过去的一个月里经常寡言而沮丧，避免参加班里的团体活动，甚至向一些朋友透露过想要放弃学业、找工作的事情。最近几天，他常常独自在角落里默默哭泣或陷入深思，睡眠质量差且时常缺课。他还归还了一些之前别人赠送的东西（如书籍），声称不想再在这个校园内待下去。据他同宿舍的同学反映，这位学生家境较为贫困，父母都在外工作以维持家庭生活，但就在大约一个月以前，他才得知妈妈在外面打零工的时候忽然昏厥，后立即送到医院接受治疗，诊断结果为急性颅压增高等症状引发的大面积出血，情况严重，需要立刻手术抢救。但不幸的是，他妈妈最终还是没能挺过来，并在4日前离世，此消息传到了这个孩子耳中之后，他就变得精神疲惫、眼神空洞，面部带着悲伤之色，对人际交往反应冷淡、说话声音低、回答问题时也迟缓无力，内心充满了悔恨，自我谴责，感觉很孤独、绝望，不知道该怎么办。在经历了一段时间的心理咨询治疗之后，安同学逐渐恢复往日的生活状态，不再回避班级集体活动，不再每日沉默，或者只是沉浸在自己的世界里，也不再有退学的想法。为帮助该生改善学习生活条件，学校老师帮助其申请国家补助和校内勤工俭学岗位，安同学自己也说感觉自己的内心与之前相比要好一些。根据安同学同宿舍学生的反映，咨询后三周，该生不再时常哭泣，上课也能集中精力。通过观察，发现其睡眠质量也逐渐得到改善。该生还时常阅读含有激励话语的图书，重拾自信，以面对将来的生活。

（二）人际关系心理问题

良好的人际关系是大学生成长与社会化过程中的重要组成部分，也是保持良好心理状态的必备条件。❶

1. 人际关系不适

进入全新的学习环境，离开熟悉的生活和环境，面对全新的群体，部分大学生可能会感到不适应，无法有效地进行交流和沟通。有的大学生从未离开过父母，对于如何关心别人或得到别人的关心考虑得较少；同时他们又希望获得别人的认可和赞同。

【案例1-2】

小语，女，20岁，性格内向，敏感任性，喜欢独来独往，不愿理会他人，对人缺乏热情，不合群。进入大学后，发现自己难以融入班级集体，她不知道如何处理同学之

---

❶ 李娜、王永辉、黄荡、孔波：《大学生心理危机成因分析及干预体系的建立》，载于《科技创业月刊》，2013，26（12）：146-147，150。

间、舍友之间的关系，她为此伤透了脑筋。小语和班上的同学基本不交流，集体活动也很少参加；同舍友的关系比较紧张，发生过几次不小的冲突，有时为一件小事争得面红耳赤。小语说得最多的一句话就是"我讨厌他们"。这种日益恶劣的人际关系让她感到孤独苦闷，经常失眠和头痛，精神疲惫不堪，学习成绩也急剧下降。她觉得校园生活非常灰暗，感受不到任何快乐。

2. 社交不良

学校生活在一定程度上给大学生创造了一个可以充分展示自我、展示大学生风采的舞台。[1]但一部分大学生不敢在公众场合表达自己的思想，对于各种各样的活动，既充满兴趣，又担心失败，时间长了，就开始回避，这样会直接影响大学生交际能力的发挥，也会影响社交能力的提升。

3. 个体心灵闭锁

大学生缺乏人际交往经验，大学生自身在人际交往中的不自信，阻碍了良好的人际交往圈的形成。由于大学生个体间的正常交往不够多，同学之间又容易引发小矛盾，不利于大学生在校期间的健康成长。

【案例1-3】

小黄，女，家庭经济困难，父母离异。据室友反映，平日里，小黄很少与班上同学交流，独来独往，性格内向。与同学和老师在校园里相见，小黄通常会用手遮住口鼻绕路走，从不和大家打招呼。在寝室里也经常做出一些室友难以理解的行为。种种情况均反映出该生内心不自信、自卑、缺乏安全感，在人际交往上出现了严重的心理障碍。与此同时，小黄的成绩直线下降，从入学至今，已经有5门课程的考试不及格。在孩童时期，小黄的父母未离婚，小黄生活在幸福的家庭中，父母对她关爱有加，而后期家庭的变动，给小黄的心灵造成了很大的冲击。该生过度的自我意识，使她非常在意别人的看法，认为自己什么都不如别人，片面地自我否定，不想也不敢融入集体，害怕与别人沟通和交往。久而久之，该生不合理的信念造成了不良情绪体验和行为后果，形成了人际交往中的障碍。老师初步以朋友的口吻与该生进行交流，逐渐取得小黄的信任。再详细地阐明交流、集体对于她现在以及步入社会之后的重要性。鼓励她不要放弃自己，相信自己在未来的集体生活中会有进步，使该生形成正确的集体观念，了解到同学之间的友爱，从而促使她对集体生活逐渐产生兴趣。后期老师也与她的家长进行沟通，希望她的父母可以在家庭中给予她更多关怀，这样更有助于她的心理建设和成长。通过与班委成员以及小黄的室友沟通，同学们了解到小黄目前的困境和问题，以及她内心的需求。室

---

[1] 艾晓丽：《大学生人际交往探析》，南开大学，2004。

友平时更加积极主动地去关心、帮助该生。慢慢地建立寝室友谊关系，主动与她交流。经过多方的共同努力，现在小黄已经能够敞开心扉，与同学进行正常谈话，感受班级的温暖，能积极、主动地与别人交流，战胜自己的人际交往障碍。

（三）学业心理问题

1. 学习动力不足

在涉及学业的问题中，排在第一位的是学习压力大，学习动力不足。学习始终不能进入状态，总感觉是在巨大的考试压力下被动地学，而静下来想为什么学时，会感到很苦恼。这种情况在刚入学的大学生身上表现更为明显，他们较多认为学习负担重，难以应对[1]。

【案例1-4】

晓东，某大学新生，高中学习成绩非常优秀，一直生活在老师的宠爱和同学们的仰慕之中。然而，这种"优越感"在进入大学后就消失殆尽了，因为班内好几个同学的高考分数都比自己高出一大截。更令晓东难以接受的是，第一学期期末考试成绩竟然是班内倒数第五名，昔日"辉煌"和"风光"不再。晓东对大学所学知识提不起兴趣，感到心中迷茫，学习也没有多少动力。想到年迈的父母，晓东恨自己不争气，可实在找不到学习的目标，对未来也没有规划，学习上得过且过，上课实在打不起精神就会睡觉。晓东认为自己并不是因为睡觉而荒废了学业，而是实在想不到还能做些什么有意义的事情才发呆和睡觉。

2. 学习目的不明确

大学生的学习任务多，很多大学生为了应付考试而学习，为了完成学业得到毕业证而不得不学习。较多的大学生是"不求精益求精，但求顺利过关"。[2]面对就业市场带来的巨大压力，很多大学生思想上存在一种危机感，但是实际上一提到要努力学习的问题，就不知道从哪下手，从哪开始了。

3. 学习成绩不理想

尽管只有小部分大学生面临着学业上的挑战，但他们的消极心态对个人的进步却可能产生严重的影响。一些大学生难以跟上教师授课的内容；一些则不能适应学校的氛围与步调；还有些曾经名列前茅的佼佼者突然跌落至一般水平。由于自我管理能力不足或自律能力不够强，这些大学生往往考试成绩不如意，而这种负面的心理状态，可能会无声无息地侵蚀他们的身体和精神健康。

---

[1] 朱樱琼：《当代大学生心理健康现状的分析与教育》，江西师范大学，2006。
[2] 李胤：《大学生心理健康影响因素及对策研究》，武汉科技大学，2008。

大学生的心理长期处于忧郁状态中，常伴随身体的疲惫与失眠等症状，他们感到沉闷、消极且缺乏活力，对任何形式的活动都没有兴趣参与，无论做何种事情都无法令人感受到热情。贫困的家庭环境、不良的家庭氛围以及某些特定的原因（如持续的学习挫败、亲属离世、感情破裂或人际关系的困扰）都会引发这种抑郁症状。

4. 学习动机功利化

市场经济利益杠杆直接影响着大学生的学习，部分大学生表现出功利意识的倾向。认为有用的要学习，没用的不学习，一些课程人满为患，一些课程无人问津，没有考虑知识结构的连贯性，出现了"考证热"现象。

（四）情绪心理问题

稳定的情绪、积极良好的情绪反应，是大学生成才过程中很重要的因素，也是大学生心理健康的重要因素。[1]

1. 抑郁现象

抑郁现象是指大学生心中长时间的情绪低落，伴有身体不适、睡眠不足等现象，心情压抑、沮丧、无精打采、什么活动都不想参加，做什么事都提不起精神。家庭经济状况差、家庭亲和感差，以及其他原因（连续的考试失败、失去亲人、失恋、同学关系不好等）都是抑郁现象的直接诱发因素。

2. 情绪失衡现象

大学生的社会情感丰富，具有一定的不稳定性与内隐性，表现为情绪波动大，喜怒无常，会因一点小事而高兴，也会因一点小事而一蹶不振，甚至无法控制自己的情绪，对负性情绪的控制力相对更弱。个体负性情绪表现为情绪不稳，易怒，不能控制自己的情感；群体负性情绪又是校园事端的直接制造者，大学生的群体负性情绪一旦激发，很难受到理性与校纪校规的约束。[2]

【案例1-5】

罗同学与同班同学小胡等四人共住一间寝室，由于与寝室同学小胡生活习惯不同、性格不合，内心看不惯小胡，甚至产生厌恶心理。加之罗同学作息时间不规律，整天浑浑噩噩，导致该同学有重度抑郁、中度焦虑症状。据了解，罗同学父亲长期在外国打工，他从小与母亲共同生活，母亲身体不好，他的童年并不是很幸福。该生入学前就爱上网，不爱学习，不愿意与别人接触，性格孤僻，学习成绩较差。而且由于父亲在外国工作，母亲身体不好，该生缺少安全感。进入大学后先是想要好好学习，然后到外国深

❶ 朱樱琼：《当代大学生心理健康现状的分析与教育》，江西师范大学，2006。
❷ 李胤：《大学生心理健康影响因素及对策研究》，武汉科技大学，2008。

造，却因为室友懒散、作风不好，影响自己，心理受到很大打击。罗同学经常包宿上网，生活不规律，还受到记过处分，从而出现了心理问题。

（五）焦虑心理问题

焦虑的存在具有一定的象征意义，其产生的根源并非实际的威胁，而是内心对于某些无法明确描述的客观事物和具体情况的困扰。大学生的焦虑心理问题主要表现为自我焦虑和考试焦虑两种类型。

1. 自我焦虑

年轻一代对于他们在他人尤其是同龄人眼中的自我印象极度重视，这受到许多变量的影响，如外表、体重、身高、技能、勇气和吸引力等。这些都会引发他们各种程度的忧虑，比如担心自己长得不够好看，无法得到他人的喜爱，或者因为缺乏异性的追求而烦恼，甚至因此感到羞愧。

【案例1-6】

2003年4月，某学校2000届一女生从宿舍楼纵身跃下，这位姑娘在遗书上写下她的"丑"和学习上的不顺利，想摆脱现实的痛苦。最后她不但没有摆脱心灵的痛苦，还落下终身残疾……

2. 考试焦虑

考试焦虑，是在一定的应试情境激发下，受个体认知评价能力、人格倾向与其他身心因素所制约，以担忧为基本特征，以防御或逃避为行为方式，通过不同程度的情绪性反应所表现出来的一种心理状态。它是一种急性焦虑。调查表明，考试焦虑在大学生中普遍存在，并时常危害着大学生的心理健康。❶

（六）情感心理问题

1. 爱情的困扰

大学生在校恋爱现象十分常见，他们在享受甜蜜爱情的同时，也会受到爱情的困扰。

【案例1-7】

刘双，大一学生，父母在学校工作，家里还有一个哥哥。从小学到初中阶段，刘双学习一直很好。升入高中后，谈恋爱导致高考失利，他觉得现在的学校和自己理想中的大学相去甚远。进入大学以来，对学习毫无兴趣，缺乏求知欲，因此学习成绩在班上倒数，大

---

❶ 肖瑞：《初中生英语考试焦虑的干预研究》，山东师范大学，2011。

我与心理的初次约会——大学生心理健康教育

010

一第一学期的期末考试就挂了四科，还常常无故旷课，或以种种借口请假不去上课。刘双同学目前学习态度不端正，学习方法不科学且自我管理能力差，导致恶性循环。

2. 友情困扰

在人生旅程中，友情占据了关键的位置。然而，在处理个人情感问题时，有些大学生不能明确区分友情和爱情，也无法准确地掌握男女同学交往的界限，他们常常在珍视友谊与失去友谊之间徘徊不定，并且为此感到困扰。

【讨论活动】

心理学研究发现，每个成年人通常需要与120个人维持不同程度的人际关系，其中包括2~50个关系比较密切的人。

活动：准备一张纸和一支笔。首先在白纸的中央画一个圆圈代表自己，然后尽量回忆进入学校后你的人际关系网，用不同的圆圈代表不同的人际交往对象类型（图1-4），并予以注明（如父母、恋人、朋友、老师、同学、熟人、偶尔联系的人和陌生人等）。同心圆上任意一点到中心的距离表示心理距离，用于表示彼此关系的亲疏。将亲朋好友的名字写在图上，名字越靠近中心点，与你的关系越亲密。

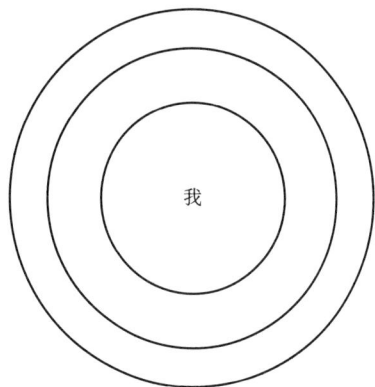

图1-4　人际关系图

完成人际关系图后，请思考以下问题：

（1）审视自己所绘制的人际关系图，判断自己的人际交往圈是否合理，是什么造成了你目前的这种交际圈？

（2）你的人际交往圈是否需要改进？如果是，如何改进？

（3）思考一下，你有几种不同类型的人际交往关系网，你与不同对象的人际交往方式有何区别。

3. 亲情问题

近些年，大学生和家长的互动并不频繁，主要的联系来源于实际问题，如经济供应等。家庭常规的物质补给而非情感交流，即使是打电话，也只是简单地说一切都好，不用担心等客套话，这给亲情带来了前所未有的挑战。对父母给予的关心、爱护，很多大学生认为是理所当然，自己对父母回报较少，而且认定父母不求回报。❶

---

❶ 李胤：《大学生心理健康影响因素及对策研究》，武汉科技大学，2008。

【案例1-8】

小龙同学，男，大二学生，从小生长在离异家庭，与爷爷奶奶一起生活。爷爷奶奶觉得他可怜，不论何事只要小龙同学提出要求，几乎都能得到满足。父母会定期给他打钱，用于生活。小龙同学从小到大几乎没有经历过挫折。大二上学期，赴外国交流学习。在外国，所有同学最低生活费用大概是六千元人民币，而父母只给他两千元的生活费用。顶着巨大压力，小龙同学选择在手机上下载软件进行贷款，但是没想到利息越来越高，最后所有的贷款公司每天都催他还贷款。现在他觉得没脸见人，给父母带来了新的难题，不想上学，怕见到同学丢人，更不想回家。经与其父亲和本人沟通，初步判断该同学可能属于"自我认知障碍"和"情感缺失"，学校了解情况后立即找到小龙同学所在班级的班长，也就是他最好的朋友，用同等思想法和言语与其交流，劝导他尽早走出阴影，找回自信。

（七）就业心理问题

从1999年大学的大规模招生开始，每年毕业生的人数都在增长，即使工作机会大幅增多，也无法完全满足大学生的求职需要，这就导致供给和需求的不平衡现象的出现，热门职位通常会吸引上百人的争夺，冷门职位无人问津。在面临严峻的就业市场挑战时，许多大学生都表现出了消极的态度。他们对于工作的期望过高，但实际情况却远未达到他们的期望，因此很多大学生产生了强烈的失望感和挫败感，从而可能产生一系列心理困扰。

【案例1-9】

小张，男，应届毕业生。自述大学四年期间学习努力，有所收获，学有所成，但是不明白为何在求职择业的道路上处处碰壁。令小张困惑的是，他看上的单位，人家看不上他，但是看中他的单位，自己又看不上。毕业离校日期临近，小张还没有与任何一家单位签约。看着周围的同学工作都有了着落，他感觉到了前所未有的焦虑、忧郁、自卑与不满，内心十分痛苦和矛盾。

第三节
大学生心理健康概述

一、经营自己，完善自我：大学生心理健康标准

（一）智力正常

智力是大学生学习、生活和工作所需的基本条件，同时也是他们适应外部环境变化

所必需的心理支持。衡量一个人智力水平的准则在于是否具备强烈的求知欲望，乐意学习并能够积极投入到学习中去。

（二）情绪健康

健康的情绪体现在情绪的稳定和快乐，既能自我约束，又能适当释放压力，同时避免过度抑郁。这种状态表现为积极乐观、热忱满溢、充满活力、充满自信，对生活怀有无限希望，并且擅长管理和调整自己的情绪。

（三）意志健全

推动人们采取各种行动，克服困难以达到预定目标的心理过程。[1]意志不健全者表现为不良习惯多且难以改正，缺乏主动性，优柔寡断、轻率鲁莽、害怕困难、顽固执拗、易受暗示，容易更换前进目标。

（四）人格完整

指一个人整体的精神面貌，是具有一定倾向性和比较稳定的心理特征的总和[2]。人格完整也是指心理和行为和谐统一（图1-5）。

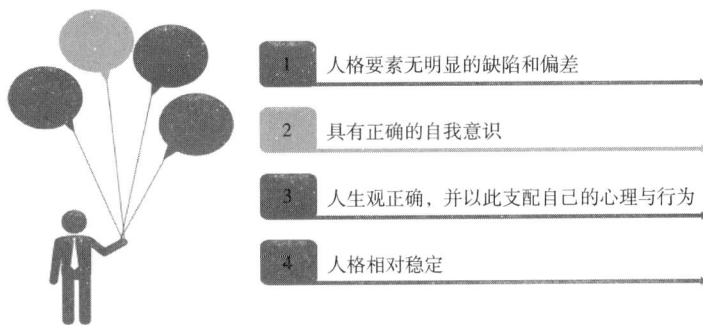

1	人格要素无明显的缺陷和偏差
2	具有正确的自我意识
3	人生观正确，并以此支配自己的心理与行为
4	人格相对稳定

图1-5 人格完整的因素

（五）自我评价正确

对于个体自身的身体状态、技能特质、个性特征及其所在位置和社会关系等方面的理解和评估，构成了自尊心的一部分。心理健康的人能够对自身的能力有准确的认知，并感受到自己的重要性，同时也能公正地对待自己的优点和不足。然而，那些存在心理问题的个体，往往无法正确看待自己的优势和劣势。

---

[1] 王潇：《网络与大学生心理健康问题研究》，东北大学，2006。
[2] 姚晓娜：《环境美德及其教育研究》，华东师范大学，2012。

（六）人际关系和谐

优秀的社交能力可以被描述成：喜欢与他人互动，并拥有亲密的朋友；在交流过程中保有自己的个性和自我认知，不会过分谦逊或傲慢；能够公正地评估他人的能力和自身的不足，善于吸取别人的优点来弥补自己的缺陷，对他人持包容的态度，愿意主动提供帮助，积极参与交谈远胜于被动回应，并且有正确的沟通目的。❶

（七）社会适应良好

指对社会环境中的一切刺激能作出恰当正常反应。❷心理健康的大学生能适应生活环境的变化，与现实保持良好的接触，不回避现实，主动面对各种挑战，妥善处理环境与自身的关系，创造条件使自己始终处于有利环境。

【课堂拓展】

哈佛大学推荐的20个快乐习惯方式

（1）要学会感恩；

（2）明智地选择自己的朋友；

（3）培养同情心；

（4）不断学习；

（5）学会解决问题；

（6）做你想做的事情；

（7）活在当下；

（8）要经常笑；

（9）学会原谅；

（10）要经常说谢谢；

（11）学会深交；

（12）守承诺；

（13）积极冥想；

（14）关注你在做的事情；

（15）保持乐观；

（16）无条件地爱；

（17）不要放弃；

---

❶ 刘有志：《试析"分层次教学"在高职体育教学中的应用》，载于《体育世界（学术版）》，2010（2）：93-94。

❷ 多刚、杜炜静：《浅析加强大学生心理健康教育的途径》，载于《教育理论与实践》，2008，28（S1）：64-66。

（18）做最好的自己；

（19）好好照顾自己；

（20）学会给予。

二、为自己和谐的生存环境做建设：当代大学生心理健康教育的策略

（一）形成大学生心理健康教育全员合力

对大学生的心理健康辅导应以全面、深入和持续的方式展开，构建一种整体化心理健康教学的教育模式。

育人体系体现大学生心理健康教育创新意识和全员工作精神，体现全方位育人格局。体现社会、政府各部门、学校、家庭协同运作教育的一体化；体现大学生心理健康教育领导、决策、管理与实施的一体化；体现心理健康教育队伍、内容、技术和方法、渠道及路径的一体化。

建立在党领导下的行政负责的心理健康教育工作领导管理体制；形成多种教育与心理教育的教育合力；积极营造校园文化，培育大学生心理健康教育的载体；建立学校心理健康教育教师工作队伍；充分利用全社会力量；充分发挥家庭教育的作用（图1-6）。

建立领导管理体制 √ 1

形成多方面与心理教育为主渠道的教育合力 √ 2

营造健康向上、高品位、高格调的文化氛围 √ 3

建立学校学生心理健康教育工作队伍 √ 4

充分利用全社会力量 √ 5

充分发挥家庭教育的作用 √ 6

图1-6 心理健康教育的格局

在构建"大学生心理健康教育一体化"工作体系的同时，各级党委和政府还需要致力于营造大学生健康成长和教育的良好社会环境和氛围。宣传、教育、新闻、理论、企业、影视、广播、出版、文化团体、学术团体等坚持"育人为先"的原则，将社会效益和育人效益放在首位，以高度责任感和科学方法，把加强大学生心理健康教育的任务真正落到实处。

（二）创新大学生心理健康教育体系与机制

构建社会性的预警网络是我们的目标，它基于家庭的支撑，学校的支持，社会的关注，并有专业的预防与救援团队作为保障力量。这个系统的成员包括医生、法律顾问、社区工作者、消防员、警察等多个领域的专家。然而，当前中国的大学生心理预防与救援机制尚未满足社会进步和个人心理健康的需求，因此我们必须迅速建立和优化这种社会性的预警网络，以便能够实现整个社会共同协作，积极应对和处理大学生的心理问题。

（三）建立社会心理咨询和教育服务网络

我们需要构建一套针对大学生心理健康教育的支持系统，利用全方位的心理援助热线、先进的信息科技手段、互联网工具及各类期刊等，搭建起一个供大学生咨询和交流的服务平台。同时，我们也应该通过广播、电视节目设置专门的心理健康问题解答环节，为大学生提供一个可以畅所欲言并寻求解决方案的空间和环境，让他们能够迅速释放内心的压力，并解决冲突，从而打造一个面向全体大学生的心理辅导和治疗的社会化服务网络。

（1）设置救援机构。各个学校应该相应地建立心理危机干预中心等机构，以便对由心理危机引发的事件直接进行干预。这些机构设立应直接与学校的110系统、医院系统、学工系统、政工系统、团委学生会系统相协调。

（2）建立有效投入机制和体系。学校应申请心理教育资金的专项投入，并建立相应的财务执行制度，保证专款专用，确保学校心理健康教育的正常有效进行。

（3）引导和规范心理咨询市场，鼓励民间合法开办心理健康服务机构；采取减免税、优惠贷款等经济手段支持企业赞助心理健康发展事业；培养培训合格的心理咨询师，由国家相关部门统一颁发合格证、上岗证，以规范心理咨询业务流程。

（四）建立大学生心理健康档案

学校应通过有效的组织和人力、物力保证，每年对大学生心理状况进行测评，建立且不断充实大学生心理档案。这种档案应该是班、系、院三级建档制，实行班普遍测评和建档，系重点建档、重点关注，院综合预防和治疗的学生心理健康档案分级管理体系。每个新学期开始时，各班级都应该对其成员进行全面的心理评估与筛查，同时构建完善的心理健康记录系统；学院也应当针对每个存在重大心理问题的班级创建警示名单和关键文件夹，以便持续跟踪和加强关注；而学校则需要依据各学院学生的精神压力情况迅速采取行动、提供支持和治疗方案以实现全方位预防。

（五）实施全体大学生心理辅导工作

对学校心理健康教育的整体情况及其所面临的问题有深入的理解和把握，并努力寻找构建全面覆盖所有大学生心理健康教育体系的方法，以确保大学生心理健康的教育内容能够渗透到校园和个人生活，包括自我认知及评估、日常生活适应能力提升、社交技能调整、智商进步、学习成绩提高、情感波动控制、恋爱感情处理、职业生涯设计与预备、心理压力承受与问题解决等多个层面。

心理辅导是一种通过心理学原理来协助个人或团体，保持并提升优秀的心理状态和功能的方法。简单来说，就是以心理学理论为基础的助人活动。学校对大学生进行心理辅导的主要目标包括：推动大学生的精神成长、提升他们的心理品质，以及保障他们的心理健康。

学校心理辅导的形式如图1-7所示。

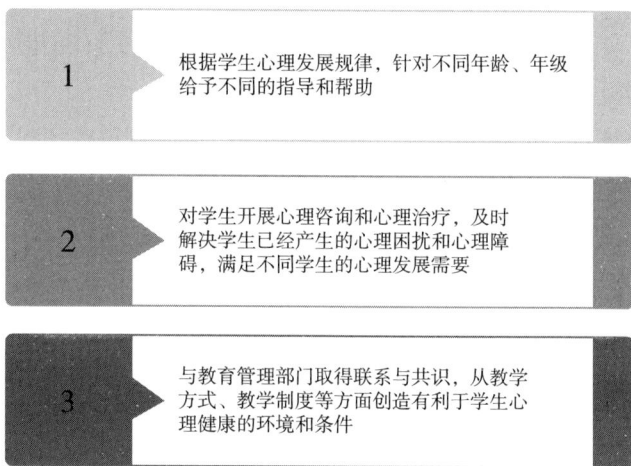

图1-7　学校大学生心理辅导主要方式

图中文字：

1 根据学生心理发展规律，针对不同年龄、年级给予不同的指导和帮助

2 对学生开展心理咨询和心理治疗，及时解决学生已经产生的心理困扰和心理障碍，满足不同学生的心理发展需要

3 与教育管理部门取得联系与共识，从教学方式、教学制度等方面创造有利于学生心理健康的环境和条件

1. 门诊咨询

一对一且直面心理医生或者心理咨询师的形式称为寻求询问，它是最有效的心灵支持方式之一。在学校设立的心理咨询中心里，他们会无偿提供服务给那些需要心灵援助的大学生们，并针对他们的心理困扰与障碍给予专业的建议和干预，以期能够让他们摆脱内心的挣扎，恢复自信去迎接生活的挑战。

2. 信件咨询

指咨询者通过书信形式求询于心理医生或心理咨询人员，以求得帮助。某些大学生对教师有着深厚的了解，因此不敢直接向他们请教，而是选择通过书信的方式进行咨询。在实际操作中，咨询者常常会先通过书信进行咨询，经过一段时间的沟通后，建议他们直接与咨询人员交流，以便能够完全解决问题，这就是所谓的门诊咨询。

3. 专题讲座

每学期应定期举办"心理健康讲座"，尤其是对新生要加强心理健康教育，还要根据不同年级大学生的特点举办内容不同的心理健康讲座，并进行现场咨询。可以鼓励大学生们踊跃参加。结合大学生实际情况进行讲解和心理辅导，与思想政治教育相互渗透，相互补充，可以收到良好的教育效果。

4. 主题班会

学校"心理咨询中心"的老师和相关辅导员老师，要经常举办"主题班会"和"寝室沙龙"。以心理健康为主题，从多个侧面在大学生中进行心理健康教育。也可以由大学生自发组织，有利于活跃气氛，缓解心理压力，达到自我教育的目的。

5. 社团组织

大学生心理社团不断涌现并积极参与学校心理健康教育活动，拓展心理健康教育途径，发挥大学生自我教育、自我服务功能。发挥大学生心理社团的主动作用，通过心理社团工作研讨，交流思想、交流情感，分享成功经验、共享心育资源，推进大学生心理社团的健康发展，使大学生心理社团在心理健康教育中发挥更好的作用。

6. 心理选修课

开展心理选修课进行团体干预，让大学生掌握心理知识和自我调节方法，使心理状态自我调节到最佳效果，懂得如何寻求外界干预。学校成立心理健康教育与咨询中心，负责全校大学生心理健康教育管理工作，把心理辅导引入心理健康教育管理中，使心理健康教育、组织管理与心理辅导有机地结合起来，有效地推动大学生心理健康教育工作的开展。

（六）加强学校校园文化建设，创造良好的校园心理环境

1. 加强学校校园文化建设

（1）营造良好的校风：校风建设是学校校园文化建设的核心。好的校风凝聚人心。校风最集中的体现是学风和教风。教风是主导，学风是主体。要抓好学风建设首先必须抓好教风建设，要大力开展师德教育活动，树立"教书育人、管理育人、服务育人"的新观念，在教师中弘扬和倡导良好的育人教风。[1] 利用社会倡导的价值观念、道德规范和行为准则，潜移默化地引导和规范大学生的思想行为，在大学生中弘扬爱党爱国、遵纪守法、尊敬师长、积极向上的良好风气。

（2）建立规范有序的管理机制："无规不成矩"，构建有条理的行政系统对于维护学校的稳定运作至关重要。事实上，制度文化的构建涉及三项主要元素：制度创建、团队组建及人员培养。我们需要设立有效的校园文化建设组织结构，并拟定相应的规则与计划以确保执行到位。同时，要强化日常运营管理工作，优化各项校内政策，如学习工作管理规定、教学事务处理办法、道德教育策略、班组管理准则、安全防护措施以及校园环境保护条例等，并将这些校园文化建设的职责融入等级化绩效考核框架。此外，也应

---

❶ 王中华：《浅谈校长如何引领校园文化建设——以吉首大学师范学院附属小学为个案》，载于《当代教育论坛（校长教育研究）》，2008（5）：112-113。

激发大学生的主动参与度，提升他们自主教育的意识，加强自我管理能力，提高自我服务的效率，并且加深对自身行为的自律要求。

（3）开展丰富多彩的文化活动：在校园文化活动中，要始终坚持以爱国主义教育为重点，以科技、文娱、体育和社会实践活动为基础，弘扬社会主义先进文化，让健康、高雅、生动的文化活动占领校园文化阵地。面向全校大学生实施"爱己、爱家、爱校、爱党、爱国"（"五爱"教育）工程，开启"三全"参与培育和践行社会主义核心价值观教育教学的新模式。通过"五爱"教育，开展社会主义核心价值观教育，将学校思想政治教育工作逐步打造成有深度、有广度、有力度、有效度、有温度的育人工程。

2.加强校园心理环境建设

（1）加强校园精神环境建设力度：作为学校应强烈体现培养人才、科技贡献、创新文化、服务社会的氛围，形成良好的社会影响力和社会形象，形成符合时代需要的学校精神。❶在校园中形成尊重知识、尊重人才、爱学生、讲文明、讲正气、讲贡献的氛围，体现出勇于探索创新、敬业爱岗、勤奋钻研、教书育人的精神风貌，为形成良好的心理环境提供精神支撑。

（2）注重和谐良好的人际环境：构建健康的心理氛围需要人际关系的和谐。学校领导团队的和谐性尤其重要，对于维持学校的人际关系和谐起着决定性的作用。干部、教职员工以及师生之间的和谐关系对于打造优质的校园心理环境有着巨大的影响。建立学校和谐的人际关系，必须注重人际精神领域的建设，特别要注重社会主义核心价值观教育，以形成健康、和谐、民主、开明、开放的人际关系环境。

（七）加强心理健康教育研究和心理教育人员培训

1.加强学校心理健康教育研究工作

为提升学校的心理健康教育质量，需要加强对相关领域的科学研究。当前，不仅应该关注大学生的心理状况，还需要深入探讨心理辅导和心理教育的原理、基础理论问题、特定人群及实用策略、心理素质评定标准等问题。同时，借鉴国外的优秀案例，学校也需进一步推动心理咨询本地化的研究，开发适合中国大学生需求的心理教育理念和技巧，确保学校心理健康教育工作的有效实施，达到实际效果。省级高等教育管理部门可以积极发挥其功能，设定一系列科研项目，通过竞标的方式提供资金支持，激励一线工作人员迅速整理经验，强化心理健康教育规律的研究，并且把这些研究结果转化为实际行动并在全国范围内推广。

2.加强学校心理教育人员培养和培训

中国学校的心理教育正遭遇着严重的专业人才短缺的问题。根据美国国家学校心理

---

❶ 朱樱琼：《当代大学生心理健康现状的分析与教育》，江西师范大学，2006。

学家协会的数据，全美各地提供学校心理服务的工作人员已经超过两万三千人，这大大提升了学校心理教育的影响力。然而，与之形成鲜明对比的是，中国学校心理教育领域的专业人士相对稀少，很多负责此工作的都是来自非心理学的专家，例如政治学或教育学的教授，他们中大部分并未接受过专业的心理学培训。联合国教科文组织曾经针对学校心理学教育专业人员的资质和培训提出了三个条件，如图1-8所示。

1 具有教学文凭和教师资格证书

2 5年以上的心理教学、教育经验

3 系统修完有关心理学课程

图1-8 对心理学教育专业人员的基本要求

（八）加强学校心理服务机构的建设（图1-9）

一是成立校级心理服务机构。心理咨询室应配备专门的编制，以保证工作人员的效率和心理咨询室的正常工作，咨询室的工作纳入全校工作之中，由党委副书记分管。咨询室的教师不仅应有较高的心理学素质，还应有较强的责任心。

二是成立区域性高校心理教育服务机构。地方应成立由学校心理教育工作者参加的区域性学校心理教育服务机构，相互进行经常性的学术交流、建立合作性的心理教育服务工作网络。

三是成立全国性心理教育服务机构。应加快建立一个权威性的、工作效率高的，全国性的心理教育服务机构，以帮助学校心理工作者为大学生提供高质量的心理教育服务。

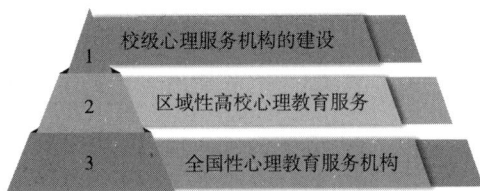

1 校级心理服务机构的建设

2 区域性高校心理教育服务

3 全国性心理教育服务机构

图1-9 立体网络型机构建设的三个层次

【讨论】

1.你认为自己成长历程中的烦恼是什么？

2.学习完本章，你对大学生心理健康教育是否有了不一样的认识？

第二章
自我意识与心理健康

第一节
自我意识概述

一、做最好的自己：自我意识的概念

自我意识是个体对自身和周围世界关系的认识，就是对自己存在的感知（图2-1）。

（1）个体对自身生理状态的评价和认识。包括对自己体重、身高、身材、容貌等体相和性别方面的认识，以及对身体的痛苦、饥饿、疲倦等感觉的认识。

（2）对自身心理状态的评价和认识。包括对自己能力、情绪、知识、性格、气质、信念、理想、爱好、兴趣等方面的认识和评价。

（3）对自己与周围关系的评价和认识。包括对自己在一定社会关系中的作用、地位及对自己与他人关系的评价和认识，是人心理发展进入一个全新的阶段，是个体社会化的结果，是人类特有的高级心理活动形式之一。

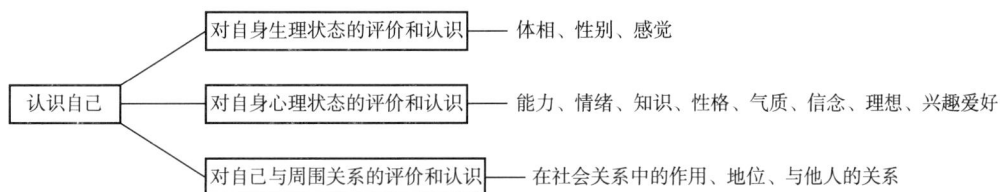

```
                  ┌─ 对自身生理状态的评价和认识 ── 体相、性别、感觉

   认识自己 ───────┼─ 对自身心理状态的评价和认识 ── 能力、情绪、知识、性格、气质、信念、理想、兴趣爱好

                  └─ 对自己与周围关系的评价和认识 ── 在社会关系中的作用、地位、与他人的关系
```

图2-1　认识自己的三个内容

【课堂拓展】

乔韩窗口理论

美国心理学家乔瑟夫·卢福特（Joseph Luft）和哈里·殷汉（Harrington Ingham）提出了关于自我认识的窗口理论，被称为"乔韩窗口理论"。[1]每个人的自我都包括四部分：公开的我、盲目的我、隐藏的我和未知的我，如图2-2所示。通过自我展示以扩大公开的我，减少秘密的我；通过他人的评价和反馈可以减少盲目的我；通过自我探索可以缩减未知的我，个体对自己的理解则能更全面、更正确。

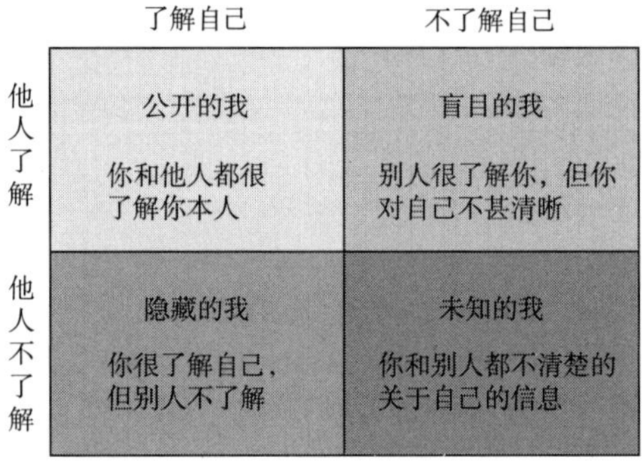

	了解自己	不了解自己
他人了解	**公开的我** 你和他人都很了解你本人	**盲目的我** 别人很了解你，但你对自己不甚清晰
他人不了解	**隐藏的我** 你很了解自己，但别人不了解	**未知的我** 你和别人都不清楚的关于自己的信息

图2-2　乔韩窗口理论

（1）公开的我：自己知道且别人也知道的部分，如学校所在地、性格、兴趣爱好等。

（2）盲目的我：他人知道而自己不知道或者无意识在别人面前表现出来的部分，即"当局者迷，旁观者清"。例如，习惯性动作（语速快）、无意识的表情，自己察觉不到，但别人能观察到。

（3）隐藏的我：自己知道而别人不知道的部分，不愿意或不能在别人面前表露，如个人隐私、内心的伤痛。

（4）未知的我：自己和别人都不知道的部分，也称为"潜在的我"，有待挖掘和开发，如潜在的能力和特性。

【讨论活动】

整理"我"的"乔韩窗口"，通过"乔韩窗口"练习深度认识自己。

二、"我"的万花筒：自我意识的结构

自我意识的包含成分又称自我意识的结构，是一个多层次、多维度的复杂的心理结

---

[1]　陈雪玲：《乔韩窗口理论对高职贫困生工作的启示》，载于《广西教育》，2017（35）：101-102，127。

构或心理系统。按照标准的不同，可以将其分为三类，分别是按形式分类、按内容分类和按自我观念分类（图2-3）。

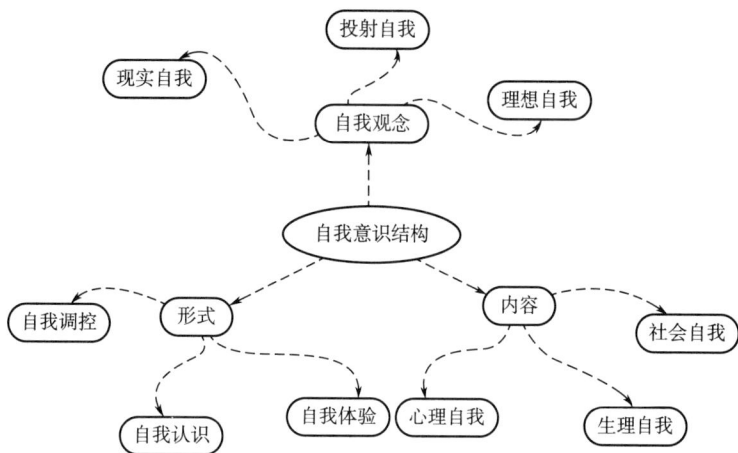

图2-3　自我意识结构

（一）按形式分类

1. 自我认识

自我意识的认知成分是自我认识，它指一个人对自己的各种身心状况的认知，是指个体对心理自我、社会自我和生理自我的认识，包括自我评价、自我分析、自我观察、自我感觉和自我观念等层次（图2-4）。❶

图2-4　自我认识的三种形式

---

❶ 马存芳：《大学生自我意识研究述评》，载于《青海师专学报（教育科学版）》，2006（1）：82-85。

2. 自我体验

自我认知的情感元素源于个人的体验，是基于对自身理解而形成的，它揭示了一个人对自己的看法。这包括自爱、感受、信心、尊严、内疚、自卑、成就感、自我效能感和骄傲等各个层面，其中最重要的部分便是自尊。

3. 自我控制

个体的行为和心理活动受到自我的监控与调整，包括自我约束、自我追求、自我抑制、自我教导以及自我塑造等各个领域。自我教导与自我管理是两个主要的方面，最高级的自我调节形式就是自我教育，而培养自我教育能力则是教育的最高境界。自我控制是个体意志品质集中体现强大的自我控制力使人展现出独立、自觉、自律、主动性、自信心、坚韧性。在每个阶段，他们都能有效地管理自己的情绪并设定明确的目标，行为上积极且有节制，遇到问题时保持冷静沉着，具备责任感，并且果断而坚定。

三者的联系：自我认知、自我体验和自我控制三者相互制约，相互关联，并且统一在个体的自我意识中。三者统一形成完整的自我意识。自我认知是基础，其决定了自我控制的核心部分，是自我体验的主导情绪；自我体验进一步加强了自我认知，决定了自我控制的行为力量；而完善自我的实际方法就是自我控制，对自我认知和自我体验都具有调整作用。

（二）按内容分类

1. 生理自我

个体对自身的重量、高度、体型和外表等属性的认知，既是对自身生理特征的理解，也就是自我意识的最初阶段。假如某人不能接受生理学上的自我，觉得自己的身材偏胖或者矮小，那么他会显现出自卑感和缺乏信心等状况。

2. 心理自我

个体对自身心理特性的认知，涵盖个体对自己的心理状况、人格属性、行为以及心理过程的展现等方面的理解。

3. 社会自我

是指个人对自己的社会属性的认识，包括对自己在人际关系及社会关系中的角色、地位的认识，对自己所承担的社会权利和义务的认识，自己和他人相互关系的认识、体验和评价，及自己在群体中的作用和地位等[1]。

（三）按自我观念分类

现实自我是对现实中自我的认识，从自己的立场出发对现实的自我的看法。[2]投射自

---

❶ 杨兴鹏：《大学生社会自我问卷编制及西南地区常模制订》，西南大学，2007。
❷ 陈选华：《浅议大学生自我意识的发展与教育对策》，载于《华东冶金学院学报（社会科学版）》，2000（4）：126-128，144。

我指个体想象中他人对自己的看法。投射自我和现实自我之间往往有一定的差距。理想自我是个体从自己的立场出发对将来的自己的希望，对想象中的自己的认识，理想自我是个人追求的目标，是个体想要完善的形象。

三、破茧成蝶：自我意识的特点

人类对自身与外部环境互动的认知，以及对其生理和精神状况的理解构成了自我意识。这包含三层含义，即对自己的了解，对自己身体行为的状态感知，以及对自己思考、意愿、情绪等内心世界的理解。自我意识揭示出人们如何受到外界因素的影响，尤其是彼此间的相互约束和作用。它具备如下的特性：有意识地去观察，社交属性，主动参与，统一性等。

四、茁壮成长：自我意识的发展

个体通过与其外部环境的互动来逐渐塑造并增强其自我认知能力。这个过程从婴儿时期开始，在青年时期达到顶峰，最后在成熟年龄得以完全实现。在这个过程中，大学生的成长尤为重要，因为他们正处于自我认识的关键时刻。通常来说，自我认知会经历三个主要阶段：自我中心时期、客观化时期和主观化时期（图2-5）。

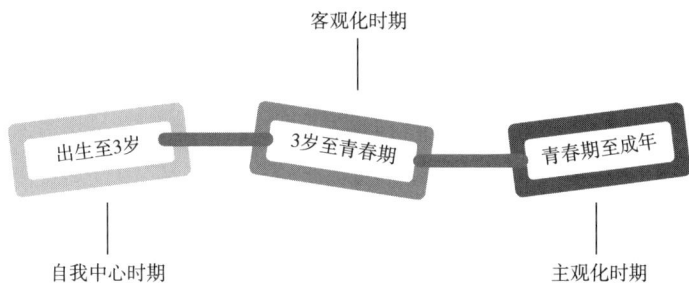

图2-5　自我意识的发展

（一）自我中心时期（出生至3岁）

指的是从出生到3岁这一阶段。刚出生的婴儿没有形成自我意识，无法意识到自己与外界事物的区别，处于主客体未分化状态。七八个月时，婴儿才开始产生自我意识的萌芽。意识到自己的身体和外界的不同，听到自己的名字会做出反应；两岁左右时，幼儿掌握第一人称"我"，能够用"我"来表达自己的意愿，是自我意识产生的重要标志；3岁左右时，开始意识到"我"的存在，表现出自我的自主性，许多事情都要求"自己来"；当幼儿意识到犯错时，会感到羞愧；遇到困惑或矛盾时，会感到疑虑；等等。这一时期儿童是以自我为中心，以自己的想法和情感投射外界事物，按照自己的观念解释外部世界，这一时期自我意识称为自我中心期，是自我意识最原始的形态。

（二）客观化时期（3岁至青春期）

指的是从3岁到青春期这段时期，是个体社会化过程影响最深的时期，是角色学习的重要时期。儿童在学校、家庭、邻里等生态系统中学习、劳动、做游戏，通过活动不断地模仿、练习和认同，逐渐掌握社会行为规范，形成角色观念，能意识到自己在不同社会关系中的角色和地位，并有意识地指导和调节自己的行为。尽管这一时期的儿童开始积极关注自我内心世界，但其实并不了解自己内在心理状态，更多的是被外部世界所吸引。主要以别人的观点去判断事物、认知社会，对自身的认识服从于别人的评价，这一时期的自我意识也称为社会自我时期。

（三）主观化时期（青春期至成年）

指的是从青春期到成年，是个体的自我意识迅速发展并趋于成熟的关键时期。由于性成熟和逻辑思维快速发展，自我意识产生质的变化，表现出自我意识的主动性与独立性，注重对自我的内省与评价，强调自我价值与理想，自我概念逐渐形成。这一时期自我意识特点：一是大学生依据自身的思维和观点认识事物，具有独立的价值观，言行展现出个人主观色彩；二是大学生能总结自己接触个体的特点，形成自己衡量事物的重要标准；三是大学生存在"理想我"，有自己的理想、目标追求；四是大学生抽象思维能力提升，不依赖具体的情境、事物表象，注重反映事物的本质和客观世界发展的深远过程。

五、心理效应：自我意识心理功能

自我意识心理功能如图2-6所示。

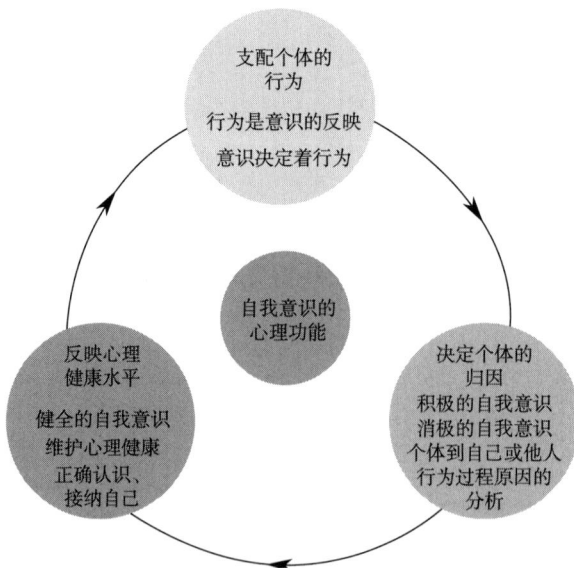

图2-6　自我意识的心理功能

1. 支配个体的行为

行为反映了意识，而意识又影响着行动。每个人在内心深处都有一种自我认知：我是怎样的一个人，因此在自我介绍时，他们会把自己塑造成那样的人，并且在实际操作中，他们也会不自觉地根据自己对某人特性的理解来做事情。

2. 决定个体的归因

个人对于自己或者他人的行动流程的原因解析称为"归因"。这个概念是基于个人的独特自我认知而形成的。尽管不同的人可能会面临相似的情况，但是他们对其产生的解释往往有很大的差异。比如，那些具有积极自我认识的大学生，通常会对他们的失败考试结果做出自责的反应，并且会在未来的学习过程中更加强烈地激励自己去付出更多的努力。事实上，积极的我意识占主导时，所有的经历都会与积极的自我意识相联系。

3. 反映心理健康水平

个人性格的形成与构建主要依赖于自我认知，它是人类个性的核心元素，也是所有内在思想的综合体现。自我认识的提升是个人的心智成长和心理成熟度的表现。研究表明，社交关系的失衡和个人融入社会的困难往往源于错误的自我认知。只有健全的自我意识才能正确认识和接纳自己，保持良好的社会适应和人际关系，合理分析自己与周围环境的关系，维护自身心理健康。

【讨论活动】

（1）"这就是我"团队练习

①此项练习为团队练习，最少3人，有一个主持人。

②在一张白纸上写下十句以上最能代表自己、真实描述自我的句子，越多越好，书写的内容不限，可以是身体特征、内心活动、自己在团队中的地位和作用等，书写保密完成，标注姓名。

③主持人将写好的纸打乱，随机抽取念出纸上内容，由团队所有成员抢答，猜书写人是谁，猜完后要说出猜测的理由，直到找到真正的书写人为止，如果最后都没有猜对，则书写人自己站起来。

（2）"以人为镜"团队练习

根据上述团队练习书写内容为基础。主持人再从纸张中随机抽出几张，这次只念出书写人的姓名，让同学进行随意评价。评价完毕后，被抽中的书写人读出自己书写的内容，分析自己与他人眼中的自己是否一致，如不一致，区别在哪里。

（3）分享总结

结束"这就是我""以人为镜"的练习后，请大家谈一谈通过这次活动对自己有哪些更深入的认识，或有什么体会等。主持人总结本次活动中大家的表现，主要针对大家的自我认识及自我评价能力作出总结。

第二节
大学生自我意识发展的特点与偏差

一、"我"的多面体：大学生自我意识发展的特点

（一）开始更多关注自己

当下刚步入高阶段教育的大学生，正式开启人生的独立生活。从生活上开始独立，到心理上也渴望独立。他们更多地开始关注自己，关注自己现在与未来的发展。他们在学习、生活中不断寻找自己未来发展的道路，然后制订计划和作出安排。所以，表面上大学生忙着自己的事情，心里却渴望与他人沟通，被他人理解。

【讨论活动】

通过"抱怨清单"的课堂练习，拓展练习自己的"憎恶清单""坏情绪清单""悲伤清单"等，方法同"抱怨清单"的课堂练习。

同时，也可以拓展自己的"愿望清单""喜悦清单"等正面清单，并为此而努力奋斗。

（二）容易产生矛盾心理

虽然许多大学生的年龄已超过成年人标准，但在他们从小学升至高中期间，一直把学业放在首位。因此，他们在发展自我的过程中往往会遇到冲突和困惑，尤其是在处理依赖与自主之间的关系时，以及面对强烈的抵触情绪方面。这些大学生对社会的看法既是接受又是排斥，渴望尽快融入社会却感到恐惧，这种内心的挣扎反映了他们的复杂心态。

大学生自我意识发展的特点如图2-7所示。

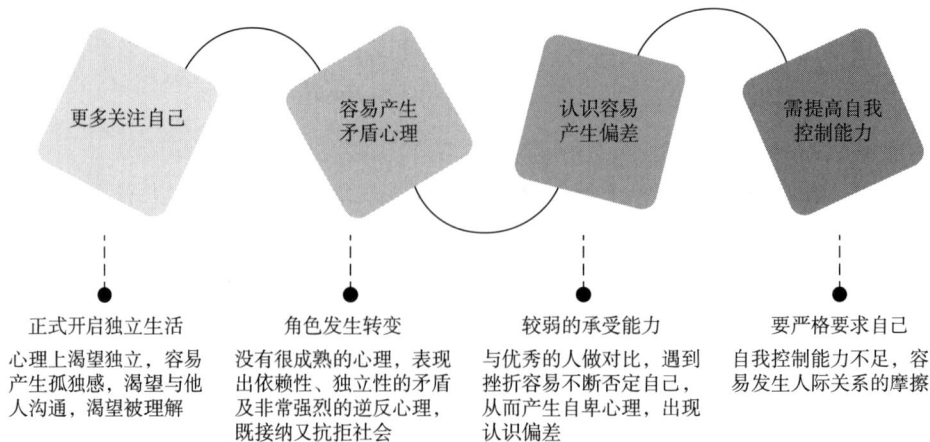

更多关注自己	容易产生矛盾心理	认识容易产生偏差	需提高自我控制能力
正式开启独立生活	角色发生转变	较弱的承受能力	要严格要求自己
心理上渴望独立，容易产生孤独感，渴望与他人沟通，渴望被理解	没有很成熟的心理，表现出依赖性、独立性的矛盾及非常强烈的逆反心理，既接纳又抗拒社会	与优秀的人做对比，遇到挫折容易不断否定自己，从而产生自卑心理，出现认识偏差	自我控制能力不足，容易发生人际关系的摩擦

图2-7 大学生自我意识发展的特点

（三）认识容易产生偏差

当前的在校大学生主要出生于20世纪90年代末和21世纪初，其中许多是独生子女，他们在成长过程中得到了父母的精心呵护。由于缺乏足够的挑战经验，这些孩子往往对自我评估存在误解，并且难以应对生活中的难题。当他们在校园中遭遇困境时，很容易陷入自我怀疑的状态，并可能引发自卑情绪。这种非理性思维方式会导致他们在面临挫败时，不能客观评价自己的能力和价值。特别是在高中时期成绩出色，但是实际技能有限的大学生，会因为自信心爆棚而感到满足，然而一旦步入更高层次的教育环境，就会意识到周围人才济济而且各有所长，自己只有在读书方面擅长而已。这种情况下的大学生会在内心深处感受到一种失衡，进而影响到他们的价值观。

【案例2-1】

在北京的一所知名大学中，小林凭借优异的成绩成功入学，充满信心地期待着获得奖学金的机会；然而不幸的是，她在第一个学期的末尾并未实现这个目标——从那时起，她开始陷入消极沮丧之中，不再热衷学业且难以维持良好的人际交往能力，甚至出现夜间睡眠障碍的问题，最终被迫前往医院的精神科室接受治疗，后确诊患有轻度抑郁，并且严重地影响到了日常行为表现及心态变化。分析发现，这主要是由个人价值观未受到充分重视，从而导致对自己的部分负面评价产生的一种反应，通常这类人的心情较为压抑、易怒，缺乏与人沟通的能力，长期下来可能会导致内心焦虑积累进而干扰学习和生活，如果不能及时寻求适当的方式宣泄情感，很容易深陷其中，如过度依赖互联网等。因此，我们应该给予此类人群更多的关爱，提供必要的支持，鼓励他们在面对问题时能够积极向朋友倾诉分享内心的困扰，以此来减轻病情避免发展至更糟糕的地步。

（四）需提高自我控制能力

虽然许多大学生在校内能够有效管理自己的行为和社交互动，并且成功应对学业挑战，但是他们仍然需要持续提升自控力。然而，也有一些同学的自我管控技能相对薄弱，这导致他们在读书过程中偶尔会出现违规行为。这些表现都反映出他们的自律水平还不够高，容易引发与他人的冲突，如果不能及时制止，可能会造成更严重的后果。因此，学校应该密切关注每个大学生，一旦察觉到任何潜在的小问题，就应立即采取措施解决，以防止其恶化为更大的麻烦。

【案例2-2】

两位大学生——小A和小B，都是同一所艺术学校的大三学生，她们共同居住在一间寝室里。尽管她们的个性截然不同，但很快就成了无话不谈的朋友。小A热情洋溢、充满活力，然而小B则较为内敛和安静，很少说话。随着时间的推移，小B开始感到自卑，觉得自己就像是一只丑陋的小鸟，而小A则是一位光彩照人的公主，这让她倍感痛苦。她始终认为，无论从哪个方面来看，小A都要胜过她一筹，总是抢她的风头，因此常常用冰冷的态度面对小A。到了大学三年级的时候，小A参加了一个由学院举办的设计比赛，获得了第一名。当这个消息传到小B耳中时，起初她悲痛万分，然后又被嫉妒之火点燃了，于是她在小A离开房间之后，毫不犹豫地将小A的作品破坏殆尽，并将它们丢在了小A的床铺上。小A回来看到这一切，完全无法理解为何会遭受到如此待遇，也搞不懂小B为什么要这样做。

对小A和小B由亲密无间转变成敌视的关系感到遗憾的同时，我们需要深入探讨导致这个事件的关键因素——嫉妒。小B未能理解嫉妒带来的负面效应，不仅损害了自身的身体健康，还因过度关注他人的成功而忽略了自己提升的机会。此外，她还未摆脱以自我为中心的心态。总结来看，大学生们应该建立健康的竞争观念。公正和合理的竞争能激发他们积极向上，同时也能借鉴对方的长处来完善自身。

二、"不"偏"不"倚：常见的大学生自我意识发展偏差

（一）过于追求完美

追求完美是促使人不断进步的积极心态，但过于追求完美则是一种自我意识偏差。具体表现为：抛开自己的真实状态，期望自己完美无缺，无法忍受自己的不完美；对某件事情表现出异乎寻常的执着，容不得一点瑕疵，总是强迫自己反复做同一件事情，甚至为了这件事情影响自己的日常生活；有些大学生不仅对自己要求严苛，还要求别人像自己一样追求完美，给自己和他人都带来沉重压力，久而久之易引起负面情绪，影响身心健康。

【案例2-3】

芷涵，女，18岁，身高1.65米，体重118斤。她认为自己身材胖得难看，开学伊始她就向舍友宣布了减肥计划。"从今天起，我要过午不食，发誓一定要瘦到85斤！"自此，她每天基本不吃主食，以少量水果和蔬菜为主，饿了就猛灌水，晚上只吃青瓜、西红柿。芷涵很有毅力，减肥成效非常明显，体重降到了95斤。但这时芷涵脸色苍白，浑身乏力，精神萎靡，可她还是觉得自己不够瘦，腿太粗，身材不苗条。于是，芷涵又实施了更为疯狂的减肥计划：4种减肥药一起使用；听说喝黑咖啡能减肥每天喝四大杯黑咖啡；严格限制热量摄入，有段时间只吃水煮青菜，午饭米粒数着吃……1年后，芷涵非常消瘦，手臂上长起了绿豆大的斑点，慢慢延伸到腿上、脸上。而且，她还因长期节食引发了低血糖性脑病等多种疾病。

（二）过度自卑

自卑是个体由于生理或心理上的缺陷或其他原因所产生的对自己的情绪体验，主要

表现为对自己的评价过低，轻视个人能力或人格特质，害怕得不到他人的尊重。❶上学期间竞争激烈，难以保证每一次自己都是胜利者，或多或少会有失败的体验。过度自卑的人往往只看到自己的缺点和软肋，不喜欢自己，也担心别人不喜欢自己，特别在意别人对自己的评价和相处体验，小心翼翼地维持与他人的人际关系；否定自己，不能容忍自己的不完美，感觉自己低人一等，对那些稍作努力就能完成的任务也轻易放弃。

【案例2-4】

天佑自小品学兼优，一直是家长眼中的"好孩子"和学校的"好学生"，自信未来人生将会一片光明。然而，这些想法在天佑被保送到某重点大学后被彻底击碎。进入大学，天佑发现班内高手如云。他不再是老师的宠儿、同学的榜样，觉得自己成了班内可有可无的普通角色，变成了一只可怜的"丑小鸭"。面对这个现实，天佑情绪一落千丈，因找不到自己的位置而开始消沉，性格也越发变得乖张孤僻起来。面对混乱的自我，天佑陷入了深深的迷茫和焦虑之中。

（三）自负

自负是指高估自己，对自己的肯定评价往往过高。夸大自身的长处，甚至将缺点也看作优点，放大他人的短处。自负不等同于自信，是一种盲目且膨胀的自信。自负的人自我认识往往过于片面，某一方面表现优异就认为自己高人一等，轻视他人，不接受他人的建议和批评，缺乏自我批评。自负是自命不凡、轻视他人的不良行为。对自己和他人都不能做出客观合理的评价，不但使自己陷入盲目、飘飘然的状态，也可能使他人遭受打击。

【案例2-5】

志远学习成绩好，管理组织能力强，在老师眼里是个优秀的学生。但他和同学们的关系却不好，因为过于自负，总喜欢批评别人。毕业前，他到一家房地产公司应聘市场管理岗位，自我介绍环节，志远指着自己的一大堆证书吹嘘自己参加过哪些活动，取得过何种成绩，曾经的创业经历，已被多少单位发了录用通知等。还未等志远介绍完，面试官打断他问道："那你觉得你能够为我们公司做些什么？如果一年内，公司给你的薪酬一直不上调，你如何确保自己不会跳槽？"志远回答："第一，这是一份我喜欢的工作，我愿意在自己热爱的事情上倾其所有；第二，这份工作至少能养活我和我的家人；第三，我愿意把我的智慧、我的青春献给我的工作，这就是我想做的。"话音刚落，面试官就让志远回去等结果。志远对此结果百思不得其解，心里倍感压力。

❶ 吴丹：《当代大学生交往心理分析及交往障碍调适》，哈尔滨工程大学，2004。

（四）自我中心

大学生时期是自我意识发展最强烈的阶段，大学生会从自我角度来进行认识、评价自我，容易出现自我中心倾向。如果大学生个人存在利己思想，过度地自我接受，则会形成扭曲的自我中心，表现为：凡事从自我出发，只考虑个人利益，从不顾及他人的需要和感受；以领导者自居，对他人指指点点，奉行"我对，你们都错"的处事原则，将个人意志强加于他人身上；人际关系紧张，为人处世容易遭遇挫折。

【课堂拓展】

焦点效应研究

在美国心理学家的领导下，2010年的研究主要集中于焦点效应的研究。他们选取了一批美国大学生作为实验对象，让他们穿着带有"美国之鹰"标志的服装和其同学交流。结果显示，超过四成的受访者坚信他们的同伴们能认出他们的衣物标签，然而实际只有十分之一的大学生成功记下了这些信息。许多旁观者甚至未察觉到其中一位成员离开了几分钟后，又重新返回时的着装变化。另外一项测试表明，即便是那些身着令人难堪衣物的受访者，仅有23%的观察员能够识别出来，这一数据远低于他们预期的有一半人可能留意到的估计。这项研究进一步证实了焦点效应的存在，也就是人们通常认为自身就是世界的核心，并且主观臆断他人对自己的注意力要比实际多得多。

三、尺有所短，寸有所长：大学生自我意识存在问题及原因

大学生自我意识存在问题及原因如图2-8所示。

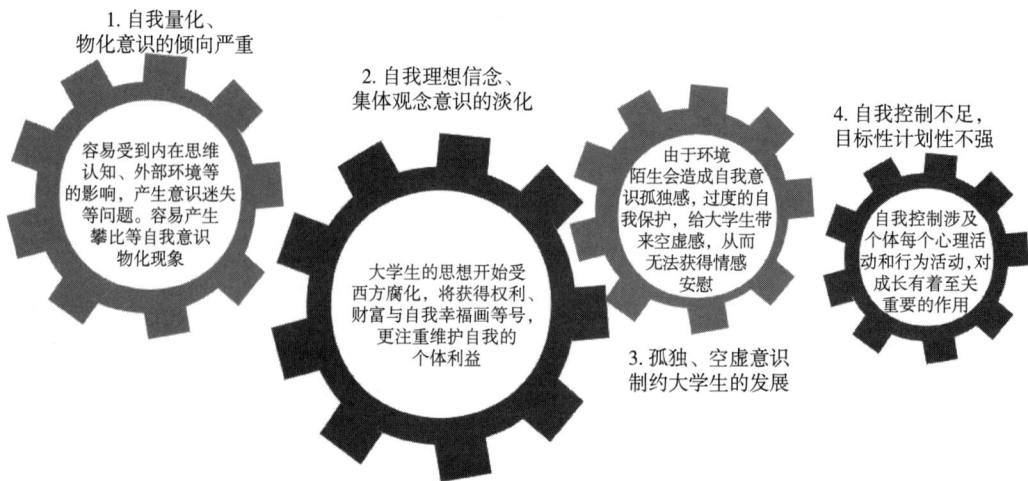

图2-8 当代大学生自我意识存在的问题及原因

（一）自我量化、物化意识的倾向严重

大学生作为社会活动参与、专业课程学习的主体，容易受到内在思维认知、外部环境等的影响，从而产生自卑、焦虑或失落等意识迷失问题。特别大学生所有自我意识的培养与产生，都来自大学生日常的外部空间环境，同学之间的攀比，让原本正常的竞争学习状态逐渐演变为自我意识的扭曲化、物化。❶

【案例2-6】

吴某，一位来自知名大学的二年级学生。从踏入高等学府的那一刻起，他的自信心就受到了打击。他是农村出身，家里经济并不富裕。由于他在高中时期成绩优秀，得到了教师及同班同学的高度赞赏，这使他忽略了自己家庭的困境与平凡，为支持他完成学业，家人背上了沉重的债务。然而，当他来到上海后，发现现实并非如想象般美好，通过兼职赚钱的机会有限。尽管尝试过各种方法提高自身能力，但他总是无法坚持到底，因而深感自己在摆脱贫困、跨越社会的阶级鸿沟方面无能为力，认为自己没有光明的前途，不能实现家族荣耀，更别提在上海找到合适的伴侣并建立家庭。

【讨论活动】

每个人都渴望实现自我超越，但在自我超越过程中又必然伴随各种挑战与困难。当面对这些挑战和困难时，你通常是花时间抱怨，还是立即想办法解决困难并付诸行动呢？是时候扔掉你的抱怨了，走出"舒适区"，才能不断地自我超越。

（1）请每个同学准备一张纸和写有"过去"字样的纸盒子，并在2分钟内写出自己的抱怨清单。

（2）和你的同学一起讨论：面对这些清单，你有哪些感受？当你抱怨的时候，你的心情和生活都会受到哪些影响？

（3）这些抱怨的内容有哪些是可以改变的？哪些是难以改变的？你打算怎样面对？

（4）在老师的指导下进行扔掉抱怨的仪式，将自己的抱怨清单扔到准备好的纸盒子里，并与之道别。

（二）自我理想信念、集体观念意识的淡化

受自由主义、拜金主义思想的影响，大学生的思想不自觉地将社会物质价值与自我意识进行对接，很多大学生以选取热门专业、过上更优质生活、获得丰厚收入为目标。在这种思想价值影响下，大学生将获得权利、财富与自我幸福画等号，原本的理想信

---

❶ 胡艳敏：《当代大学生自我意识的迷失与教育引导》，载于《黑河学院学报》，2021，12（10）：46-48。

念、集体观念意识逐渐淡化。当集体利益与个人利益发生冲突时，多数大学生会选择维护自我个体利益。

【案例2-7】

某位来自成都的大学生拥有以下的生活日程安排：在下午一点钟醒来，然后享用午餐；接着他会在两点钟的时候，前往网吧并沉浸于在线游戏的世界；晚上七点时，他会选择在网吧订购食物作为他的晚餐；而后他将会彻夜地练习升级技能，直到次日九点才返回住处休息。基本除了睡觉之外的所有闲暇时间都用于玩电子游戏。渐渐地，他开始排斥与同龄人的社交互动及参加各种集体活动。大概过了两个多月的时间，他意识到自己的思考能力已经无法跟上同学们的发展步伐，大脑始终被游戏中的情景所占据。当面临问题时，他总是试图以游戏里的规则来解决问题。这使他对日常生活的适应变得困难，并因此产生了深深的忧虑。

（三）孤独、空虚意识制约大学生的发展

大学生在刚进入新的环境时，不适应新的环境，对周围环境感到陌生，不善于与同学交往。出现自我认知、自我意识的挫败感和孤独感。由于心理状态的孤僻特点，面对不熟悉的环境会产生较强的恐惧感，过度地自我保护，带来独处的空虚感。

【案例2-8】

某大学一位女生，她在班级中的排名始终保持领先地位。然而，她却有着一种强烈的不自信感，这使她在公开场合中无法畅所欲言，也让她在与人沟通时无法有效传达自己的想法。尤其是在面对教师或者初次见面者的时候，她的行为显得无所适从。她对其他学生能在公众场所轻松交际感到十分钦佩。尽管她渴望改善自身状况，但效果并不显著，因此她倍感痛苦。这位女生在高中至大学很少参加社交活动，被他人视为高冷且独立的存在。由于习惯以自我为中心，随着时间的推移，她的朋友圈逐渐缩小，最终脱离了集体生活。之后，她开始反思自己，无论遇到何种冲突，总是认为自己犯了错误并深陷内疚之中，将愤怒压抑在心底。她始终担忧能否与身边的同学维持良好的互动关系。对于未来就业的问题，她充满了忧虑。

（四）自我控制不足，目标性、计划性不强

自我控制对大学生的成长有着至关重要的作用。自我控制涉及个体每个心理活动和行为活动。个体对目标的坚持与选择需要依靠自我控制，个体的自我管理与自我教育也与自我控制密不可分。大学生具有良好的自我控制才能更好地适应大学生活，成就自己的社会价值。

新的学习环境和阶段，大学生自我控制的社会性开始增加，开始制订行动计划并能够不随外界环境变化而改变计划，生活开始有价值定向，社会责任感和成就意识开始体现。但总体来说，大学生的目标计划性不强，自我控制不足。

【案例2-9】

对于男生小B来说，他在大学的第一个学期结束后，因为各门课程的成绩表现欠佳，导致他对学习的热情逐渐消减，整日沉浸在网游的世界里无法自拔，他的学分也未能达到学校的标准，这使他处于被开除的风险之中。与高中生相比，大学生所面对的学习目标、主题及途径有很大的差异。所以，他们需要时间去适应大学的环境，在这个过程中可能会遇到各种挑战，比如动力、兴趣、策略和思维等方面的问题。许多人刚步入校园时，都是所在地区的优秀学子、老师和父母的骄傲、同伴心中的榜样，自信满满。然而，当他们在大学生活开始之后，之前的优越感消失无踪。如何维持他们的领先地位，成为每个学生的难题。如果他们不能正视并处理好这个事实，选择回避或者否定等方式来应对，并且缺乏自我管理的能力，那么就容易产生心理困扰。

【讨论活动】

● 评分说明

自我和谐量表（表2-1）包含3个分量表，各分量表得分由包含题目得分直接相加，3个分量表包含的题目分别为：自我与经验的不和谐（1、4、7、10、12、14、15、17、19、21、23、27、28、29、31、33）；自我的灵活度（2、3、5、8、11、16、18、22、24、30、32、35）；自我的刻板性（6、9、13、20、25、26、34）。计算量表总分时，需要先将"自我的灵活度"题目进行反向计分，即将1变为5、2变为4、4变为2、5变为1，加和求得分，再与其他两个分量表计算总分。得分越高，和谐度越低。低分组：小于或等于74分；中间组：75~102分；高分组：大于或等于103分。

表2-1 自我和谐量表

序号	题目	完全不符合	比较不符合	不确定	比较符合	完全符合
1	我周围的人往往觉得我有时对自己的看法有些矛盾	1	2	3	4	5
2	我会对自己在某方面的表现不满意	1	2	3	4	5
3	每当遇到困难，我总是首先分析造成困难的原因	1	2	3	4	5
4	我很难恰当表达自己对别人的情感反应	1	2	3	4	5
5	我对很多事情都有自己的观点，但我并不要求别人也和我一样	1	2	3	4	5
6	我一旦形成对某事物的看法，就不会再改变	1	2	3	4	5

序号	题目	完全不符合	比较不符合	不确定	比较符合	完全符合
7	我经常对自己的行为不满意	1	2	3	4	5
8	尽管有时得做一些不愿意的事，但还是会按自己意愿办事	1	2	3	4	5
9	一件事情好就是好，不好就是不好，没什么含糊	1	2	3	4	5
10	我在某件事上不顺利，就往往会怀疑自己的能力	1	2	3	4	5
11	我至少有几个知心朋友	1	2	3	4	5
12	我觉得我所做的很多事情都是不该做的	1	2	3	4	5
13	无论别人怎么说，我的观点绝不改变	1	2	3	4	5
14	别人常常会误会我对他们的好意	1	2	3	4	5
15	很多情况下我不得不对自己的能力表示怀疑	1	2	3	4	5
16	我朋友中有些是与我截然不同的人，但这并不影响我们的关系	1	2	3	4	5
17	与朋友交往过多容易暴露自己的隐私	1	2	3	4	5
18	我很了解自己对周围人的情感	1	2	3	4	5
19	我觉得自己目前的处境与我的要求相距太远	1	2	3	4	5
20	我很少去想自己所做的事是否应该	1	2	3	4	5
21	我所遇到的很多问题都无法自己解决	1	2	3	4	5
22	我很清楚自己是什么样的人	1	2	3	4	5
23	我能自如地表达自己的意思	1	2	3	4	5
24	如果有足够的证据，我也可以改变自己的观点	1	2	3	4	5
25	我很少考虑自己是一个什么样的人	1	2	3	4	5
26	把心里话告诉别人得不到帮助，可能招来麻烦	1	2	3	4	5
27	在遇到问题时，我总觉得别人都离我很远	1	2	3	4	5
28	我觉得很难发挥自己应有的水平	1	2	3	4	5
29	我很担心自己的所作所为会引起别人的误解	1	2	3	4	5
30	我发现自己某些方面表现不佳，总希望尽快弥补	1	2	3	4	5
31	每个人都在忙自己的事，很难与他们沟通	1	2	3	4	5
32	我认为能力再强的人也可能遇上难题	1	2	3	4	5
33	我经常感到自己是孤立无援的	1	2	3	4	5
34	一旦遇到麻烦，无论怎样做都无济于事	1	2	3	4	5
35	我总能清楚地了解自己的感受	1	2	3	4	5

（五）大学生自我意识存在问题的原因

当代大学生自我意识存在问题的原因如图2-9所示。

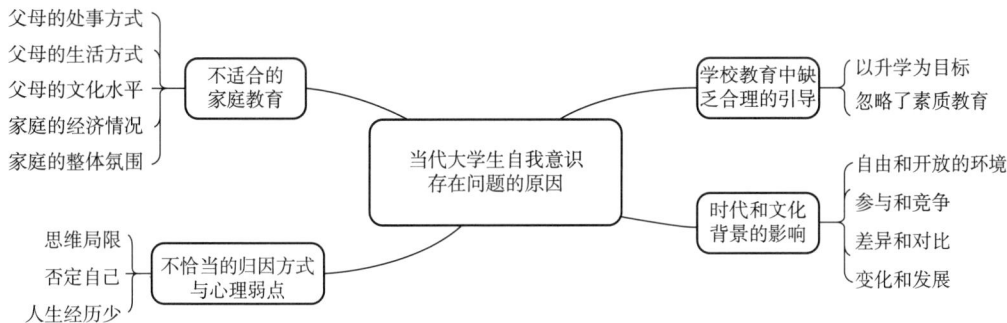

图2-9 当代大学生自我意识存在问题的原因

1. 不适合的家庭教育

良好的家庭教育会使自我意识的发展得到不断完善。父母的教育方式与教育理念对一个人的成长有着深远而重大的影响。父母的处事方式和生活方式、父母的文化水平，以及家庭的经济情况、家庭的整体氛围，都会对一个人的自我意识有着巨大的影响。❶

【案例2-10】

余某，年仅22岁的女大学生，在读大三。她的母亲是一位牙医，父亲是一位制造业公司的销售经理。自小起，她的母亲便教导她在日常生活中学会保持干净整洁的习惯，并强调了洗手、清洗及消毒的重要性。受其影响，余同学对于"细菌"这个词语有着强烈的反应，常常将其视为疾病的原因之一。在日常生活中，她尤其惧怕任何被认为可能含有细菌的事物，从而如洗澡时间过长或过于谨慎地洗手。此外，当她放置衣物的时候，可能会重复数次以确保没有沾染到细菌。同样的情况也发生在早上穿上衣物的过程中。至于人际关系上，她担心他人的身体携带病毒从而感染到自己，因此尽量减少与他人的直接接触，即使是在乘坐公共交通工具时也不例外。为了防止这种情况的发生，她往往需要不断提醒自己去完成各种清洁任务，否则就会感觉焦虑不安。

2. 不恰当的归因方式与心理弱点

归因是一个人根据自身的感受和经验，把他人或自己所做出的行为或某事件归咎于某种原因的过程，不同的归因方法会对大学生的心理产生不同的影响。不良的归因与不完善的人格会导致大学生遇到问题得不到解决，从而使大学生做事的目标性、计划性不

强，自我控制力较弱。不恰当的归因方式与心理的弱点是影响大学生自我意识的一个重要因素。

【案例2-11】

男生小E，出身于边远的乡村地区，他的天分卓越，最终成功进入一所知名院校。然而，当他在校园里与来自各地区的同学相处时，却产生了深重的自我否定情绪。他对电脑操作并不熟练，对于足球和网游更是知之甚少，英文发音不够标准，更为严重的是，尽管他在大一期间付出了极大的努力去学习，但结果不尽如人意，甚至未能获得任何奖学金。

3. 学校教育中缺乏合理引导

对于大学生来说，在学校的个体体验、在集体中的扮演角色与所处的位置，是大学生自我同一性形成的重要影响因素。中学阶段学校教育主要以升学为目标，大部分教师和大学生以成绩为评价主体。对大学生的心理自我、社会自我、社会责任意识、幸福感、人生观等方面的提示和指导不够，大学生对自我的生理、心理、社会自我的评价低于生理和家庭自我的评价，对人生规划、社会责任、社会价值的评价较低，表现出不平衡性。年级不同的大学生在幸福感、人生观、社会价值方面都表现出显著差异。

4. 时代和文化背景的影响

随着社会转型和变迁，存在许多冲突和心理压力。参与和竞争给大学生机会和动力，也使大学生面临更多自我压力；差异和对比给大学生不断努力和进取的动力，也会出现失落和心理失衡。大学生自我意识出现自我开放与封闭的矛盾。大学生个人自我评价的矛盾、社会角色的模糊、自我定位的矛盾明显表现出时代的特点，大学生自我接纳与自我排斥的冲突、自尊情感的得与失都有时代的影响。文化对于大学生自我意识有复杂的影响。传统文化与现代文化裂变与继承，西方文化与东方文化交融与排斥，这种文化冲突，使大学生思想观念、生活方式、价值观卷入斗争。导致大学生个性张扬的同时对人生目标和人生意义迷茫，缺失社会责任感，进而影响大学生确立自我同一性的自我意识。

【案例2-12】

梁鹏是电影学院导演专业的研究生，他持有一个极其悲观的看法：成为一名导演需要声名显赫，但真正能够声名大噪的导演却寥寥无几。从本科到研究生要协调各种关系，压力很大。最终他选择退学。学校的老师和同学都惋惜。面对巨大的压力，许多大学生产生了较大的心理失衡，这与他们所处的社会环境及家庭因素密切相关。首要的问题就是他们的职业选择，随着大学不断扩大招生规模，使部分大学生从入学开始便担忧起未来的工作前景。此外，有些大学生对自己的期望值设定得太高，甚至抱有一种为了父母而学习的观念，希望未来能够回报父母的养育之恩；还有些人设定的目标过于理想化，导致他们在现实中遭遇了极大的心理挫折。因此，我们应引导这些大学生找到适合自己的定位，客观地评估并理解自身的实际情况。

四、自我与制我：大学生自我意识发展调控

（一）引导大学生正确认识自己

正确认识自己是大学生自我意识发展调控的基础。对自己要有一个全面客观的评价，根据此评价在不同的情况下确立适合自己的目标并不断努力（图2-10）。

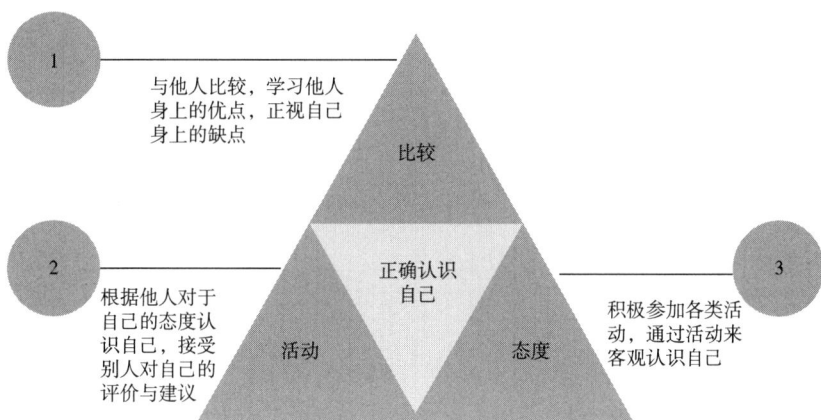

1　与他人比较，学习他人身上的优点，正视自己身上的缺点

2　根据他人对于自己的态度认识自己，接受别人对自己的评价与建议

比较

正确认识自己

活动　态度

3　积极参加各类活动，通过活动来客观认识自己

图2-10　正确认识自己

一是在与他人比较中认识自己，学习他人身上的优点，正视自己身上的缺点。

二是根据他人对自己的态度认识自己。通过与他人交往不断完善和认识自己，批判性接受别人对自己的评价与建议。

三是积极参加各类活动，通过活动来客观认识自己。在良好的活动成果中明确自身优缺点，进一步开发自己的潜能，同时给予自己信心。

【课堂拓展】

"伤痕"实验

在美国的一所高校，一群研究员进行了名为"伤口"的研究项目，他们邀请了十位志愿者参加这个试验，目标是分析公众对于那些有着明显外貌瑕疵的新人的态度，特别是面部带有创口的人群。每个被选中的参与者都进入了一个无镜子的密闭空间，并接受了一位专业美容师对其左侧面部的处理。这位美容师先是在他们的皮肤上制造出一道假象的伤疤，然后告诉每个人需要再次覆盖这道伤疤，以便使它看起来更加逼真。实际

上，化妆师已经偷偷把伤疤弄掉了。毫不知情的参与者，被分别带到了各医院候诊室，他们的任务是观察陌生人对自己脸上疤痕的反应。实验结束后参与者表达相同感受，即人们对他们比以往更不友好，总是盯着他们脸看。实际上他们脸上与平时没什么不同，之所以有那样的感受，是因为错误的自我认知影响了他们的判断。

【讨论活动】

20个"我是谁"

活动准备：纸、笔。

活动过程：

第一步：询问自己20次"我是谁"，每次询问过后，都把脑海里浮现出来的答案写在纸上。例如，我是××学校的学生，我是××人。每次询问回答的时间是20秒，如若写不出来就直接跳过，继续下一次询问。

（1）我是一个_____的人。

（2）我是一个_____的人。

（3）我是一个_____的人。

（4）我是一个_____的人。

（5）我是一个_____的人。

（6）我是一个_____的人。

（7）我是一个_____的人。

（8）我是一个_____的人。

（9）我是一个_____的人。

（10）我是一个_____的人。

（11）我是一个_____的人。

（12）我是一个_____的人。

（13）我是一个_____的人。

（14）我是一个_____的人。

（15）我是一个_____的人。

（16）我是一个_____的人。

（17）我是一个_____的人。

（18）我是一个_____的人。

（19）我是一个_____的人。

（20）我是一个_____的人。

第二步：分析答案，包括以下三个方面。

（1）答案的数量和质量。如果能写出18～20个答案，则认为没有自我认知障碍；如果答案数量低于14个，则认为存在压抑自己的倾向。

（2）答案的表现形式。存在3种情况：第一，符合客观情况，如"我是一名大二的学生"；第二，主观评价，如"我羞于表露自己的真情实感"；第三，呈中性，即无法做出判断的情况。如果答案既包含客观评价也含有主观评价，则自我认识取得平衡；如果答案更倾向于客观或主观评价，则不能达到平衡。主观评价时，如果只提到积极的一面，会让人觉得自满；如果只做消极的评价，会令人觉得没有自信。因此，主观评价最好涵盖自己的长处和不足。

（3）答案是否有关自己的未来。即使只有一个答案涉及未来，也说明自己是一个有理想、有抱负的人，对未来充满希望。如若一个答案都不涉及未来，则可说明你还没有思考过自己的未来。

（二）帮助大学生积极接受自己

接受自己是指无条件接受自己的一切，包括自身的优点、缺点。接受自己是适应社会发展的前提，也是自我意识发展调控的关键（图2-11）。

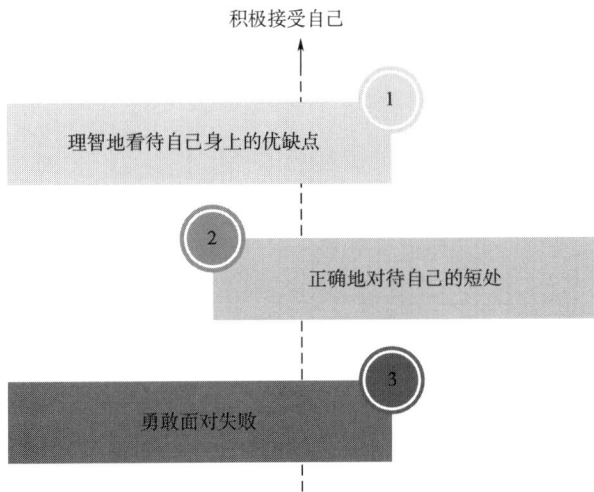

图2-11 积极接受自己

一是理智地看待自己身上的优缺点。每个人身上都有优点和缺点，要始终相信自己是优点多于缺点的人，一定要客观地看待自己的优点和缺点，不能忽视或夸大自身的缺点。

二是正确地对待自己的短处。努力改进自己的缺点，积极地改正不好的习惯，要学会包容与接受先天的缺点，要勇敢地面对自己的短处，自信且阳光地生活。

三是勇敢面对失败。失败时，可以在跌倒后爬起，也有跌倒后一蹶不振。要知道，一时的失败不代表永远的失败，一时的成功不代表永远的成功。

做最好的自己

道格拉斯·马洛奇（美国诗人）

如果你当不成山巅的一棵劲松，

就做山谷里的小树吧！

但务必做溪流边最棒的一棵小树；

当不了树就做一丛灌木，

当不成灌木还可以做小草，

但务必做路边最快乐的一株小草。

如果你不是大梭鱼就做一尾鲈鱼吧，

但要做湖里最活泼的小鲈鱼！

我们不能都做船长，

必须有人当船员，

可每个人都有自己的事儿，

有的事情大，有的事情小，

而你要完成的任务就近在咫尺。

如果你不能做大道，

就做一条小径，

若是不能做太阳就做星星；

决定成败的不是你的大小

——只要你做最好的自己！

（三）鼓励大学生有效控制自己

控制自己是人定向地主动地去改变自己的过程。有效控制自己，是定向改变自己、完善自己的直接途径，应鼓励大学生有效控制自己（图2-12）。

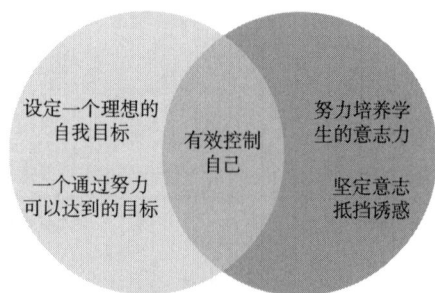

设定一个理想的自我目标

一个通过努力可以达到的目标

有效控制自己

努力培养学生的意志力

坚定意志抵挡诱惑

图2-12　有效控制自己

一是帮助大学生设定一个理想的自我目标。要根据实际情况设定目标，从自身的日常生活经验、处事能力水平、知识文化程度等方面出发，设定一个通过努力可以达到的目标。只有设置合理的目标才能真正激励大学生控制自我，为之不懈努力。❶

二是努力培养大学生的意志力。想要成功就要有足够坚定的意志力，不断约束拓展自己的思维，认真把握自己的行为。只有意志力顽强的人，才能在思维、行动时有良好的自觉性与自制力。

【课堂拓展】

超觉静坐

（1）选择一个安静、灯光柔和的房间，盘腿坐着，闭上眼睛。

（2）尝试放松全身肌肉，慢慢从脚开始，自下而上，一直到头部。

（3）心无所思，用鼻子呼吸，慢慢感受空气在自己的鼻子内流动。每次呼气时，默数"1"。持续20分钟即可结束（切勿闹钟定时，用心感受），睁眼看时间，然后再次闭眼休息1分钟，结束。

【讨论活动】

"二十年后的我"练习

（1）想象现在是2044年，20年后的"我"是什么样的？

（2）思考那时的"我"，是否让现在的"我"满意。

（四）帮助大学生不断完善自己

完善自己是在认识自己、接受自己、控制自己的基础上，积极主动地通过各种方式不断改进自己的行为。通过主动地制定目标、自觉地调整自我行为、积极地改造自我，以此来不断适应社会的要求。❷自我教育是完善自己过程中的关键。

【讨论活动】

"夸奖大轰炸"团队练习

（1）至少3人完成这项练习。

---

❶ 李明：《当代大学生自我意识发展的特点及其调控》，载于《牡丹江教育学院学报》，2015（11）：68-69。

❷ 孙瑜：《当代大学生自我意识研究》，燕山大学，2015。

（2）小组中每个人都对其中某一人身上的优点进行总结讲述。

（3）被夸奖的成员以倾听为主，不需要感谢及发言。

（4）大家轮流被夸奖，结束后，一起交流被"夸奖轰炸"的感觉。

【讨论】

1. 大学生应该如何树立正确的自我意识？

2. 自我意识对人际关系有什么影响？

3. 学习完本章你对自己是否有了不一样的认识？

第三章
学习与心理健康

第一节
学习心理及学习动机

一、吸水的海绵：学习与学习心理

（一）学习的含义

在教育心理学研究领域，"学习"是一个最基础也最重要的概念。[1]多年来，很多研究者从各个角度、基于各种理论基础，对"学习"这一概念下过定义。学习是指个体由于反复经验或练习而产生的行为或行为潜能的较为持久的变化（图3-1）。[2]

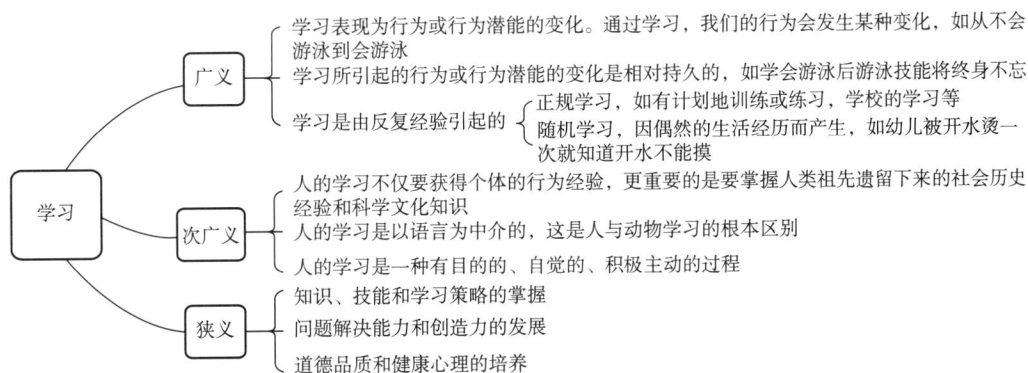

图3-1　学习的含义

---

❶ 敖红英：《我国大学生学习指导探讨》，河海大学，2006。
❷ 王虹伟：《初中生语文学习习惯研究》，哈尔滨师范大学，2018。

（二）学习心理

学习心理主要是指学习者为了获得学习的成功而形成的一系列的学习准备状态。学习心理是学习的准备状态，学习心理的特征包括动机、态度、学习策略等。在学习心理领域，学者们研究的内容非常广泛，虽然，从根本上看这些研究的立足点都在于学习的本质，但是具体的研究却涉及方方面面，比如学习的过程、学习过程中的思维方式、学习的类型、信息加工理论、学习策略、学习情感、学习态度、学习兴趣等。

二、成为主动的学习者：学习动机的含义

（一）学习动机的概念

学习动机是指引发与维持大学生的学习行为，并使之指向一定学业目标的一种动力倾向。它包含学习需要和学习期待两个成分，根据不同标准可以划分为不同类别（图3-2）。[1]

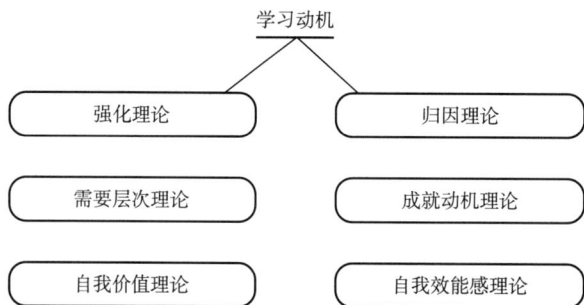

```
                        学习动机
                   ┌──────┴──────┐
              ┌──────────┐   ┌──────────┐
              │  强化理论  │   │  归因理论  │
              └──────────┘   └──────────┘
              ┌──────────┐   ┌──────────┐
              │需要层次理论 │   │成就动机理论 │
              └──────────┘   └──────────┘
              ┌──────────┐   ┌──────────┐
              │自我价值理论 │   │自我效能感理论│
              └──────────┘   └──────────┘
```

图3-2 学习动机的分类

（二）学习动机的特点

学习动机具有一定的强度。具体来说，不同的个体其学习动机不相同，并且其动机的强度也不同；相同的动机，对于不同的个体来说很可能会表现为不同的强度。比如，有些大学生学习的主要动机是为了毕业以后找到更好的工作，有些大学生学习的动机主要是为了满足自己的求知欲。

学习动机具有一定的内隐性。学习动机是学习者心理层面的一种特质，因而具有一定的内隐性，可以通过学习者表现出的具体行为、态度等因素来推测其学习动机的状况。具体来说，可以通过学习者是否积极实施学习活动，以及从事哪种类型的学习活动来判断其学习动机的有无、强弱及方向；可以通过学习者是否坚持进行学习活动，来判

---

[1] 杨倩茜、周红：《论学习动机的培养与激发》，载于《科技信息（科学教研）》，2007（13）：168。

断其动机是否具有长久性；学习者学习效果的优劣，也能在一定程度上反映其动机的强弱、有无等信息。

学习动机具有复杂性。作为个体内部、心理层面的一种因素，具体来说主要表现在两个方面。一方面，学习者行为一般并非受单一动机所影响，而受多种动机综合影响，通过学习者的行为来判断其动机很大程度上具有片面性。另一方面，学习动机自身具有一定的复杂性。学习动机并不是凭空产生，是在学习者内部、外部各种因素综合作用下产生，其中某一种或多种因素发生变动时，学习者的学习动机可能会发生一定的变化。

（三）学习动机的类型

1. 内部动机和外部动机

根据动机产生的来源把学习动机分为内部动机和外部动机。[1]内部动机是人们对学习本身的兴趣而产生的动机。外部动机是大学生将社会规则、父母愿望和老师期盼内化到自身之后产生的动机。

2. 高尚动机和低级动机

根据学习动机内容的社会意义把学习动机分为高尚动机和低级动机。[2]高尚动机的核心是利他主义，低级动机的核心是利己主义、自我为中心。

3. 远景性动机和近景性动机

根据动机发挥作用的时间长短把学习动机分为远景性动机和近景性动机。[3]远景性动机指能够激发个体长期行为、使个体制定长期目标的动机；近景性动机指在近期内激发个体行为，常与近期目标相联系。

4. 直接动机和间接动机

根据动机与学习活动的关系把学习动机分为直接动机和间接动机（图3-3）。[3]直接动机与学习活动本身直接相关联，是对学习学科内容或学习活动的直接兴趣和爱好。间接动机与社会意义相联系，是内化了社会观念、父母意愿以及老师期望的结果。

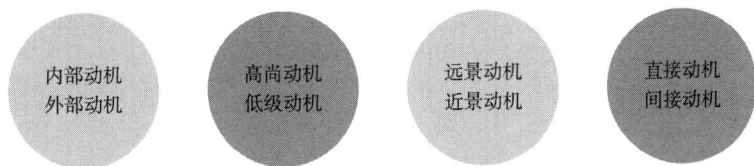

内部动机 外部动机　高尚动机 低级动机　远景动机 近景动机　直接动机 间接动机

图3-3 学习动机的类型

---

[1] 陈宇：《培养和激发大学生的学习动机浅谈》，载于《出国与就业（就业版）》，2011（17）：11。
[2] 李晓雯：《高一年级艺术生数学学习动机的调查研究》，载于《数学之友》，2018（5）：53-58。
[3] 王艳芳：《学习动机对留学生汉语交际能力的影响分析》，载于《未来与发展》，2018，42（6）：99-102。

（四）学习动机的作用

1.学习动机影响学习成绩

研究表明，内在动机对大学生的学习成绩有着显著的正向影响。内在动机的大学生更加投入学习，更加关注学习过程，更加有耐心和毅力，更加自信，这些因素都有助于提高学习成绩。外在动机对学习成绩的影响则相对较弱，甚至可能会产生负面影响。外在动机的大学生可能会出现为了获得好成绩而死记硬背、缺乏创造性的情况，这样的学习方式难以长期持续，也难以在实际应用中发挥作用。通过自身体会，以及观察大学生具体的学习情况，不难发现学习动机和学习效果之间具有明显的相关性。影响学习效果的因素还有学习方法、学习对象的难易程度、大学生的智力水平等多种因素。所以，不能简单地认为只要提高大学生的学习动机，就可以提高其学习效果。综合考虑影响大学生学习效果的各种因素，进而采取适宜的方式优化或改变对其学习效果具有负面影响的因素。

2.学习动机影响学习质量

学习动机可以促使学习者更专注于学习任务，从而提高学习效率。研究表明，当学习者有强烈的学习动机时，他们会更加努力地学习，这有助于他们更好地掌握学习内容。大学生在学习时有足够的动机和兴趣，可以提高他们的学习效率，缩短学习时间，同时也能提高他们的学习成绩。大学生在有足够的动机和兴趣的情况下，可以更好地理解和应用学习内容，从而提高他们的学习效率和持久性。

【讨论活动】

检索学习练习

读书或者复习笔记的时候，请合上书本或笔记本问自己以下几个问题，运用检索学习提高学习效果。

（1）此段落的核心概念是什么？

（2）哪些术语或者概念是我没有接触过的？

（3）我可以如何定义它们？

（4）这些概念和我以前学的知识有什么联系吗？

如果你无法准确回答这些问题，请继续回到书中相应的部分加强记忆。

3.学习动机影响学习态度

学习动机是促使大学生进行学习的内在动力，对学习态度有着重要的影响。例如，一位大学生在学习英语时，如果有着强烈的学习动机，会认为学习英语是一件有趣的事情，会更加积极主动地去学习，并且更容易克服学习中遇到的困难。相反，如果没有学习动机，可能会认为学习英语是一件枯燥乏味的事情，会对学习缺乏兴趣，学习态度也会变得消极。学习动机对学习态度的影响是明显的，它能够提高大学生的学习态度，促进大学生的学习效果。

（五）学习动机相关理论

人类对动机的关注和研究已有一百多年的历史，但在很长一段时间内，动机被认为是一种意志或本能。20世纪60年代以来，认知主义学派对动机的研究逐渐丰富，其中与动机相关的理论包括成就动机理论、动机强化理论、成就归因理论、自我效能理论、马斯洛需求层次理论等（图3-4）。❶

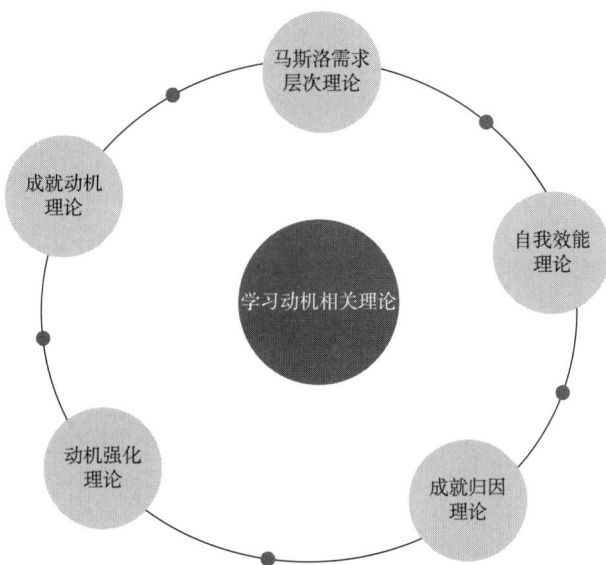

图3-4 学习动机相关理论

1. 成就动机理论

成就动机理论最早由亨利·莫瑞在1938年提出，他认为人们具有想把事情尽可能快地做好的愿望或倾向。美国社会心理学家戴维·麦克利兰的成就动机理论则认为对成就的追求是个体人格中的一种稳定特质，由取得成就而引发的愉快体验存在于个体的记忆中，当个体所处的情境可以激发深藏其记忆中的这种愉快体验时，就能够激发其成就动机。麦克利兰还从行为表现角度对成就动机进行了诠释，他指出，成就动机强的人在学习、工作中都会有非常积极的表现，他们善于利用时间，对自己具有较强的控制力，外界环境的变动对他们的影响也较弱。虽然，麦克利兰的成就动机理论比较详细、全面，

---

❶ 熊艳：《MOOC学习者学习动机缺失原因及激发策略》，载于《兴义民族师范学院学报》，2021（3）：73-78。

但也存在一定的不足之处。

2. 成就归因理论

归因理论是社会心理学领域中的一个重要理论，最早由社会心理学家海德于1958年提出。[1]十几年之后，在阿特金森的成就动机理论和海德的归因理论基础上，美国心理学家伯纳德·韦纳于1972年提出了他的归因理论。韦纳将个体进行成败归因的因素概括为四个主要方面，即能力、努力、任务的难易程度和运气。另外，韦纳基本赞同之前学界将引起行为的原因分为内因和外因的观点；同时，还提出了新的角度，即把引起个体行为的原因分为暂时原因和稳定原因，以及可控原因和不可控原因。这些新的角度大大丰富了对个体行为原因的研究思路。

3. 动机强化理论

动机强化理论认为，一定的刺激或激励来增强个体某种行为的过程，是个体行为产生和发展的原因。[2]按照效果来分，强化可以分为正强化和负强化。正强化可以使个体的行为反应随着刺激的增强而增强；相反地，负强化可以使个体的行为反应随着刺激的增强而减弱。所以，在教学或大学生心理辅导过程中，如果大学生的学习取得了一定的进步，教师及时给予肯定和表扬，可以对大学生以后的学习行为起到正向激励和强化作用；当大学生学习退步时，如果教师给予比较严厉的批评，则会降低大学生以后学习的动机。所以，对于大学生的学习表现，无论是好的表现还是不好的表现，教师都应该根据具体情况做出适当的表扬或批评教育，避免对大学生的行为动机造成负强化。

4. 自我效能理论

美国心理学家班杜拉在20世纪70年代提出了"自我效能感"这一概念，个体获得自我效能感的方式有四种：[3]一是直接经验会给个体带来自我效能感；二是间接经验或称替代性经验也会带来一定的自我效能感；三是他人的言语劝说，可以增强自我效能感；四是个体的情绪和心理状态，也会影响其自我效能感。由于自我效能感是个体自身的主观判断，所以当个体身体、情绪、心理等机能处于良好状态时，自然会使个体产生较高的自我效能感。实际上，不仅是动机理论方面的研究者，班杜拉个人也认为自我效能感对个体的行为动机具有一定的作用，较高的自我效能感可以增加个体取得成功的可能性。相应地，大学生的自我效能感能够对大学生的学习行为动机产生一定的影响，并进而影响其学习的效果，教师在教育教学中可以根据以上提到的获得自我效能感的方式，来帮助大学生提高自我效能感。

---

❶ 孙兆扬：《基于归因理论的大学生择业观研究》，载于《烟台职业学院学报》，2006（2）：15-18。
❷ 田芳：《高一年级学生地理学习动机的激发策略研究——以保定二中为例》，河北师范大学，2017。
❸ 邹洁莉：《农村小学生英语学习动机水平现状及影响因素调查研究》，江西师范大学，2020。

5. 马斯洛需求层次理论

1943年，美国心理学家马斯洛指出，个体的行为动机都是为其需求而被激发出来的。个体的需要可能被区分为五大类，分别为生理需求、安全需求、爱和归属感需求、尊重需求和自我实现需求。并且，这五种需求按照以上顺序呈现出层次上从低到高的递进关系。生理需求与安全需求是初级阶段，爱和归属需求及尊重需求是中级阶段，自我实现是高级阶段。马斯洛认为，这五种需求在个体的不同时期都是存在的，只不过由于所处阶段不同，需求程度也不相同。当个体的某一项需求得到满足时，这一需求对个体行为影响力会下降，然后，个体会产生更高级别的需求。所以，教师在教育教学过程中要了解大学生的具体需求，关注大学生需求变化，在设计教学内容、教学目标，或者对大学生进行心理辅导时，通过适应大学生需求层次并激发大学生更高层次需求内容和方式，激发大学生学习的动力。

【课堂拓展】

学习动机曲线

究竟是什么因素在影响学习效果，使学习动机成为关键要素呢？

一般来说，学习的动力越强烈，学习的积极性也就越高，对学习活动的影响也会更大，从而提升学习效率；相反，如果学习的动力不够强烈，那么学习的效率就会降低。

在1908年，美国心理学家耶克斯（R. M. Yerkers）和多德森（J.Doason）根据耶克斯—多德森定律（由多德森提出）的研究发现，学习的效能和激励之间的关联并非呈直线上升趋势，而呈现出一种倒置的U形模式（图3-5）。存在着一个最优的学习动力值，也就是当刺激处于中等水平的时候，这个点是活动效果最好的时候；然而，若刺激过于强烈，可能会对行为的结果造成一定的不利影响，同样地，假如刺激太弱的话，也无法实现高效的行为。

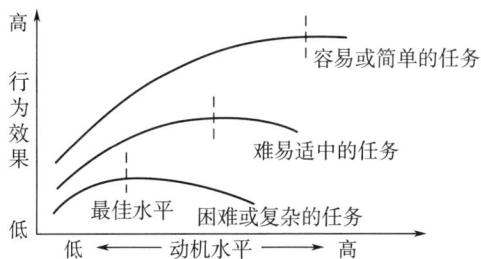

图3-5　学习动机与学习效果的关系曲线

当动机不足时，由于缺乏学习的热情，学习效果也可能并不理想。比如让中学生做算式"5+1=？"，任务太简单，学习动机就弱，效果也不好。为什么动机水平过强时，对学习不那么正向，究竟是怎样的动机强度才能达到最优状态（即不过度或不足），从而能够应对各类繁复的学习挑战呢？这主要是因为当动机过于激进的时候，个体可能会陷入一种过度担忧与压力的状态。例如，某个学生在面临测试时，对取得优秀表现的需求太过迫切，导致他极度不安，进而出现"脑海一片空白"的情况，影响了他的回忆及思考能力，甚至无法解答原本非常了解的问题，最终导致学习成绩下降。

此外，学者们也指出，并非所有情况下学习的动力都应保持在一个恒定的程度，而是会因任务类型的变化而有所差异。当学习任务较为轻松的时候，较高的学习动力可以到达最优状态；而在面对较难的学习任务时，适度降低学习动力可能更有助于任务的成功执行。

第二节
影响大学生学习心理发展的内外部因素

从心理学角度而言，影响个体心理发展变化的因素可以分为内部因素和外部因素，个体心理的发展变化是在内、外双重且多种因素的共同作用下发生的。所以，我们在此也按照内部因素与外部因素的区分，来梳理和分析影响大学生学习心理的各种因素。从整体上看，影响大学生学习心理发展的外部因素主要包括学校因素、同伴因素、家庭因素和社会因素（图3-6）。

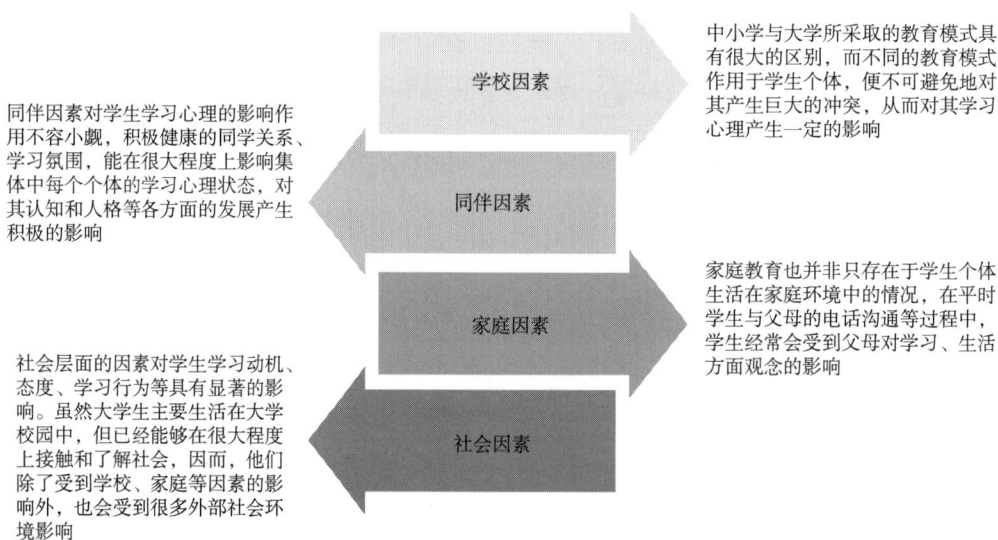

图3-6　影响大学生学习心理发展的外部因素

学校因素　中小学与大学所采取的教育模式具有很大的区别，而不同的教育模式作用于学生个体，便不可避免地对其产生巨大的冲突，从而对其学习心理产生一定的影响

同伴因素　同伴因素对学生学习心理的影响作用不容小觑，积极健康的同学关系、学习氛围，能在很大程度上影响集体中每个个体的学习心理状态，对其认知和人格等各方面的发展产生积极的影响

家庭因素　家庭教育也并非只存在于学生个体生活在家庭环境中的情况，在平时学生与父母的电话沟通等过程中，学生经常会受到父母对学习、生活方面观念的影响

社会因素　社会层面的因素对学生学习动机、态度、学习行为等具有显著的影响。虽然大学生主要生活在大学校园中，但已经能够在很大程度上接触和了解社会，因而，他们除了受到学校、家庭等因素的影响外，也会受到很多外部社会环境影响

一、不要把人生开关交给别人：影响大学生学习心理发展的外部因素

（一）学校因素

大学生在步入大学后应能够积极调整自己的思维和心态，树立新的学习目标，并根据学习内容、教师教学方式等各个方面具体的差别，探索适合自己的专业学习方法，其间这类学生所表现出的情绪、态度、策略、动机等学习心理也大多是正面积极的，便能够较快地消除内心的恐惧与无助感，更快地适应全新的学习和生活，在专业学习、人际交往等方面表现出一定的主动性。但如果大学生无法积极调整自己的思维和心态，面对中小学与大学的种种不同，便会感到无所适从，不知道如何规划自己大学阶段的学习，无法合理支配课余时间，加之面对新的校园环境、同学、老师，很容易在内心产生孤独、无助感，进而影响到学习的外在表现和内在动机，很容易加剧迷茫感，缺乏对集体生活的归属感、信任感。

【案例3-1】

学校A是一所注重学生全面发展的大学，以"以人为本、追求卓越、和谐共处、服务社会"为校训。学校A重视学生的品德教育，每周都会组织学生进行志愿服务活动。学生在参加志愿服务活动的过程中，不仅能够锻炼自己的实践能力，更能够培养自己的社会责任感。同时，学校A还注重教师的专业发展，定期组织教师参加各种培训和研讨活动，提高教师的教育教学水平。这种积极向上、注重全面发展的学校文化氛围使学生们更加积极向上、自信自律，教师们更加敬业专业，为学校的发展和提高教育质量起到了积极的作用。

【案例3-2】

在某个学校，学生的请假流程非常规范化，学生需要提前填写"请假申请表"并交给班主任审批，班主任审核通过后再交给年级主任审批，最终由校长审批通过后才能请假。这种规范化的请假流程，有利于学校及时掌握学生请假情况，及时处理学生的请假申请，保障学生的假期安排和学习进度。同时，规范化的流程也能够提高学生的自律性和责任心，让学生养成良好的习惯，从而更好地适应未来的社会生活。

（二）同伴因素

我们知道，在集体生活中，个体的思想、心理、行为习惯等都会在很大程度上受到集体中其他个体的影响。我国古语中"近朱者赤，近墨者黑"等观点也强调了周围环境，尤其是周围其他个体对一个人的影响。同伴因素对大学生学习心理的影响不容小

飙，积极健康的同学关系、学习氛围，能在很大程度上影响集体中每个个体的学习心理状态，对其认知和人格等各方面的发展产生积极的影响。反之，不和谐、不健康的同伴关系和集体氛围，会对大学生学习心理乃至人格的健康发展产生负面影响。所以，教师在平时的教学或大学生管理工作中，要注重对大学生集体生活、学习氛围的引导和监督，引导大学生形成积极健康的生活、学习氛围，同时关注大学生行为、心理动向，一旦发现问题，要及时给予正确的教育和引导，避免造成更大范围或更深程度的负面影响。同时，大学生自身也应注重在学习、生活、个人发展等方面的更高追求，保持积极向上的生活、学习态度，对自己负责也对周围同学负责，不荒废青春时光，努力提高自己的知识能力水平，锻炼人格品质，获得更好的个人成长，也对周围同学产生积极的带动作用。

【案例3-3】

　　某大学，小明和小红是同班同学。小明学习态度认真，积极思考问题，认真完成作业。而小红则不同，她在课堂上总是分心，不认真听讲，课后也不按时完成作业。在一次考试中，小明考了90分，而小红只考了60分。小明在考试前与小红一起讨论了课程内容，互相交流，小明也能够帮助小红解决问题。但是，小红并没有认真听取小明的建议，也没有积极思考问题，导致她在考试中失分较多。

【案例3-4】

　　小刘和小李是同班同学，他们在班级中的成绩一直处于前列，但是小刘总是比小李成绩更好，这让小李感到很沮丧。在一次考试后，小刘得了A，而小李只得了B，小李感到非常失落，但是她并没有放弃，反而更加努力地学习。在下一次考试中，小李得了A，而小刘只得了B，这让小刘感到很惊讶，但是他并没有放弃，而是更加努力地学习。在随后的几次考试中，小刘和小李的成绩始终保持在同一水平，他们互相鼓励、互相帮助，成了学习上的好伙伴。

（三）家庭因素

　　虽然大学生在家庭环境中生活的时间相对较少，但父母仍旧是大学生人生中关系最亲密的人，父母对大学生生活习惯、思想、心理等也具有重要的影响作用，家庭教育也并非只存在于大学生个体生活在家庭环境中的情况，平时在与父母的电话沟通等过程中，大学生经常会受到父母对学习、生活方面观念的影响。有研究表明，家庭因素对大学生学习认知的变化具有明显的影响作用。具体来说，家长的教育理念、价值观以及对大学生情感等方面的支持，对大学生学习心理的状况具有明显的影响。

　　一方面，父母在教育理念、价值观等方面的偏颇，难以对大学生形成正确的教育和引导。父母对大学生学习心理的影响体现比较明显的阶段在大学生初入大学的阶段，在这一阶段，很多父母在中学阶段对大学生学习心理的影响开始表现出一定的局限性。比如，在中学阶段，为了让孩子专注于学习，父母有意无意地向孩子灌输着"只要考上大学就轻松了""考上大学是最大的成功""考上大学是最重要的目标，其他的都无关紧要"等，在生活中，父母也尽可能地为孩子创造学习的机会，家务劳动、人际沟通等各个方面都由家长帮孩子解决，加之中学阶段的学习偏重应试，缺乏对学习能力、独立思考等各种能力的培养，导致大学生"高分低能"。有些父母甚至在孩子进入大学以后，还会强调要好好学习，虽然好好学习没有错，但由于缺乏对现代职高、大学学习和生活的了解，父母观念中的好好学习依然是要好好学习理论知识、课本上的知识，其他如人际交往能力、表达能力等都不是重点。可想而知，在这种片面的教育理念影响下，大学生对大学阶段学习的认识也难以科学和全面，当他们离开父母，独自在新的环境中学习、生活的时候，由于身心发展尚不成熟、自制力不强，加上现实与理想的差距，很容易使他们"脆弱的内心"难以承受中学到大学的种种变化，难以适应大学阶段更加注重大学生全面发展的课业任务和教学目标，很容易产生自我怀疑、较低的自我效能感，进而迷失方向、情绪低落，缺乏学习的动力。

另一方面，父母在思想、情感方面难以为大学生提供足够的支持，也是导致大学生学习心理问题的一个重要原因。有研究表明，如果父母能够在思想、情感、心理方面为大学生提供足够的理解与支持，会对大学生的学习产生重要积极的推动力，促使他们更快地适应大学阶段的变化，更快地树立新的自我发展目标，并促使自己更努力地向目标前进。但在实践中，当孩子考上大学以后，父母仿佛也完成了一项巨大的人生任务，因而降低了对孩子学习、生活方面的关注，有些大学生表示，上了大学以后，父母和自己的联系变少了，他们好像回到了自己的生活，开始弥补中学阶段过于支持孩子的学习所错过的对自己人生的享受，而且特别明显的一点是，父母很少关心自己的学习情况，即便有时候主动向他们倾诉大学阶段学习方面的问题或者具体情况，他们似乎也不太在意。其实，对于大部分大学生来说，从中学到大学的转变并不轻松，甚至有些"煎熬"，因为他们所面临的不仅是学习环境、学习内容、学习方式的彻底变化，还有心理上的巨大落差，因此很容易产生迷茫、焦虑、失落、自卑等心理。这些问题如果处理不好，很可能会影响到其以后的学习生活。

【案例3-5】

小石的家庭收入水平较高，家里有很多书籍和学习资料，他也有机会参加各种培训和课外活动，这些都为他的学习提供了很好的条件。相比之下，小唐的家庭收入水平较低，家里没有太多的学习资源和机会，她无法接触到一些优质的学习资料和课程，这可能会影响她的学习成绩和学习兴趣。为了提高孩子的学习成绩，家长应该尽可能提供更多的学习资源和机会，从而帮助孩子获得更好的学习条件。

【案例3-6】

在某学校，有一名学生小张，他的父母对他的要求非常严格，经常使用惩罚的方式来教育他。这种家庭教育方式对小张的学习造成了负面影响。小张在学校表现得很紧张，经常犯错，成绩也不太好。在课堂上，小张总是焦虑和不安，这使他无法专注于学习。同时，小张也缺乏自信，这使他不敢在同学面前表现自己的优点和才能。这种严厉的家庭教育方式使小张的学习和成长受到了很大的限制。

在同一班级中，还有一名学生小赵，她的父母非常支持她的学习和成长。他们鼓励小赵参加各种课外活动，提供各种学习资源和支持，同时也给予小赵足够的自由和空间。小赵在学校表现得很自信和开朗，成绩也很好。同时，小赵也有着自己的兴趣和爱好，这使她能够拓展自己的视野和能力。这种支持的家庭教育方式使小赵的学习和成长得到了充分的发展。

（四）社会因素

社会层面的因素对大学生学习动机、态度、学习行为等具有显著的影响。虽然主要生活在校园中，但大学生已经能够在很大程度上接触和了解社会，除了受到学校、家庭等因素的影响，也受到很多外部社会环境影响。

进入大学后，大多数大学生脱离家庭生活，完全进入集体生活，父母和老师对大学生日常学习和生活的监督也不再像以前那样严格。同时，现代信息技术的高度发展为大学生了解世界提供了丰富的渠道，抖音、微博等各种互联网平台的大量信息，让大学生对国家和社会的发展状况、国家和社会对人才的期望和要求，乃至社会生活的方方面面都有了更多的了解，他们甚至比家长和老师了解的信息都要多。在这种情况下，大学生可以比较准确地了解社会对高校毕业生的要求、期望和评价，并在一定程度上将这些社会要求作为指导自己树立学习、成长目标的因素，可以说，这些社会层面的要求对大学生的学习成长具有一定的激励作用，对促进大学生形成正向的学习心理，激发大学生学习的主动性，具有重要作用。

另外，除了正向引导外，社会因素还会对大学生的学习心理产生刺激作用。现实社会中具体的求职就业压力，会对大学生的学习行为产生一定的激励作用，能够激发他们更加认真地对待学习，不断提高自身的综合能力和社会竞争力。但需要注意的是，面对社会层面各种信息，一些大学生也会因个人心态方面而产生消极的学习心理，对学习感到无力，自我效能感降低，心理压力过大，乃至焦虑、抑郁等。教师在教育教学中也要关注社会层面关于大学生学习、就业等方面的信息，发现可能对部分大学生学习心理产生不利影响的社会信息，要及时对大学生进行正确的引导，帮助他们保持正确积极的学习心理。

【案例3-7】

在加拿大的一些省份，学校所使用的语言是英语或法语，而少数族裔学生的母语可能是汉语或其他语言。这种语言差异可能导致学生在学习过程中遇到困难，因为他们可能无法理解教师所讲授的内容。此外，学生在参加考试时也可能会受到影响，因为他们可能无法理解考试题目或无法表达自己的想法。为解决这个问题，一些学校会提供额外的语言支持，以帮助学生提高他们的语言水平。

【案例3-8】

小周是一名大学生，他每天早上6点就起床，开始复习功课。他的父母对他的学习要求很严，希望他考上研究生。除了学习，小周还要参加各种课外培训班和兴趣班，比如英语、数学、音乐、舞蹈等。他每天的课余时间都被安排得满满的，几乎没有自由时间。他的父母还希望他能够在社会实践方面有所成就，所以他还要参加各种志愿活动和社会实践。这种忙碌的生活让他备感压力，他经常感到疲惫和焦虑，甚至出现了失眠的情况。

二、我的学习我做主：影响大学生学习心理发展的内部因素

影响大学生学习心理的内部因素包括很多方面的内容，从整体上看，分为智力因素和非智力因素。从一定意义上讲，个体整体心理状态可以通过智力因素和非智力因素来描述，个体学习过程是以个体整体的心理活动为基础，大学生的学习过程建立在智力因素和非智力因素的基础上。

（一）影响大学生学习心理发展的智力因素（图3-7）

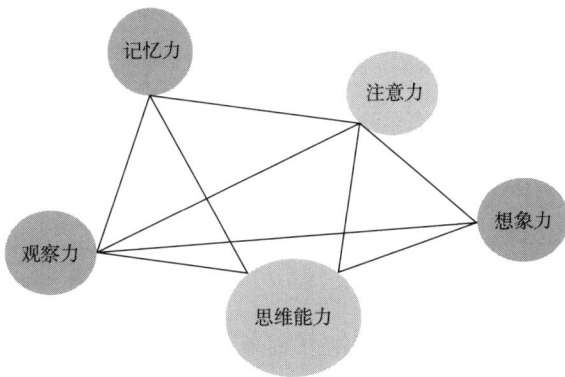

图3-7 影响大学生学习心理发展的智力因素

个体进行学习的过程，实际上就是以一定的知识储备和智力发展水平为前提的心智

活动。所以，毋庸置疑，智力因素是影响学习效果的重要条件。个体在智力方面的因素主要包括观察力、注意力、记忆力、思维能力和想象力。思维能力是智力因素的核心。

1. 观察力

观察力是智力活动的前提，同时也是启发个体进行研究探索、创新的重要心理因素。良好的观察力有助于大学生从学习中发现问题、积累经验，激发他们探索新问题、了解新知识领域的欲望。大学生通过细致入微地观察，发现和提出新问题，并进行积极探索和思考，从而解决问题，弄懂其中的道理，加深对知识的理解。

观察力对大学生的成长成才具有重要影响。创造力是影响大学生成才的重要因素，而观察力则是创造力的先决性、基础性的条件，观察能力强的大学生会在学习中有意甚至无意地去发现问题，进而提出问题并寻找解决问题的方法，从而使学习富有创造力。相应地，观察力差的大学生则很难发现并提出问题，更遑论解决问题，获得更高层次的成长，他们在学习中大多缺乏足够的探索性和创造性。

2. 注意力

注意力是个体将心理活动指向和集中于一定事物的能力。心理学实验证明，集中注意力把某一文字资料阅读两遍，比盲目、机械地阅读十次的效果要好得多。❶

根据引起和维持注意的目的明确与否和意志努力程度的不同，注意可分为无意注意、有意注意和有意后注意。其中，有意注意可以使大学生在一定目标或意识的指导下获得比较系统的知识，对大学生精力的消耗非常大，会使大脑处于高度紧张状态，相应地，大学生在学习过程中的心理压力也比较大。有意后注意是一种更高级的注意形态，是大学生进行创造性学习的必要条件。所以，教师需要引导大学生提高注意力，学会运用注意规律，提高学习效率。

3. 记忆力

在心理学领域，记忆是一种心理过程。记忆力于人类认识世界、学习知识等各种活动都具有重要意义。对于大学生的学习来说，记忆的影响作用非常明显，记忆力好的大学生，学习和工作的效率会比较高；记忆力不好的大学生，在学习过程中就会出现知识掌握不牢固、混乱等问题，学习效果不佳，在工作和生活中也经常出错。良好的记忆力也会为我们的学习、思维以及效率提供一定的便利之处，如图3-8所示。

需要注意的是，那些记忆力好的大学生，往往会因为依靠记忆力能够轻松地"掌握"知识，放弃对科学的学习方法和学习能力的锻炼，而试图仅仅通过记忆力优势获得较好的学习效果，这种思想和做法是不可取的。那些记忆力不好的大学生，要引导其通过科学的记忆方法，如记忆宫殿法等，来提高对知识、信息的记忆效果，减少因为记忆力差而对学习效果造成的负面影响。

---

❶ 伦志珍：《中学生地理学习心理分析》，曲阜师范大学，2007。

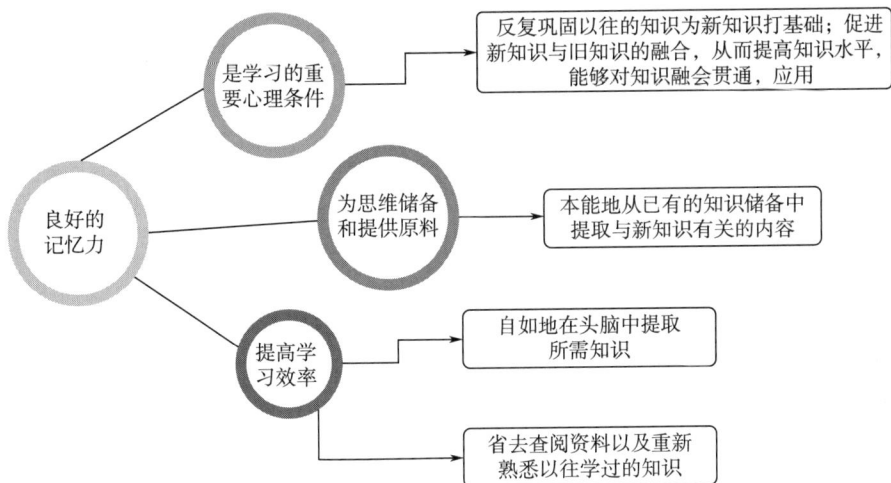

图3-8 良好记忆力的便利之处

4. 思维能力

思考是一种高级的心理过程，具体来讲，它揭示了客观事物的普遍特性和内在关联，思考能力是学习成功的智力因素。在学习活动中，思考能力的重要性不言而喻，如果人们想要对客观事物有理性的认识，就必须依靠思考才能达到这个目标。

随着知识经济社会的到来和对全面发展的复合型人才需求的增加，从比较功利的角度看，对大学生个人来说，良好的个人思维能力是获得好工作和提高个人收入的保证。引导大学生建立合理的思维能力结构。分析、比较、综合、概括等，是思维结构中的重要环节。这些能力相互联系、相互制约，组成完整的思维过程。只有以上几种能力协调发展，才能形成强有力的思维能力结构。

5. 想象力

创新能力源自对原始图像的改造与塑造，它构成了智慧体系的核心驱动力，并为智能行为提供了助力。若想让认知过程更具创意，则必须依赖于丰满的想象力。想象力和思考方式紧密相连且互相影响，没有想象力的支撑，不可能孕育出创新性的思想。

想象力可以带动智力水平的整体发展。想象力有助于提高学习的灵活性。想象力能够促进学习的创造性。想象力在学习和创新活动中有着不可估量的作用，大学生在学习过程中应充分发掘自身的想象力。教师在教育教学中也应该根据具体的教学内容，为大学生设计一定的教学环节或开放性题目，促进大学生张开想象的翅膀，领略想象世界的瑰丽神奇，并逐渐形成善于想象、大胆想象的习惯，进而与求证、探索等其他学习环节结合起来，实现知识的拓展和创造。

（二）影响大学生学习心理发展的非智力因素

非智力因素是学习的重要心理条件，其决定了个体学习行动的深度、强度和方向等内容。非智力因素能够被广泛和狭义地了解，前者是指超越了智慧的心理元素；而后者则一般包含动机、趣味、情感、意志力和个性等。

1. 学习动机

（1）大学生学习动机特点：大学生的学习动机具有多样性和复杂性。促进个体进行某种活动的动机并非一成不变，而是随着以往需要的满足、新需要不断产生而发展变化的。大学生学的内容、方式有很多，其学习需要也是多方面的。每个大学生的学习过程都会受到多元化的驱动力影响，既有短期的驱动力，也有长远的驱动力；既有直接的驱动力，也有间接的驱动力；既有正确的驱动力，也有错误的驱动力。而大学生学习动机的复杂性，是指各种学习动机在学习过程中所起到的作用和所处的地位又各不相同，动机结构呈明显的差异性。

（2）大学生学习动机培养：首先，教师在教育教学中要注重通过适宜的方式，如过去毕业的大学生如今取得的优秀科研成果、社会成就等，激发大学生学习的动力，并引导大学生认清自己学习的目的和意义，使其作为指导大学生学习和实践的依据。其次，教师应该帮助大学生正确认识学习对于社会和自身的意义，把当前的学习与社会发展和个人未来的成长联系起来，避免大学生学习的盲目性。最后，帮助大学生了解自己所学的专业在社会发展中的地位和作用，激发大学生为社会发展、国家强盛做出贡献的高尚动机。增强自我效能感能够让大学生对自己的能力、自己未来的发展具有积极正确的认识，从而产生充足而持久的学习动力。

2. 学习兴趣

兴趣是乐于认识某种事物或参与某种活动的倾向。在理想状态下，如果没有其他外界要求和压力的影响，个体学习的内容、学习精力的投入，都取决于其个人兴趣。外在表现上，就会出现不同个体所学习的内容，会因为其不同的兴趣而不同。我们常说"热爱可抵岁月漫长"，实际上就是说一个人如果对某件事具有浓厚的兴趣，便不会觉得累，不会觉得做这件事是煎熬。兴趣是发自本我的一种巨大潜能，能帮助学习者抵抗学习中的枯燥和漫长付出。

从社会心理学的角度看，兴趣可以被划分为直接和间接两类。这两者能够互相转化，一旦有机地融合起来就会成为推动学习的积极因素。我们如何才能寻找到兴趣所在呢？其实兴趣就蕴藏在我们的生活中，我们在做让自己感兴趣的事情时会由衷地感到愉悦，所以让我们先从愉快的生活体验中寻找兴趣吧！

【讨论活动】

愉快的生活体验

请回顾最近一段时间生活的点滴，回想让你感到愉快的经历。请举出三件发生时或发生之后让你感受到相当程度的喜悦和满意的事，想想这些事件的共同特性。

第一件：_____。

第二件：_____。

第三件：_____。

共同点：_____。

闲暇时间你通常会进行哪些休闲活动呢？列出三个你喜欢的活动，想想活动的共同点。

活动1：_____。

活动2：_____。

活动3：_____。

共同点：_____。

你有哪些发现？

对于某件事，你是否十分渴望重复它，是否能愉快地、成功地完成它？你过去是不是一直向往它？你是否总能很快地学好它？它是否能让你感到满足？

注意：在这个过程中，不要把父母的期望、社会价值观、朋友的影响融入进来。

（1）学习兴趣的作用：兴趣是求知的指向标，某些具体的求知欲望和实践常常来自对自然、科学等领域进行探索的兴趣，如图3-9所示。

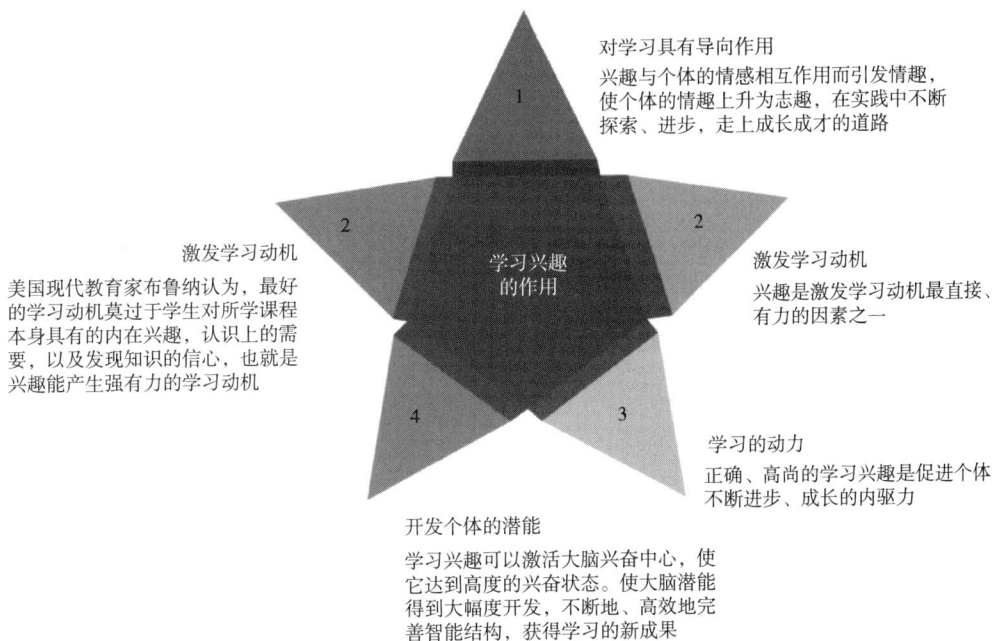

图3-9 学习兴趣的作用

（2）学习兴趣的培养：引导大学生培养广泛的学习兴趣。许多杰出人物有着令人羡慕和称赞的渊博学识，而他们对知识的广泛学习，很多正是以广泛的兴趣为前提的。应该鼓励大学生具有广泛的兴趣，并不意味着一个人的兴趣可以经常变化，大学生还应该形成稳定、长期的学习兴趣。

教师要引导大学生实践，发展学习兴趣。通过学习实践，更容易发现学习的力量和趣味。因此，大学生通过学习，投身社会实践，在实践中发现问题和自身的不足，然后进行有针对性地学习，再次投入实践，培养学习兴趣。

3. 情绪情感

情绪和情感是重要的心理现象，是人类行为中最复杂的方面。大学生处于情绪和情感丰富并趋于成熟定型的关键时期，其情绪和情感在完成学业的过程中，具有非常重要的作用。适当的情感对人的认知过程具有积极的影响，不适当的情感会产生消极作用。❶

【案例3-9】

某校有一个学生名叫小吴，他平时成绩一直很好，但是在某次期末考试中却表现不佳，只得到了及格的分数。通过与小吴交流，老师发现小吴在考试前一晚因为家庭矛盾而情绪低落，导致无法集中精力考试。这个例子说明了情绪对学习的影响是很大的，不良的情绪状态会影响学生的学习效果。

（1）情绪对学习的作用：情绪具有促进适应的功能。当学习活动受阻，学习者会产生紧张、焦虑的情绪。为了消除这种情绪，学习者会通过调整自己的学习方法、尝试新的学习思路等方式，来解决面临的问题，以便更好地适应环境。

情绪在一定程度上会成为学习的动力。情绪能激励个体的行为，改变个体活动的效率。情绪具有动机作用，学习中产生的积极情绪就会成为学习活动的积极动力，反之亦然。

情绪对学习活动具有组织作用。学习中产生的情绪对学习活动而言具有检测作用，是学习活动的"组织者"。情绪是影响知觉选择性的重要因素之一，情绪对维持稳定的注意力具有明显的作用，情绪稳定的大学生的注意力相对比较集中。

（2）培养大学生积极学习的情绪：学习是一种艰苦持久的脑力活动，为了防止枯燥厌倦，常需要情绪和情感的调节作用。如果大学生在学习活动中，将某种个人认为具有较高层次追求作为学习的目标，会产生热爱学习的情绪。加强学习目的教育，促进形成合理的需要，是激发积极学习情感的有效方法。还要促进大学生加强意志和性格的锻炼，提高适应能力，将注意力集中在学习方面，避免日常琐事等与学习无关事情的干扰。

---

❶ 郭晓红：《英语教学中情感因素的影响力初探》，载于《内蒙古师范大学学报（教育科学版）》，2005（12）：111-113。

【课堂拓展】

优秀学习习惯列表

优秀学习习惯的养成，需要我们刻意练习，不断反思，付出努力。接下来就对有效学习策略进行总结，大家可以将自己原来的学习模式与下面的学习策略进行对照，找出自己的薄弱环节，进行调整。

（1）课前要阅读相关材料。

（2）在阅读材料的时候，给自己出模拟考试题，并尝试作答。

（3）在课上努力回答这些假设性问题，从而验证阅读内容的记忆效果。

（4）复习时找到那些记不清或者不知道的术语，重新学习。

（5）在阅读笔记中抄写重点术语和定义，确保自己能够理解。

（6）做模拟测试题，找出自己学习中漏掉的概念，重点学习。

（7）用自己的方式（可以是思维导图）把课堂上的信息重新梳理成一份学习指南。

（8）写出复杂或重要的概念，不时地进行自测。

（9）在整个学习过程中，把复习和练习间隔开。

（10）对于需要创造性学习的内容，不要设限。

4. 意志

意志是指个体根据一定的目的，自觉地调节行为，从而克服困难，达到预定目标的心理过程。[1]有人说，大学生差别最小的是智力，差别最大的是毅力。虽然这种说法缺乏足够的科学性，但根据实践经验我们也不难发现，意志在学习中乃至生活中的其他事情上都具有重要作用。

意志品质具有正面和负面之分，积极良好的意志品质，如自觉、果断、坚忍、勇敢；也有消极的意志品质，如懈怠、冲动、懦弱。积极的意志品质对大学生健康学习心理的形成具有正向影响，会在大学生学习中发挥积极作用，促进大学生勇敢面对学习中的困难，积极开拓思路、寻求方法战胜困难。意志的自觉性能促进大学生自觉地调节、控制自己的行为，使个人行为服从于自己内心的目的，而不是被动地依靠外力推动。

人的意志是可以通过刻意地锻炼来改变的。所以，即使个体的意志品质有很多不足，只要坚定信心，经过一定时间自觉地、系统地锻炼，就有可能形成良好的意志品质，从而促进个人综合能力的发展。

---

[1]　顾民：《体育运动视野中快乐与困难的影响因素探讨》，载于《长沙大学学报》，2011, 25（2）: 159-160。

【案例3-10】

　　小郑是一位成绩优秀的大学生，但是在学习中经常会出现分心、拖延等问题，导致学习效率低下。经过老师的观察和分析，发现小郑缺乏一定的意志力，不能很好地控制自己的行为和情绪。为了帮助小郑提高学习效率，老师采用了一系列方法来培养小郑的意志力。经过一段时间的培养，小郑的意志力得到了明显的提高，学习效率也得到了明显的提升。

5. 性格

　　在多年的教育实践中，陶行知总结出了良好性格特征的具体表现，主要包括4个方面：一是努力奋斗，二是实事求是，三是独立意识，四是创造精神。

　　通俗来讲，性格好的大学生往往具有比较稳定的情绪和较强的意志，保持积极、正向且具有较强稳定性的学习动机。在这些综合因素的综合作用下，大学生的学习心理自然也会呈现出健康状态，良好的心理激发积极的行动，积极的行动创造良好的结果。

　　在生活中我们经常会发现这样的情况，一个具有良好性格的人，无论说话、办事、与人交往，还是其整体状态、给人的印象等，都呈现出一种积极健康的状态，这种状态甚至会影响他身边的人，使人愿意向其学习、与其交往，而且，性格好的人似乎在生活、事业上都比较顺遂和成功。其实，这种现象也在一定程度上反映了良好的性格对一个人各方面的积极影响。

　　具体到大学生的学习方面，良好的性格有助于学生学习状态、学习能力、意志品质等各方面的健康发展，从而形成较强的综合能力，促使大学生在学习中具有勇于克服困难、积极探索创新的特点，而这些特点正是陶行知先生所概括的良好的性格特征。

　　良好的性格能使大学生保持身心健康，并形成融洽积极的学习氛围。拥有努力、正直、诚实、进取等良好性格的大学生，不仅能取得较好的学习效果，对周围的大学生也有正向影响作用。在集体中，性格好的大学生如星星之火，会将良好的性格慢慢地传递给周围的人，而集体中具有良好性格的个体逐渐增多的时候，就会凝聚起一种积极的氛围，不仅促进个人的成长、发展，也能提高整体的素质水平。

　　如何培养大学生具备良好的性格呢？

　　（1）帮助大学生确立积极向上的"三观"。个体的性格特征受其价值观念的影响，一个具有积极向上的世界观、人生观、价值观的大学生，会在其价值观的引导下刻意地改善其性格中不好的方面，促进自己的性格向着更健康的方向发展，从而对其学习、生活等各个方面产生正向作用。

　　（2）引导大学生学会正确分析自己的性格。教师要引导大学生正确、客观地审视自己的性格，不仅能够认识到哪些性格特点对个体的发展具有积极作用，哪些具有消极作用，而且能够发现自己性格方面的问题，并努力改善。

（3）促进大学生重视对自我性格的主动改善。自我教育和主动改进，是个体成长的根本途径，也是最有效的方式。因此，在引导大学生发现、客观评价自己性格的基础上，还应该引导大学生改善自己性格中的不足，形成良好的性格特点。

（4）促进发挥学校教育环境和教师"身正为范"对大学生良好性格形成的积极作用。如前所述，外部环境对于个体具有重要影响，因此，学校层面应该注重营造健康向上的氛围，教师也应该注重自己言行对大学生的影响，为大学生树立良好性格的榜样，影响大学生性格向着更好的方向发展。

【案例3-11】

大学生A是一个内向型学生，他在课堂上很少发言，通常会选择坐在教室后排。他的学习成绩一直很一般，但是他对学习很有热情。他的老师发现他的学习成绩不够理想，便与他进行了一次谈话，了解到他通常在课后独自学习，但是遇到问题时没有人可以寻求帮助。老师建议他可以多参加课堂上的讨论，向同学和老师寻求帮助，这样可以更好地理解和掌握知识点。大学生A开始尝试在课堂上主动发言，向同学寻求帮助，同时也向老师请教问题。

【讨论】

1.你认为大学生在学习兴趣方面具有哪些特点？

2.你认为应该如何有效培养大学生的意志力水平？

3.大学生的学习动机具有哪些特点？

4.当前社会因素对大学生学习心理影响的利弊主要有哪些？应如何利用有利因素和避免不利因素对大学生学习心理的影响？

第四章
网络与心理健康

第一节
大学生心理健康与网络时代

一、正确对待互联网：网络心理健康的概念

信息网络技术的崛起与广泛应用，使网络心理健康教育不仅是传统心理健康教育领域的扩展或深化，更是一种崭新的教学方法和观念，这成为心理健康教育进步和改革的新方向。从宏观角度看，网络心理健康教育涵盖了线上和线下对网络影响所做的心理健康教育，这种教育不仅是关于网络的心理健康教育，也包括以网络为中心的心理健康教育的概念。

【课堂拓展】

网络正在改变人类的生存方式。

——比尔·盖茨

如果错过互联网，与你擦肩而过的不仅仅是机会，而是整整一个时代。

——王峻涛

要善于在网上学习，不浏览不良信息；要诚实友好交流，不侮辱欺诈他人；要增强自护意识，不随意约会网友；要维护网络安全，不破坏网络秩序；要有益身心健康，不沉溺虚拟时空。

——《全国青少年网络文明公约》

二、网络"体温计"：网络时代的心理健康问题

（一）网络成瘾

1. 网络成瘾的定义

网络成瘾是指过度使用互联网和数字设备而导致的一种心理和生理依赖，以至于影响个人日常生活和社交行为。网络成瘾的表现形式包括但不限于：无法控制自己使用网络的时间、频率和内容；对网络活动的极度兴奋和沉迷，以至于无法停止；对网络活动的过度依赖和渴求，以至于影响正常的生活、工作和学习。

2. 网络成瘾的影响

网络成瘾是指人们过度地使用互联网，导致生活、工作、学习等方面出现问题的一种行为。网络成瘾对个体的身心健康、社交能力、学习和工作能力等方面都会产生负面影响。具体表现如表4-1所示。

表4-1 网络成瘾的具体表现

影响方面	表现
身体健康	长时间使用电子设备导致眼睛疲劳、颈椎病、肥胖等问题
心理健康	焦虑、抑郁、孤独、自卑等负面情绪，甚至可能导致心理障碍
社交能力	缺乏面对面交流、沟通和合作的能力，导致与人产生隔阂
学习和工作能力	分心、注意力不集中、效率低下、缺乏自制力

因此，对于网络成瘾的预防和治疗，需要采取科学、有效的方法，包括限制使用时间、强化自我控制力、加强体育锻炼和社交活动等。

（二）网络游戏成瘾

1. 网络游戏成瘾的定义

网络游戏成瘾是指个体对网络游戏的过度参与，导致对现实生活失去兴趣和控制能力，进而影响到个体的身心健康和社会功能。成瘾者会出现强烈的游戏渴求、游戏控制失调、游戏戒断等症状，严重影响其日常生活和社交功能。

2. 网络游戏成瘾的原因

（1）游戏本身的设计：网络游戏的设计往往会采用心理学原理，如奖励机制、等级制度等，来激发玩家的兴趣和提高参与度，从而增加游戏的黏性和成瘾性。

（2）个体人为因素：指个体的人格特征、心理状态、社会支持等因素。比如，个体在现实生活中缺乏满足感、自尊心低、情感孤独等，容易通过网络游戏获得满足和认同感，从而成瘾。

（3）社会环境因素：指家庭、学校、社会等方面。比如，家庭环境不和谐、学习压力大、社会支持不足等，都可能促进个体对网络游戏的依赖和成瘾。

3.预防和治疗网络游戏成瘾的措施

预防和治疗网络游戏成瘾需要多种措施的综合运用，包括以下4个方面。

（1）家庭教育：需要引导孩子正确使用网络，营造和谐的家庭氛围，增强孩子的自我控制能力和心理素质。

（2）学校教育：需要加强对网络游戏成瘾宣传教育，开展心理健康教育，提高大学生心理素质和自我保护意识。

（3）社会监管：政府和社会组织需要加强对网络游戏的监管和管理，制定相关法规和政策，保护未成年人的身心健康。

（4）个体自我管理：个体需要自觉控制自己的游戏时间和频率，增强自我控制和自我保护能力，寻求专业帮助和支持。

（三）网络暴力和网络欺凌

1.网络暴力的定义

网络暴力指在互联网上通过言语、文字、图片、视频等方式对他人进行侮辱、恐吓、威胁、骚扰等行为，给被害人带来心理和身体上的伤害。

2.网络暴力的危害

网络暴力对被害人的心理健康造成严重影响。被网络暴力攻击的人会感到自尊心受到打击，产生自卑、自怜、自闭等负面情绪，甚至出现抑郁症状。网络暴力会引起被害人的恐惧和焦虑，导致失眠、食欲不振等身体上的问题。受到网络暴力的人可能会产生报复心理，进而进行自残或伤害他人的行为。

网络暴力和网络欺凌是近年来日益严重的网络心理健康问题。是有目的、有计划、反复进行的，给被害人造成长期心理上的伤害。

通过下面几个方面的综合治理，可以有效预防和应对网络暴力和网络欺凌问题，保障网络空间的健康和安全。

教育引导：加强大学生网络素养教育，提高其识别和应对网络暴力和网络欺凌的能力，同时，家长和学校也要加强对大学生的引导和监管，帮助他们正确使用网络。

制度保障：加强网络管理，建立健全网络安全法律法规和制度，对网络暴力和网络欺凌行为进行打击，保护被害人的权益。

心理干预：针对受害者，进行心理干预和辅导，帮助其恢复心理健康，同时也要加强对加害者的心理干预和教育，引导其正确使用网络。

3.网络暴力的影响

在网络世界里，人们可以随意地发表言论，但是这种自由也会带来一些负面影响。

网络暴力就是其中之一。网络暴力指的是在网络上对他人进行恶意攻击、侮辱、诽谤等行为。这种行为会严重影响被攻击者的心理健康，导致其产生自卑、焦虑、抑郁等负面情绪，甚至会引发极端事件。同时，网络暴力也会对施暴者的心理健康产生影响，使其变得冷漠、缺乏同情心。

【案例4-1】

某校学生小王在学校里因为长相不太好看而被同学嘲笑，但是他并没有在意。直到他在社交媒体上发布了自己的照片，被一些陌生人恶意评论，称其"丑陋""废物"等。小王开始感到自卑和无助，不愿意去上学，也不再和朋友们玩耍。他的成绩也开始下滑，最后被诊断出患有抑郁症。

（四）网络虚拟身份心理影响

1. 网络虚拟身份的定义

网络虚拟身份指个体在网络上所表现出来的身份，由网络上的一系列数字信息构成。在网络上，个体可以通过创建虚拟身份来隐藏真实身份，从而获得更多的自由和隐私。然而，网络虚拟身份也可能带来一些负面影响。

【案例4-2】

小杨在学校里成绩优秀，但是在社交方面比较内向。他在网络上创建了一个虚拟身份，使用这个身份与陌生人聊天交友。在虚拟身份中，他可以自由地表达自己的想法和情感，得到了很多人的赞赏和认可。但是，当他回到现实生活中，他发现自己的自尊心受到了打击，因为他感觉现实生活中的自己不如虚拟身份那么受欢迎和受重视。

2. 网络身份的分裂

在现实生活中，一个人只有一个真实身份，在网络世界里，一个人可以拥有多个虚拟身份。这种身份的分裂会对个人心理产生影响。例如，一个人在现实生活中可能是个平凡无奇的普通人，在网络世界里，可以扮演一个高大上的角色，受到其他人的崇拜和追捧。这种虚拟身份分裂会让个人产生虚荣心，同时也会使个人与现实生活脱节，导致个人的自我认同感降低。

【案例4-3】

小刘是一名大学生，他在社交平台上有一个虚拟身份，名为"阳光开朗大男孩"。在这个虚拟身份下，小刘会发布一些自己的照片和一些积极向上的言论，以展示自己的阳光形象。然而，小刘在现实生活中却是一个比较内向的人，经常感到社交焦虑。在社交平台上，小刘会时刻关注自己的点赞数、评论数等反馈信息，如果反馈不如预期，他会感到失落和沮丧。同时，他也会与其他人的虚拟身份进行比较，如果发现别人的虚拟身份比自己更加出色，他会感到不安和自卑。

【案例4-4】

某校有一名学生名叫小李，他是一个内向而又自卑的孩子。在学校里，他总是表现得很低调，和同学们交往也不是很多。但是在网络上，他却有一个与众不同的虚拟身份——一个游戏中的高手，他在游戏中拥有着强大的力量和无限的自信。他经常在游戏中与其他玩家交流，这让他感到非常快乐和满足。然而，每当离开游戏，回到现实世界时，他又会感到孤独和无助。

3. 网络上的社交焦虑

网络社交已经成为人们日常生活中不可或缺的一部分，但是对于某些人来说，网络社交也会带来焦虑。网络社交焦虑指的是在网络社交中，个体会感到不安、自卑、孤独等情绪。这种焦虑可能源于个人对自身形象的不自信，害怕被他人拒绝、嘲笑等。同时，网络社交也会让个人与现实生活脱节，导致个人的社交技能下降，进一步加剧社交焦虑。

【案例4-5】

某大学生小钱在社交媒体上发布了一张自己的照片，没想到却遭到了一些陌生人的攻击和谩骂。这些人在评论区中对小钱进行了人身攻击，并指责他的长相、穿着等。小钱对此感到非常沮丧和无助，开始对自己的外貌和能力产生了怀疑，甚至开始出现了社交媒体焦虑的症状。

小钱的老师和家长注意到了他的变化，并及时与他进行了沟通。他们告诉小钱，网络暴力并不代表真实的社会，而是一些人的不负责任行为。他们还鼓励小钱要有自信，相信自己的优点和长处，并建议他限制社交媒体使用时间，多参加课外活动和与家人朋友交流。经过一段时间的调整和治疗，小钱逐渐从社交媒体焦虑中走出来，重新获得了自信和快乐。

【案例4-6】

一个名叫小蓝的学生，平时在学校里表现很好，但在网络上却喜欢使用假名和虚假头像。他觉得这样可以隐藏自己的真实身份，更自由地表达自己的想法。然而，他在网络上的行为却与他在现实生活中的行为截然不同。他喜欢在网络上发表一些攻击性言论，甚至骂人。他觉得这样可以让自己感到更强大，更有存在感。但随着时间的推移，他发现自己在现实生活中也变得越来越暴躁，甚至影响了他的学习和人际关系。最终，他意识到自己在网络上的行为对他的现实生活造成了负面影响，决定开始正视自己的问题并加以改变。

（五）网络上的信息过载

网络时代，人们可以随时随地获取各种信息，但是信息的过载也会对个人心理产生影响。信息过载会让人感到疲惫、无所适从，甚至会让人产生焦虑、失眠等情绪。同时，信息的过载也会使人变得浮躁，无法专注于一件事情，影响个人的工作效率和生活质量。

1. 信息过载的定义

（1）信息爆炸：随着互联网、社交媒体、移动通信等技术的快速发展，每天都有海量的信息被创造和发布，这些信息涵盖了各个领域各种主题，包括新闻、娱乐、科技、教育等。

（2）信息重复：由于信息的广泛传播和共享，很多信息被不同的人以不同的形式多次发布，导致信息的重复和冗余。这些重复的信息会占据人们的时间和精力，使人们很难从中获取有价值的信息。

（3）信息质量不高：在信息过载的情况下，很多信息的质量不能得到保证，其中包括一些虚假信息、不准确的信息、低质量的信息等。这些信息会误导人们的判断和决策，从而导致不良的后果。

2. 信息过载的原因

（1）过多信息源：现代社会，人们通过各种渠道获取信息，如互联网、社交媒体、电视、广播等。然而，这些信息源数量庞大，信息质量和可靠性也各不相同。因此，当人们试图从这些信息源中获取所需信息时，很容易出现信息过载的问题。

（2）信息过滤困难：在信息源数量庞大的情况下，人们需要花费大量的时间和精力来筛选和评估信息的可靠性和重要性。过程非常耗时和烦琐，容易使人们感到疲惫和沮丧。

（3）传递速度增加：随着互联网和社交媒体的普及，信息传递速度和频率大大增加，意味着人们需要更快地获取和处理信息。人类的信息处理能力是有限的，当信息传递的速度和频率超过人类的处理能力时，会导致信息过载问题。

三、做健康阳光青年：大学生网络心理存在的问题

大学生网络心理存在的问题如图4-1所示。

图4-1　大学生网络心理存在的问题

（一）大学生网络认知存在偏差

获取、运用知识和处理信息的流程，构成了人类最基本的心理活动。网络认知就是对网络信息、网络新技术适应理解、加工、应用的过程。当今，5G迎来全新的网络盛世，从网络开发到智能手机，从迅猛传输到多样应用，改变了人类，特别是引领风气之先的大学生群体对网络的认知。

但是互联网本身带来的弊端同样会让大学生认知存在偏差。对于一些网络热点事件，从义愤填膺到发表看法，到据理力争，再到醒悟过来，最后"佛系"地保持无感，开始以一个好奇者的身份去探究整个事件中各自的角色和阵营，以及背后的深层含义和目的。比如举报本来是维护正义的一个举措，现在反倒成了掩盖的工具，真正带坏网络认知的是这些敢做不敢当想掩饰自己的人，这些情形导致大学生对网络认知存在偏差。

【案例4-7】

小田在上网时看到，警方抓获一名被超市报案的小偷，"妈妈"为生病的女儿偷鸡腿。小田被女子的母爱感动，随即立马组织为母女捐款并且将该事件转发到自己的社交媒体账号。此外，呼吁周围亲朋好友、媒体达人大量转发、捐款，短短几天就筹集了40万元。事后，经官方调查发现，"偷鸡腿妈妈"其实是惯偷，一名营业员曾看到她偷过3次东西，"生病女儿"更是无稽之谈。

（二）大学生网络依赖性很强

大学生对网络的依赖感增强，外部表现为过度沉迷，在实施网络活动时过度兴奋，最终影响身心健康。比如在进行查寝和查课过程中发现，一个大学生在进行网络游戏时，如果有人打扰，就会表现得不耐烦甚至大打出手，网络游戏足以导致大学生严重的网络依赖。研究发现，网络的过度使用，侵蚀着大学生健康的心理。对于一个大学生来讲，入学和毕业是两个重要的时间点，他们在入学前对学校充满各种幻想，会经常浏览学校贴吧等网络媒介，不看就会有进入陌生环境的紧张感。毕业生也是一样，严重依赖网络进行论文写作，否则无法下笔。

（三）大学生网络自控意识差

网络的开放特性对大学生的学习和生活产生了诸多益处，然而如果不恰当地使用，也会给部分大学生带来负面效应，引发他们被错误观念所左右，产生错误的行为。网络信息实时更新，具有很强的时效性，不受任何时空的限制，导致大学生的好奇心理，不能有效控制自己的上网时间。通过研究，大学生是网络应用的重要群体，但是一些大学生网络自控意识差。若无法主动学习，不能自觉遵守并推广网络规则，也不能积极利用互联网提升个人品质，将宝贵的时间浪费在毫无节制地玩游戏、聊天和购物上，偏离了正确的网络初衷，导致时间浪费，对个人完整性产生影响。面对网络精彩的世界，没有节制，不懂得适度，导致"手机病"和"网络病"，引来不少身体和精神问题。凡此种种都需要思想政治教育工作者来叫醒意识功能，引导大学生主动控制自己的过度用网行为。

【课程活动】

上网时间知多少

请估算你每周花费在网络上的时间，大概有_____小时。请记录你每天上网的时间，一周后，请使用以下清单对自己的上网情况进行评估。

（1）网络游戏。每周花费多少时间？列出你所玩的所有游戏的名称。

（2）网上社交聊天。每周花费多少时间？列出你使用过的聊天工具。

（3）网上娱乐（如追剧、看视频、听歌）。每周花费多少时间？列出你参加的不同活动。

（4）网上学习（如查阅资料、看书）。每周花费多少时间？

（5）浏览新闻资讯。每周花费多少时间？列出你经常浏览的网站名称。

（6）网络购物。每周花费多少时间？

（7）其他。你发现网络的其他用途了吗？请列举，并估算每周所花费的时间。

（8）将统计结果和此前估算的时间进行对比，比较两者是否一致。

（四）网络成瘾

1. 网络成瘾症

"网络成瘾症（IAD）"指在无成瘾物质作用下的上网行为冲动失控，表现为由于过度使用互联网而导致个体明显的社会、心理功能损害。❶

2. 网络成瘾类型

（1）网络色情成瘾：上网者迷恋网上的所有色情音乐、图片及影像等。每周花费11小时以上，就有色情成瘾的倾向。

（2）网络交际成瘾：上网者利用各种聊天软件以及网站的聊天室进行人际交流。

（3）强迫信息收集成瘾：包括强迫性地从网上收集无用、无关或者不迫切需要的信息。

（4）网络之强迫行为：包括不可抑制地长时间玩计算机游戏、网上购物等。

---

❶ 王娜、张晓丽、尹梦雅：《听障儿童适应行为及其与父母教养方式的相关研究》，载于《中国健康心理学杂志》，2014，22（2）：242-244。

【课堂拓展】

网络成瘾是病吗?

我国首个《网络成瘾临床诊断标准》通过专家论证,玩游戏成瘾被正式纳入精神病诊断范畴。网络成瘾综合征表现有躯体、心理行为和精神三大方面的影响,可有抑郁、焦虑、强迫、恐惧和人格改变,也可有幻觉、妄想等症状。严重的需要进行住院治疗。

【案例4-8】

小黄,大学一年级学生,初入大学时,高考成绩排名班级前十,性格外向开朗,与班级同学相处愉快。开学一段时间后,从课间玩手机、刷视频,到熬夜看小说、打游戏,最后发展成除了吃饭之外,全天时间均用于玩游戏、上网聊天、网上购物。最终导致期末多门成绩不及格,以及颈椎疾病、视力下降、精神萎靡、失眠等问题。

(五)网络心理健康教育实效性不强

当大学生在使用网络过程中造成知情意的偏差后,外在的教育力量不能有效地进行干预的时候,大学生就会产生消极,甚至是危险的行为。而现实情况是,大学生到了更高的学习阶段,渐渐脱离了父母的"管控",对人际交往有强烈的愿望,往往通过网络来实现自己的人际交往目的,逐渐与现实脱节。学校是开展网络心理健康教育的主阵地,有时对于大学生网络心理健康教育浮于表面,往往喜欢面对面式的谈心交流。虽然已经建立了"两微两群"的心理健康教育网络(即学校的微博和微信平台,以及专门针对心理健康教育的工作人员群组和各个班集体的微信群),但实际解决问题的效果并不显著。目前还没有建立起一种主要由学校心理健康教师负责,同时得到辅导员与班主任的支持,并一起关心大学生的心理健康的合作模式。微信交流排查思想动态情况、掌握班级大学生网络心理健康状况方法不当,真实性信息获取较少。在认识高风险大学生时,如果无法有效避免极端情绪的出现,如焦虑和冲击性行为,或者察觉到可能出现的心理危机迹象等,就会导致我们不能主动进行心理疏导和干预。

【课堂拓展】

人肉搜索与网络暴力

2001年,一名网络用户在网上发布了关于他女友的美照后,声称其美丽动人的女性朋友就是这位明星模特。然而有网友却指出这名被描述成他的恋人,是位知名的影视界人物——微软公司的首席代表和品牌形象大使陈自瑶女士,陈女士本人也公开承认了自己的这一角色,并且公布了自己大部分个人信息及生活细节等内容。而这次由某一网站引发的事件则首次开启了一种新型的人体搜寻方式即"人体扫描式寻找",也被命名为"人类身体信息检索法"或简称为"人工查找技术"。这也是首起具有实际影响力的此类活动案例,它标志着一种全新的、基于互联网上对人们的信息收集与分析的新方法开始出现并在社会中广泛传播使用。

四、自由的"不自由":大学生产生网络心理问题原因分析

(一)互联网"双刃剑"特点

曾几何时,电脑卖到天价,当时少得如似珍宝。随着科学技术的发展与进步,现在家家户户都能看见它。智能手机的问世,很多人都成了"低头族"。互联网既有利又有弊,随着时代的发展、社会的进步,互联网给我们的生活带来了巨大的便利拓宽了认知视野,提高了认知效率,激发了认知潜能。5G 的发展,区块链的应用,加快了我们向未来发展的步伐,引领我们走向更加美好的明天。

【案例4-9】

某学校研三学生晓阳在 2015~2016 年暑假在重庆地区支教的时候,他发现自己带的那个班级的 49 名学生全是家庭贫困的学生,有的是留守儿童,还有一些是孤儿,他们上学都成问题。为了帮助他们,晓阳跟其他两位支教的同学一起利用微信、微博和学校公众号之类的平台传播信息,建立了一个筹集资金的小项目。在短短的 10 多天内,就筹集到 10 多万元,这些钱全部作为善款给那些学生当作教育的费用。这些善款使很多学生顺利完成自己的高中学业,其中一位接受过赞助的同学,在高考时报考了晓阳的母校。

互联网时代是让大学生诸事便宜,可是也无可节制,弊端体现在遭受网络负面影响的大学生们。互联网内容跟菜市场一样,参差不齐。大学生在互联网上接触了各国文化,不懂分辨,不懂求同存异,盲目崇洋媚外。鉴于大学生盲目追求西方国家文化的现象,使我国的政治安定存在一些潜在的风险。互联网使大学生沉溺于网络游戏,荒废学业。这不能怪罪互联网,毕竟好处还是大于坏处的。互联网纵然有许多益处,但如果使用不当,也会给人们带来许多麻烦。

【案例4-10】

2020 年 6 月底,嫌疑人陈某某组织 A 学院学生黄某鑫等人以发布兼职为由向 A 学院在校学生多人收购多套银行卡,并邮寄了 10 套银行卡至广西北海供犯罪团伙从事"跑分"洗钱的犯罪活动。并且黄某鑫等人还通过收集银行卡账户、支付宝收款码等信息,在明知是为网络犯罪集团(黄色直播、裸聊敲诈等平台)洗钱的情况下,仍然从事"跑分"洗钱帮助支付结算的犯罪活动,目前,犯罪嫌疑人黄某鑫等人已被公安机关取保候审。

【案例4-11】

2019年11月4日12时，在校学生何某红网上刷单被骗25000元。经了解，2019年11月1日，何某红在支付宝兼职里找到个联系方式，联系后添加对方QQ，对方通过QQ聊天方式得知何某红做兼职，对方讲了刷单工作流程，让其扫码添加一个淘宝好友，何某红按照对方提示在淘宝选择指定商品后，对方把支付二维码发给何某红，扫码支付25000元，对方并没有按流程退钱，而是说要完成更多任务后才能退钱，发现自己被骗后何某红就报了案。

（二）大学生网络双重人格

现实生活中路人和网友身份往往合二为一，冷漠的路人也上网，热心的网友也出门，只不过人们随着环境的不同，频繁地在二者之间转换身份。或为防御，或为自保，目的都是寻求安全感。这种双重人格并不是网络时代特有的现象，真实生活中的心口不一、言不由衷等都是双重人格下产生的行为，只不过网络给了人们更为广阔的宣泄平台，将人们的双重人格放大，并且显现得更加直接和赤裸（图4-2）。

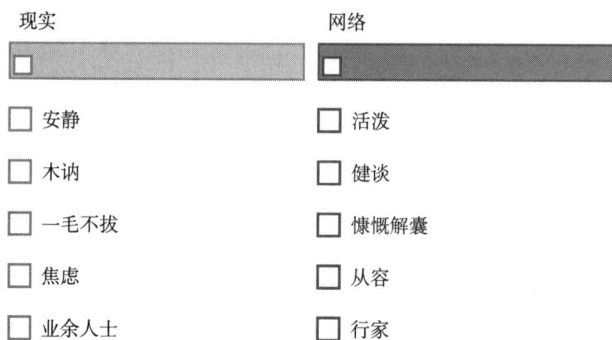

图4-2　大学生的网络双重人格

人生来天性追求自由，但文明的社会必然有秩序的约束，这就使现实与理想之间产生矛盾，并且这种矛盾深入骨髓。人们需要找到平衡内心冲突的途径，而网络恰恰是最便利的一种。人们在网络世界释放压力，也活得更加真实自在。对于抗挫折能力较弱的大学生来说，遇到挫折，就会产生消极的应激反应，于是就将自己的压力的释放建立在虚拟的网络世界中，沉迷聊天、玩游戏、购物等，成为逃避现实的主要方式。而现实生活中却又生活在自己的世界，与现实世界的交流完全异于网上交流。大学生的双重性格与精神分裂在本质上存在差异，这是一种常见的心理现象，属于心理学的研究领域，并非病理性疾病，性格冲突并未被精神分析学界定为严重的问题。但也需要特别重视，长此以往，集腋成裘，不及时干预就会酿成网络道德素养滑坡、网络安全法治意识淡薄、网络心理健康状况异常的危险。

【案例4-12】

田某，一位大学生，她的成绩在大三期间一直名列前茅。然而，最近一段时间，她对网络产生了强烈的恐惧感，甚至害怕接触到手机，同时对于学习的态度也变得消极起来。经过进一步了解发现，她在社交媒体上看到了一些关于自己的负面评论，其中包括两位室友在微博与微信朋友圈发布的内容，指责她是"绿茶"。这让她感到十分沮丧，于是开始在网上搜索更多这样的内容来寻求安慰。但这种行为却使她更加自我怀疑，内心充满焦虑，她试图向这两位室友表达自己内心的想法，但却遭到了无情的拒绝，并且还受到了对方的羞辱，说她是在假装清高，她们觉得她每天都负责打扫寝室，就是在伪装成一个单纯的人。

据田某描述，宿舍六人，大一时关系融洽，从家里带来的特产都会相互分享，可大二上学期开始，舍友回到宿舍就是上网，玩游戏，也很少交流，宿舍公共卫生环境差。舍友间偶尔沟通的话题除了网络游戏，就是网络转载视频和文章。直到那天看见舍友转发的"绿茶婊"文章并直接点名她之后，她情绪非常低落，上课疲倦，不敢看网络文章，甚至不敢翻手机，害怕看见类似的话，总觉得是在说自己。

【讨论活动】

"现实中的我"和"网络中的我"

请用恰当的语句形容"现实中的我"和"网络中的我"。
用"+""—""○"3种符号分别标识语句积极、消极和中性并比较两种"我"的差异。

现实中的我＿＿＿＿＿＿＿＿＿＿＿＿＿＿＿＿＿＿＿＿＿＿＿。（　　）
现实中的我＿＿＿＿＿＿＿＿＿＿＿＿＿＿＿＿＿＿＿＿＿＿＿。（　　）
现实中的我＿＿＿＿＿＿＿＿＿＿＿＿＿＿＿＿＿＿＿＿＿＿＿。（　　）
现实中的我＿＿＿＿＿＿＿＿＿＿＿＿＿＿＿＿＿＿＿＿＿＿＿。（　　）
网络中的我＿＿＿＿＿＿＿＿＿＿＿＿＿＿＿＿＿＿＿＿＿＿＿。（　　）
网络中的我＿＿＿＿＿＿＿＿＿＿＿＿＿＿＿＿＿＿＿＿＿＿＿。（　　）
网络中的我＿＿＿＿＿＿＿＿＿＿＿＿＿＿＿＿＿＿＿＿＿＿＿。（　　）
网络中的我＿＿＿＿＿＿＿＿＿＿＿＿＿＿＿＿＿＿＿＿＿＿＿。（　　）

（三）大学生网络心理健康关注度不够

大学生在受外在环境影响下所接触的内容，有些甚至与促进大学生健康成长相违背，有时还会对个人隐私进行无情公开，网络被不良文化侵占。大学生正处于青春期，由于沉迷网络导致犯罪的不在少数。无形之中，内心产生某些心理阴影，甚至严重到产生某些心理问题。

现实生活中，思想政治教育与大学生心理健康教育融合不够。偏重于政治性和思想性的引领，对大学生的网络心理健康关注度不够。思想政治工作者很重视大学生线下的道德素质和法治素养，而对大学生网络道德素质和网络法治素养关注度不够，实效性不强。对于网络出现的热点事件，不能够结合大学生思想实际及时跟进引导，网络思想政治教育思维僵化。思想政治教育者需要掌握网络思想政治教育的主导地位，对大学生在线心理问题进行即时监控和有针对性地指导。

良好的网络环境对于大学生成长来说尤为重要。国家需要提高对网络的监管力度，为大学生创建一个清洁的网络环境，制定相关的网络法律规定，防止网络违法行为对大学生产生负面影响。

第二节
网络心理健康

一、刻不容缓：网络心理健康的重要性

（一）网络的负面对个人的影响

1. 网络成瘾对个人的影响

网络成瘾是指个体在使用互联网时出现了强烈的欲望和依赖，难以自控的心理状态。网络成瘾对个人的影响是非常严重的。首先，它会导致个体的身体健康受到影响。长时间使用电脑或手机会导致眼睛疲劳、颈椎病等身体问题。其次，网络成瘾会影响个体的心理健康。长时间沉迷于网络世界，会导致个体的社交能力下降，孤独感增加，甚至会出现抑郁症状。最后，网络成瘾还会影响个体的学业和工作。长时间沉迷于网络世界，会导致个体的学习和工作效率下降，进而影响个体的学业和工作。

2. 网络暴力对个人的影响

网络暴力是指在互联网上对他人进行言语或行为上的伤害。网络暴力对个人的影响也是非常严重的，会影响个体的心理健康。受到网络暴力的攻击，会导致个体的情感受到伤害，甚至会出现抑郁症状。受到网络暴力的攻击，会让个体对社交产生恐惧，从而影响个体的社交能力。受到网络暴力的攻击，会让个体产生情绪波动从而影响个体的学习和工作效率，进而影响个体的学业和工作绩效。

3. 网络谣言对个人的影响

网络谣言是指在互联网上流传的不实消息。网络谣言对个人的影响也是非常严重的。受到网络谣言的影响，会让个体产生恐惧和焦虑甚至会出现心理障碍。受到网络谣言的影响，会让个体产生不必要的行为，如囤积物资等。

（二）网络心理健康对个人及社会的影响

1. 网络心理健康对个人的影响

网络心理健康对个人的社会关系产生了积极的影响。良好的网络心理健康有助于提高个人的自我意识和自我管理能力，使个人更加自信和积极。网络心理健康还有助于培养个人的创造力和创新能力，使个人更有可能在工作和学习中取得成功。良好的网络心理健康还有助于增强个人的社交能力和沟通能力，使个人更容易与他人建立良好的关系。

2. 网络心理健康对社会的影响

良好的网络心理健康不仅对个人有着重要的影响，同时也对整个社会产生了积极的影响。良好的网络心理健康有助于减少社会矛盾和冲突，促进社会的和谐稳定。良好的网络心理健康还有助于提高社会的生产力和创造力，推动社会的发展和进步。良好的网络心理健康还有助于减少社会的心理问题和心理障碍，提高社会的整体心理素质和幸福感。

综上所述，良好的网络心理健康对个人和社会都具有重要的影响和意义。我们应该积极关注和提高自己的网络心理健康水平，同时也应该加强对网络心理健康的宣传和教育，为社会的发展和进步做出贡献。

（三）网络心理健康对教育的影响

1. 网络心理健康对学习成绩的影响

网络心理健康对大学生的学习成绩有影响。一方面，网络心理健康状况良好的大学生能够更好地控制自己使用网络的时间，避免沉迷于网络游戏、社交媒体等，从而保证学习时间的充足和高效。另一方面，网络心理健康状况良好的大学生更容易保持注意力集中，减少分心和压力，从而更好地完成学习任务。此外，网络心理健康状况良好的大学生更容易与老师和同学进行良好的互动交流，从而更好地掌握学习内容和解决学习问题。

2. 网络心理健康对人际交往的影响

网络心理健康对大学生的人际交往有影响。网络心理健康状况良好的大学生更容易与同学建立良好的人际关系，从而获得更多的支持和帮助。此外，网络心理健康状况良好的大学生更容易与老师建立良好的师生关系，从而获得更多的学习资源和指导。同时，网络心理健康状况良好的大学生更容易与家长建立良好的家庭关系，从而获得更多的家庭支持和关爱。

3. 网络心理健康对职业发展的影响

网络心理健康对大学生的职业发展有影响。网络心理健康状况良好的大学生更容易保持积极的心态和高效的工作状态，从而更好地完成工作任务和提高工作效率。此外，网络心理健康状况良好的大学生更容易与同事建立良好的工作关系，从而获得更多的合作机会和职业发展机会。

二、摆脱"网"困惑：网络心理健康的培养

（一）家庭教育的作用

1.家长陪伴的重要性

家长对孩子的成长起着至关重要的作用。在网络时代，家长应该关注孩子的网络行为，帮助孩子正确使用网络，提高孩子的网络素养。家长应该尽可能多地陪伴孩子，了解孩子的网络使用情况，与孩子一起探讨网络的利弊，教育孩子如何保护自己的隐私和安全，以及如何避免网络上的不良信息和不良行为。家长的陪伴和教育可以有效地提高孩子的网络心理健康水平。

2.家庭氛围的营造

除了陪伴和教育，家长还可以通过营造良好的家庭氛围来培养孩子的网络心理健康。家长应该尽可能多地与孩子沟通，了解孩子的内心世界，关心孩子的情感需求，让孩子感受到家庭的温暖。在家庭中，家长应该树立正确的网络价值观，引导孩子正确对待网络，避免过度依赖网络，以及避免沉迷网络游戏等不良行为。通过良好的家庭氛围，可以有效地提高孩子的网络心理健康水平。

（二）学校教育的作用

1.学校心理教育课程

心理健康教育课程是培养大学生网络心理健康的有效途径。可以通过心理健康课程，让大学生了解网络心理健康相关知识，如网络成瘾、网络暴力、网络欺凌等，以及如何防范和应对这些问题。同时，学校还可以通过心理健康课程，引导大学生正确使用网络，教授网络安全知识，增强大学生网络安全意识，从而预防网络心理健康问题的发生。

2.学校心理咨询与服务

心理咨询与服务是帮助大学生解决网络心理健康问题的有效途径。学校可以设立心理咨询室，为大学生提供心理咨询服务，帮助大学生解决网络心理健康问题，如网络成瘾、网络游戏障碍、网络欺凌等。心理咨询师还可以为大学生提供心理干预和心理治疗服务，帮助大学生恢复健康的心理状态。

3.学校对家长的教育

学校对家长的教育是培养大学生网络心理健康的有效途径。学校通过组织家长会、家长讲座等形式，向家长传授网络心理健康知识，让家长了解网络心理健康问题的危害

和防范措施，帮助家长正确引导孩子使用网络，预防网络心理健康问题的发生。还可通过家校合作，共同关注大学生网络心理健康问题，为大学生提供更全面的帮助。

4. 学校网络安全管理

学校网络安全管理是保障大学生网络心理健康的重要手段之一。学校可以通过加强网络安全管理，保护大学生的个人信息和隐私，预防网络欺凌、网络诈骗等问题的发生。

（三）社会教育的作用

1. 提供信息素养教育

社会教育机构可以开设信息素养课程，教授大学生正确使用互联网的方法和技巧，帮助他们建立正确的网络行为习惯和安全意识。

2. 举办活动

社会教育机构可以组织各类活动，如运动会、文艺比赛志愿服务等，帮助大学生建立自信心和社交能力，缓解网络孤独感和焦虑情绪。

3. 提供心理健康咨询

社会教育机构可以邀请专业心理咨询师为大学生提供心理健康咨询服务，帮助他们解决网络上遇到的心理问题和困惑，提高心理抗压能力。

通过社会教育的方式，可以为大学生提供全方位的网络心理健康教育，帮助他们树立正确的网络观念和价值观，增强网络安全意识和自我保护能力，从而更好地适应网络时代的发展。

【温馨提示】

（1）没人能阻止你的上网行为，请自己控制上网的时间和掌握上网的目的。

（2）没人能阻止你在网上交友，请自己慎重判断对方的真实意图。

（3）保持使用网络获得资讯的方式，但不要把网络作为获得资讯的唯一方式。

（4）随着网络使用能力的加强，要注意人际交往的其他方式和能力也要不断加强。

三、走出互联网的旋涡：解决大学生网络心理健康教育问题对策

解决大学生网络心理健康教育问题对策见图4-3。

（一）优化大学生网络心理健康教育的环境

1. 加强大学生心理健康网站的监管

大学生心理健康教育网站的监管主要包括对网站平台的监管和对外来不良信息的监管。对平台自身的监管可以保障网站的质量，对外来不良信息的监管可以保障网站的正常运行，保证大学生心理健康教育的有序开展。

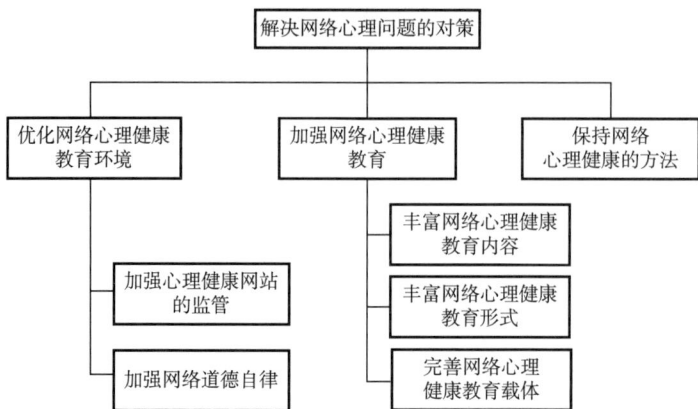

图4-3 解决大学生网络心理健康教育问题的对策

加强对大学生心理健康教育网站监管，要推行"用户实名制"，从源头阻止不良信息的发布，保证用户身份的真实性。用户在进行网站注册过程中，必须使用真实姓名、学号、手机号、身份证号码等可以证明身份的信息进行注册。还可以设置网站敏感词库，加强对用户发布的信息进行实时监控和筛选，自动过滤掉敏感词汇，要组织心理健康教育工作者对网站内的消极言论及时评论，做好网站信息热点的及时定期整理，掌握网站言论动态，适当发布与热点相关的积极信息，创造积极健康的网站言论环境。

要加强网络安全技术，构建网站"防火墙"来保护网站的安全，从源头杜绝外界入侵网站，有效抑制类似事件的发生。目前，我国已有"安全狗""腾讯云"等"防火墙"软件，可以对一些不良信息进行拦截，与此同时运用网络技术过滤掉一些虚假信息，使其无法进入网站，为大学生创造安全、绿色的教育环境。

2. 加强大学生网络道德自律

环境是影响个体身心发展的重要因素，加强大学生网络道德自律，有利于构建积极向上的网络心理健康教育环境，抵御不良网络信息对大学生心理的消极影响和诱惑。❶

一是要加强大学生网络道德自律意识的培养。学校应加强大学生网络道德教育，激发大学生道德自律意识，树立正确的网络道德意识和积极健康的心理。学校可以利用大学生喜欢的社交媒体软件作为平台，加强网络道德自律意识的培养。教育者可以在流行的社交软件上发布小文章或短视频，向大学生传播正确的道德自律意识，从而达到潜移默化地促进大学生网络道德自律意识形成的目的。

二是培养大学生网络道德自律能力。可以组织大学生观看与网络道德自律题材相关的视频短片，并利用微博、微信等社交软件进行该题材的话题讨论，大学生可以各抒己见在讨论中思考、反省，使其形成良好的网络道德修养。可以将大学生使用校园网络的

---

❶ 聂沉香：《大学生加强网络道德自律的途径》，载于《中国成人教育》，2019（9）：51-52。

行为记录到"网络道德个人档案"中，并建立适当的奖惩制度，将其作为大学生操行评定综合成绩中的一项，使大学生能够养成自觉自控行为的能力。引导大学生对网络虚拟环境中的内容进行筛选，抵制诱惑，过滤有害信息。

（二）加强大学生网络心理健康教育

1.丰富大学生网络心理健康教育内容

一要加强大学生网络意识教育，当前大学生更注重对网络技术的掌握和探索应用。容易被网络中丰富多彩的信息内容和自由交流的形式所吸引。[1] 在开展教育工作时，将教育方法与大学生的身心发展规律相结合，帮助大学生正确认识互联网的概念，要积极引导大学生形成正确的网络意识，形成敏锐的政治观察力和网络信息鉴别能力，要帮助大学生认清虚拟的网络世界与现实的生活世界之间的关系，使其能够正确认识网络利弊，[2] 有选择地浏览、学习，自觉抵制网络不良信息的诱惑，自觉树立网络心理健康的观念。

二要加强大学生网络价值选择的教育。网络是大容量的虚拟世界，需要大学生对其内容进行价值判断与价值选择。因此，教育者应给予大学生正确的价值引导，大学生能够对网络信息进行自主的价值选择与判断。要教育大学生具有网络自律，能够利用网络所特有的优势和便利条件，降低网络信息对自己身心的负面影响；要教育大学生适度上网，认识到网络展现的虚拟世界并不是生活的全部，防止大学生因过度使用网络患上网瘾综合征等心理疾病。

2.丰富大学生网络心理健康教育形式

一是开设微博，微博是一种新兴社交软件，可以实现即时分享信息，备受大学生的喜爱，成为大学生日常交流的主要渠道之一。微博热搜聚合了大量社会热点内容，成为微博最强大的流量入口，已经成为当前大学生获得信息的主要聚集地。要发挥网络新媒体的特性和优势，用大学生喜闻乐见的形式，如运用微博的多样化的手段，使网络心理健康教育的形式更加立体、动态，容易被大学生接受。[3]

二是利用微信。微信已成为大学生之间相互交流沟通、获取信息的重要工具。可以把微信作为开展教育的新阵地，如发布心理小测试、建立心理交流群、定期发送心理推文、提供即时心理咨询等，实现及时心理沟通和疏导，建立专门心理测试微信号，微信号可根据时下流行，定期推出测试内容，或定期推出心理课程，方便大学生选择和学习。大学生通过这些方式可以及时了解自己的心理健康状况，教育者也可以掌握大学生

[1] 吴振涛：《试论网络环境下大学生心理健康教育》，中国心理卫生协会第六届学术研讨会暨第二全国心理咨询师大会论文集，2011：1。

[2] 郑月红：《大学生网络心理健康教育的困境与突破路径》，载于《江苏航运职业技术学院学报》，2021，20（4）：99-102。

[3] 赵培钰：《高职生网络心理健康教育特征、问题与策略研究》，载于《文教资料》，2022（6）：161-164。

最新的心理发展情况，并及时进行心理疏导。❶

三是拍摄心理健康微电影。借助电影的形式，让大学生扮演角色，将典型的心理问题通过屏幕展现出来，使观众了解心理问题产生的原因、正视心理问题以及学会相应的解决办法。微电影展现不仅生动有趣，具有很强的示范性，且拍摄过程简单、易学。心理健康微电影的主题可以多样化，既可以有针对性地解决心理问题，又可以与大学生的梦想、奋斗、爱情与亲情融合在一起；既能让大学生正确看待心理问题，又能使大学生受到启发和教育，心理健康微电影可以在线上平台播放。大学生可以利用"碎片"时间观看，使心理健康教育随时走进大学生的生活。微电影是数字化时代背景下对大学生进行心理健康教育的重要方式，它的产生不仅丰富了网络心理健康教育的形式，还可以起到激发大学生自我学习心理健康知识的热情、指导自我实践的作用。

3. 完善大学生网络心理健康教育载体

网站是网络心理健康教育的重要载体，网站的建设是否完善关乎着教育的成效，与此同时，学校要加大对大学生心理健康网站的建设，拓展心理健康知识、提高网站教育效果，让大学生通过登录网站、浏览网页，进行知识的自主学习，学会心理知识自助，增强学习的交互性。❷在充分了解大学生审美需求的基础上，加强心理健康网页的设计感和创新性，展现出网站特有的主题和风格特色，吸引更多的大学生进入网站学习，心理健康网站缺乏吸引力是导致网站的点击率和关注度不高的原因。

学校要完善心理健康教育网站的板块设计，在心理百科板块，大学生通过独立学习获得各种实用的心理学知识；在心理咨询板块，可以开展心理咨询、留言咨询等方式，实现心理疏导形式；在心理测试板块，通过对大学生的心理测试结果的定期统计分析，归纳出大学生可能出现的心理问题并及时预防；通过心理电影板块，大学生可以下载、在线观看积极向上的心理影片，加强大学生对美好生活的向往；在心理论坛板块，大学生可以就学习、情感、人际交往、就业等方面存在的问题展开讨论。

除此之外，提高网站的安全性，保障大学生信息安全也尤为重要。在网站开发设计时，利用加密技术与手段，保护大学生的个人信息，保障其数据安全；要严格控制用户使用权限，保证用户用真实信息登录网站；要规范操作流程，心理健康教师也要严格遵守相关保密条约的规定，保护大学生的隐私，使大学生安全、放心地使用心理健康网站。

（三）保持网络心理健康的方法

1. 健康的网络使用习惯

（1）控制网络使用时间：控制网络使用时间是保持网络心理健康的重要举措。过度

❶ 王译萱：《新时代大学生网络心理健康教育研究》，载于《赤峰学院学报（自然科学版）》，2021，37（1）：102-106。
❷ 张钰苹：《网络背景下大学生恋爱压力心理教育问题研究》，南京邮电大学，2016。

使用网络容易导致眼睛疲劳、颈椎病等身体问题，同时也会使人沉迷于虚拟世界，忽略现实生活中的人际交往和学习工作。建议每天合理规划网络使用时间，避免过度使用网络。[1]例如，可以将每天的网络使用时间分配到不同的时间段。此外，也可以通过设置手机或电脑的使用时间限制功能，来帮助自己更好地控制网络使用时间。

（2）健康的上网环境：保持健康的上网环境是保持网络心理健康的重要措施。首先，要注意保持良好的网络安全，避免上网时泄露个人信息或受到网络攻击。其次，要选择适合自己的上网场所，如安静、明亮、通风的房间，避免在嘈杂、昏暗、空气不流通的环境下上网。最后，要注意保持良好的坐姿，避免长时间低头使用手机或电脑，造成颈椎病等身体问题。

（3）积极参与现实生活：积极参与现实生活也是保持网络心理健康的重要举措。网络虚拟世界虽然充满了各种诱惑和乐趣，但现实生活中也有很多值得我们去探索和体验的事物，如户外运动、社交活动、文艺演出等。积极参与现实生活，可以丰富我们的生活经验和社交圈子，避免沉迷于虚拟世界，从而保持良好的心理健康状态。

（4）健康的网络交往：健康的网络交往是保持网络心理健康的重要方面。网络交往可以扩展我们的社交圈子，丰富我们的生活经验，但也存在着虚假信息、网络欺诈等问题。因此，建议在网络交往中保持警惕，避免轻信陌生人的信息，同时也要注意保护个人隐私。此外，也要注意保持良好的网络礼仪，尊重他人的言论和观点，避免网络暴力和恶意评论。

（5）适度放松心态：适度放松心态也是保持网络心理健康的重要措施。网络虚拟世界中充满了各种信息和刺激，容易使人产生紧张和焦虑的情绪。因此，要学会适度放松心态，避免过度焦虑和紧张。可以通过听音乐、做运动、冥想等方式来放松，缓解网络带来的压力和焦虑。

2. 积极的心态和情感管理

（1）培养积极的心态：积极的心态是保持网络心理健康的关键。我们要认识到网络世界只是现实生活的一部分，不要把网络中的虚拟世界和现实混淆。我们要学会正面思考，尽量从好的方面看待事物，遇到问题时不要过分悲观或焦虑，而是寻找解决问题的方法。此外，我们还可以通过自我暗示来培养积极的心态。

（2）情感管理：情感管理是指合理地处理自己的情绪和感情，避免出现过度消极或过度积极的情绪反应。在网络世界中，我们经常会受到各种信息的冲击和干扰，如果不能正确处理自己的情感，就容易出现焦虑、抑郁等负面情绪。可采取以下措施：一是及时发现自己的情绪变化，了解自己的情感状态；二是寻找适合自己的情感调节方式，如听音乐、看书、运动等；三是与他人交流，倾诉自己的情感，获得情感支持和帮助。

---

[1] 郭娓娓：《网络利他行为：测验量表适用性验证与特点分析》，陕西师范大学，2014。

3. 合理的时间安排和规律生活

合理的时间安排和规律的生活对于保持网络心理健康非常重要。我们应该合理分配时间，避免过度沉迷于网络世界。可以采取每天设定一定的上网时间，或者每周设定一定的离线时间，去做一些其他的事情，如运动、读书等。保持良好的生活规律也是非常重要的。要保证充足的睡眠时间，避免熬夜上网，同时也要注意饮食健康，保证营养均衡。可以适当参加一些社交活动，和朋友面对面交流，扩大社交圈子，增加社交支持。通过合理的时间安排和生活规律，可以帮助我们更好地管理网络使用，保持心理健康。

（四）网络心理健康的维护

1. 网络使用的规范

网络使用规范是维护网络心理健康的重要手段之一。在网络使用中，遵守规范可以帮助个人养成正确的上网习惯，避免不必要的心理问题。

一是合理安排上网时间。过度使用网络容易导致沉迷其中，影响生活和学习。因此，合理安排上网时间，避免长时间连续使用网络，有助于保持心理健康。

二是注意网络言行举止。在网络交流中，要注意言辞和行为的得体性，避免使用不当语言或行为，造成不必要的心理伤害。

三是避免过度依赖网络。网络虽然带来了很多便利，但过度依赖网络会导致个人能力下降，自我价值感降低，从而影响心理健康。

四是避免网络游戏成瘾。网络游戏成瘾会导致个人社交能力下降，影响学习和生活，甚至导致心理问题。因此，要适度游戏，避免成瘾。

【讨论活动】

Young网络成瘾量表

请仔细阅读表4-2中的描述，每条描述后有5个选项，请根据自己的实际情况做出选择。

表4-2　Young网络成瘾量表

序号	题目	几乎没有	偶尔	有时	经常	总是
1	你觉得上网时间比你预期的要长	1	2	3	4	5
2	你会因为上网忽略自己要做的事情	1	2	3	4	5
3	你更愿意上网而不是和亲密的朋友待在一起	1	2	3	4	5
4	你经常在网上结交新朋友	1	2	3	4	5
5	你因为上网影响学习了	1	2	3	4	5

序号	题目	几乎没有	偶尔	有时	经常	总是
6	朋友、家人会抱怨你上网时间太长	1	2	3	4	5
7	你是否会不顾身边需要解决的一些问题而上网查电子邮件或看留言	1	2	3	4	5
8	你因为上网影响到日常生活了	1	2	3	4	5
9	你担心网上的隐私被人知道	1	2	3	4	5
10	你会因为心情不好去上网	1	2	3	4	5
11	你在一次上网后会渴望下一次上网	1	2	3	4	5
12	如果无法上网，你会觉得生活空虚无聊	1	2	3	4	5
13	你会因为别人打搅你上网而发脾气	1	2	3	4	5
14	你会上网到深夜不去睡觉	1	2	3	4	5
15	你在离开网络后会想着网上的事情	1	2	3	4	5
16	你上网时老想着再多上一会儿	1	2	3	4	5
17	你想办法减少上网时间但最终失败	1	2	3	4	5
18	你会对人隐瞒你上网多长时间	1	2	3	4	5
19	你宁愿上网而不愿意和朋友们出去玩	1	2	3	4	5
20	你会因为不能上网变得烦躁不安、喜怒无常，而一旦能上网就不会这样	1	2	3	4	5

评分说明：

【计分】请把你选择的各项分数相加，计算总分。

【解释】对于分数在40至60分的人群来说，他们虽然偶尔会花较多时间在网上，但是能够自我约束，并未陷入过度依赖网络的状态。而如果他们的得分为60到80分，那么就需要对互联网所产生的影响及其对家人产生的后果保持警惕。当分数超过了80分，就意味着网上的活动已严重干扰到了个人及家庭的日常生活，必须认真面对并寻求解决方案。

2. 网络使用时间和频率控制

（1）网络使用时间控制：网络使用时间的控制是维护网络心理健康的重要手段之一。为了避免长时间使用网络带来的身体和心理疲劳，建议制定合理的上网时间和规律的休息时间。例如，每天限制上网时间不超过2~3小时，每隔1~2小时休息10~15分钟，同时避免在睡前过度使用网络。

（2）网络使用频率控制：除了时间的控制，网络使用频率的控制也是维护网络心理健康的关键。建议不要过度依赖网络，避免成为网络重度用户，并适当减少使用社交媒体等容易产生焦虑和负面情绪的应用。同时，也要注意避免在工作、学习等需要专注的场合使用网络，以免影响效率和质量。

（3）网络使用规范要求：网络使用的规范也是维护网络心理健康的必要条件。建议遵守网络礼仪，不传播谣言和不良信息，不侵犯他人隐私和权益，不参与网络暴力等不良行为。同时，也要避免沉迷于网络游戏等不良娱乐方式，保持健康的网络生活方式。

3. 网络使用目的和内容选择

在网络使用过程中，根据自己的实际需求来选择网络使用目的和内容，避免过度沉迷网络游戏、社交媒体等虚拟世界。合理的网络使用目的和内容选择可以帮助大学生更好地管理自己的时间和精力，保持良好的心理健康状态。在学习阶段，可以选择使用网络搜索引擎、学术网站等获取学习资料，通过参加在线学习课程等提升自己的学习能力。在休闲娱乐阶段，可以选择观看优质的视频、阅读有益文章等充实生活。在社交阶段，可以选择使用社交软件、在线论坛等与朋友、家人、同事进行交流，分享生活、工作中的经验和心得。

【课堂拓展】

网络依赖戒除的7条建议

（1）防止复发。

（2）对自己要有耐心。

（3）不断给自己鼓励。

（4）寻找上网的原因。

（5）让你的朋友、同学、家人帮助你。

（6）积极从事其他活动，努力寻找健康的替代活动，比如参加体育活动。

（7）利用外部支持力量，必要时可以到学校心理咨询机构接受心理咨询与治疗。

（五）运用多种方法摆脱网络成瘾

1. 时间管理

借助增强个人自信心和提供恰当的支持，协助个人形成积极的行为方式，来替代消极的上瘾行为。调整日常互联网使用的时刻表，使其习惯于新的时间安排，以此摆脱沉迷网络的状态；利用如闹钟等外力工具定时提示按时离线，进而逐渐减少在线时长；制定合理的阶段性小目标。

2. 警示卡片

助力网络成瘾者将注意力集中在缓解和摆脱其行为的目标上，让他们用两张卡片列出网络成瘾引发的五个主要问题以及摆脱网络成瘾带来的五大优势。让成瘾者随身携带这两张卡片，始终对自己的行为进行约束。

3. 自我目录

引导沉溺于网游的人们逐一罗列他们在游戏之后落下的所有日常事务，根据其优先级进行排序，并阐述这些关键任务对于他们生活的重要性。经过这样的练习，使他们理解过去是如何在虚拟世界和实际生活中的抉择上做出错误的选择，鼓励他们从真实的日常生活中感受到成就感和快乐，以此来减弱他们依赖互联网寻找情绪满足的需求。

4. 支持群体

让个人加入如互助组织、孤独者联合会、陶艺班等活动，以增强他们与有相似背景的人交往的能力，进而降低对网络社区的依赖。

5. 家庭疗法

让家人理解网络的过度依赖性，减少对沉迷其中的人的批评，与沉迷者探讨其产生这种依赖的原因；激励家人通过聆听沉迷者的心声，利用假期出游或协助培养新兴趣等方式推动恢复。

6. 行为契约

让网络成瘾者与家人或朋友共同制订行为契约，接受外界的监督。

【讨论活动】

绘制生命线

（1）在白纸上画一条有方向的直线，代表生命长度。线段左侧写"0"，线段右侧箭头旁边写上自己实际年龄。

（2）回想在实际年龄前对自己影响最大或印象最深的事。用红色向上的箭头表示有积极影响的事；用黑色向下箭头表示有消极影响的事；用箭头的长短代表影响程度，越长代表影响越大。

（3）分析这些事件给了你什么样的影响，使你成为今天的你。消极影响的事件能否找到积极正向的意义和价值？

（4）相互分享交流。

【讨论】

1.网络心理健康指的是什么？

2.你身上有没有出现过或重或轻的网络依赖？

3.你觉得大学生使用网络的现状合理吗？

4.你觉得本次专题的学习对你的生活有指导意义吗？

第五章
挫折与心理健康

第一节
压力与挫折

一、不能承受之重：挫折的含义

挫折是指个体在通向目标的过程中遇到难以克服的障碍或干扰，使目标不能达到、需要无法满足时，所产生的不愉快情绪反应。挫折感受是一种复杂的内心体验，包括烦恼、困惑、焦虑、愤怒等各种负面情绪交织在一起（图5-1）。[1]

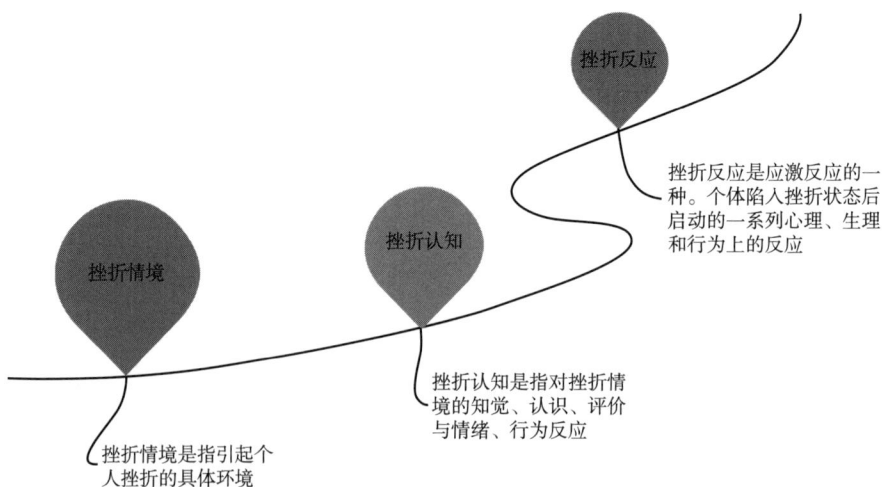

挫折反应

挫折反应是应激反应的一种。个体陷入挫折状态后启动的一系列心理、生理和行为上的反应

挫折认知

挫折情境

挫折认知是指对挫折情境的知觉、认识、评价与情绪、行为反应

挫折情境是指引起个人挫折的具体环境

图5-1　挫折的三种内容

---

[1] 代翠芹：《浅析小学语文教学中的挫折教育》，载于《新课程研究（下旬刊）》，2012（2）：170-171。

（一）挫折情境

对人们需求、驱动力或目标活动产生内在阻碍或干扰的环境状况或条件，这就是所谓的挫折情境。这种情况可能涉及特定的个体或事件，也可能是各类自然和社会环境。

（二）挫折认知

个体对于挫败的感知、理解与评估构成了造成失败的关键元素，它影响着我们感受到的挫败程度及深度。唯有当个人意识到并体验了挫败的环境时，他们才会有挫败的感觉；反之，即便现实中确实存在这样的环境，如果未被察觉，那么人就不会感到沮丧。

（三）挫折反应

挫折感是由个体在遭遇困难时所产生的各种消极情绪，包括烦恼、迷茫、焦虑、逃避、愤怒和攻击等，这些都构成了一种心理反应。

二、身体和心理信号：压力和挫折的关系

尽管压力和挫折都可能会给个体带来情绪、情感方面的负面影响，但压力和挫折所产生的影响却具有两重性。压力和挫折就像一把双刃剑，过度的压力和严重的挫折会给人们的身体和心理造成消极的影响，使人痛苦、失望或沮丧，对生活失去信心和追求。同时，适度的压力和挫折又具有积极性，给人们带来成长的契机和发展动力。

遭遇压力和挫折会给个体的身心健康带来负面影响。当压力和挫折超过人们的承受限度时，持续的压力会导致人们睡眠困难、饮食失调、免疫力下降以及产生身心疾病。同时，压力过大容易诱发紧张、担心、烦躁、恐惧、悲观、失望、畏惧、退缩等情绪状态，并会导致人们学习和工作效率下降。适度的压力和挫折对人们的身心健康具有促进作用。适度的压力和挫折可以激发人的潜能，让人高效率地完成任务，更好地应对生活的挑战。当感受到压力时，人体内部会分泌相应的应激激素，人的身体处于一种警觉和战斗的状态。这种情境可以激发人的热情和干劲，使人更好地集中注意力、调动身体机能和资源应对压力和挫折，从而提高任务完成的效率。同时，压力和挫折还能磨炼人们的性格和意志、增强人们的挫折容忍力、激发人们的进取精神，使人变得勇敢、坚毅。每个人都不可避免地会遇到各种压力和挫折，只有在承受和克服挫折的过程中，才能发现自身不足，进而激发进取心和潜力，逐步完善自我。承受压力和经历挫折并非坏事，只要个体积极自主地应对困境，提高挫折容忍力，善于化压力为动力，就能将压力和挫折变为促进成长、迈向成功的进阶石。

【课堂拓展】

挫折容忍力研究

1955年，美国心理学家艾米·维尔纳和鲁斯·史密斯对 698 名夏威夷群岛儿童的生活环境进行调查研究。他们将孩子们划分为两个群体：大约有 2 / 3 的人被划分为低风险群体，而大约 1 / 3 的人则被划分为高风险群体。所谓的高风险是指孩子面临家庭经济困难、父母心理问题、母亲在生产期承受巨大压力、家庭关系紧张、父母酗酒或者患病等情况。研究人员分别在孩子 1 岁、2 岁、10 岁、18 岁、32 岁和 40 岁时进行追踪测试。结果发现，高风险组中有 2/3 的人出现了问题。尽管如此，仍有 1/3 的高危儿童在面对高风险环境或压力时，发展能力和社会适应性并未受到影响，甚至一部分人突破了个人和环境的局限，获得了优良的发展结果。学者把这种挫折容忍力（又称为心理韧性、心理弹性、抗逆力）比喻成一种精神上的免疫系统。

三、压力背包：挫折产生的原因

（一）客观原因

1.社会环境

在人类生活和活动的范围内，社会环境包含了物质和精神上的各种条件。社会体制转变、社会结构变化、社会冲突的加剧等方面的变化，让人们存在焦虑感、迷茫、失落等心理，人们的观念和生活方式都发生了巨大的变化（图5-2）。

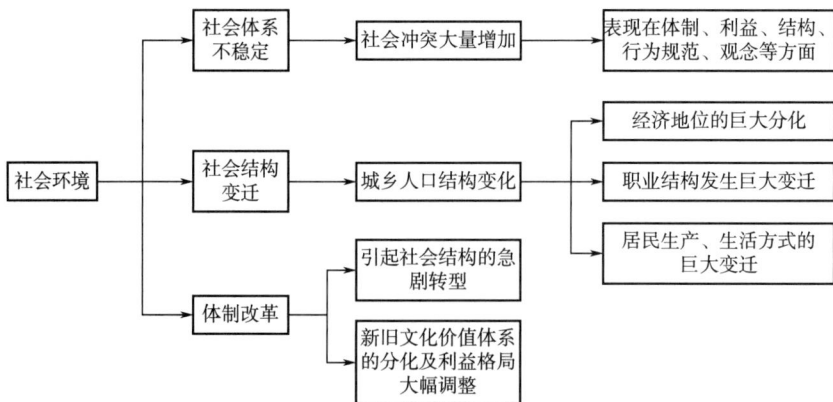

图5-2 社会环境造成的影响

2.学校环境

（1）教学内容与管理方式滞后：学校的教育教学与现实社会脱节，教育的方式方法与学校人才培养目标要求脱节，部分学校没有根据社会发展变化规律科学有效地调整大学生管理模式，忽视大学生的个性及心理的发展规律，使用过强的共性制约，抑制了大学生的个性心理发展，从而出现了不良的挫折心理反应。

【案例5-1】

　　A学校的管理属于校长"一言堂"，校长几乎不听取其他领导及教职工的意见，不尊重学生的想法，采取铁腕管理手段，学校缺少民主管理，教职工从不敢当面提任何意见，背后却议论纷纷。学生的任何需求和建议都被忽视，牢骚满腹、怨气冲天。学校缺少人情味，各种事故不断发生，学生觉得压制式管理很压抑，甚至有退学的想法。学校社会声誉每况愈下。

　　B校管理民主氛围浓厚，领导之间精诚团结，教职工之间亲如家人，经常开展师生联谊活动、学生代表大会、组织生活会等。校领导很注重对教职工和学生的情感投入，学生们每天以饱满的精神状态学习和生活，每年都会获取省市各类文化活动的奖项，该校的发展蒸蒸日上，社会声誉极好。

　　从以上两个事例看出：要办好一所学校，提高教育教学质量，起到决定性作用的因素是教学管理模式，学生积极性充分调动是学校管理处于最佳状态和学生处于最优状态的标志。学校领导应致力于改革策略选择，理解学生追求的目标、价值理念、找到问题原因，使大部分学生找准自己的位置，确立目标，把自身的发展利益与学校的整体利益融为一体。

　　（2）教育体制改革的冲击：学校体制改革、奖学金制度、助学贷款制度、淘汰机制等对大学生造成了巨大的心理冲击。教师、家长以及大学生过于看重成绩，而忽略了心理素质的教育和培养，尤其是对抗挫折能力的提升。"高分低能"的现象不在少数，大学生的心理素质发展缓慢，挫折承受力普遍较弱，面对挫折容易产生偏激行为。

【案例5-2】

　　尽管小李凭借优异的成绩成功进入了广东省的一所知名大学，但在第一个学期的末尾，原本充满信心地期待获得奖学金的小李并未实现愿望。自此之后，她的心情跌入谷底，失去了学习的动力和对人际关系的应对能力，并且开始出现睡眠障碍。无奈之下，她只能前往医院的精神科寻求治疗，经过确诊后发现她已经患有抑郁症。医师解释道，这是因为她在评选奖学金的过程中未达到预期目标，导致内心产生巨大失衡感，难以面对这一事实，从而引发了情感上的剧烈波动，并逐渐陷入自我隔离的状态，最终发展成抑郁症。更深层次的原因在于，她的个人价值并没有被充分认可，且自身的心理承受力不足，对自己的评价存在一定程度的负面影响。

　　（3）校园文化的偏差：校园文化与大学生心理健康存在密切的关系，对大学生身心健康影响深远，意义重大。随着社会的快速发展和日益加剧的就业挑战，大学生们被迫投身到各类资质认证测试之中，他们疲惫不堪，无法全身心投入学习任务，因此对学校的各项活动缺乏热情，这使校园文化的氛围逐渐淡薄且品质下降，部分的大学生社团已经消失不见。此外，人们之间的人际关系也不再纯粹，过于注重个人得失的现象普遍存在，一些同学开始结成小团队。而人与人之间的利益冲突也在一定程度上影响着许多大学生的情绪稳定，引发他们的孤立感、空虚感和极度的不适感。

　　3. 家庭环境

　　家庭教育对于人一生影响重大，家庭因素影响着大学生的成长，大学生心理问题产生与早期家庭教育有着很大关系。许多家庭问题都可能对个性特征和人际关系造成影响，大学生伴有自卑、多疑、内心脆弱等心理特征，严重者极容易做出一些反社会规则行为。家庭教育在不同程度上对家庭成员的心理成长产生了影响，在所有的亲属中，父母是最主要的影响孩子成长的元素，他们的言行举止以及处事态度都深深地塑造着孩子的发展（图5-3）。

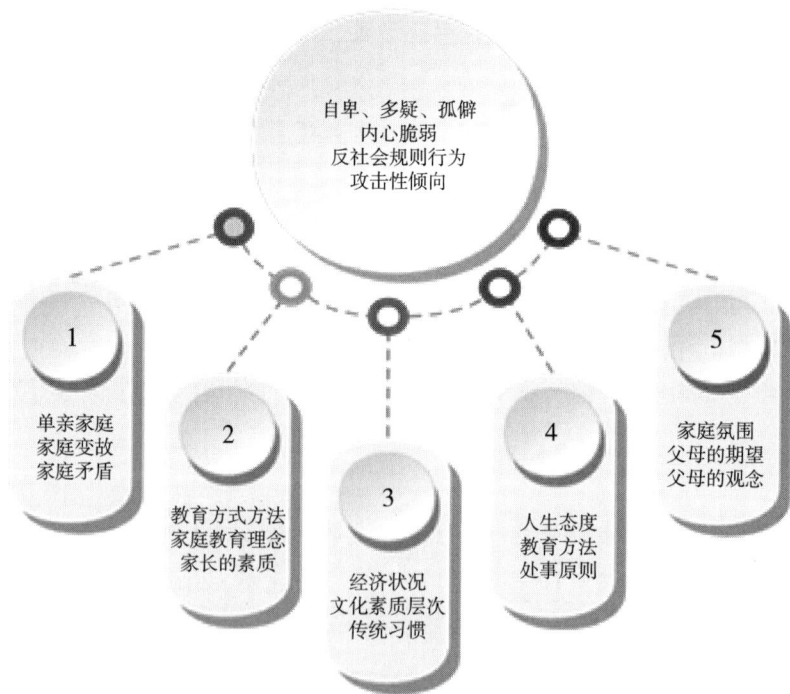

图5-3　家庭环境原因

【案例5-3】

　　小泽同学的父亲罹患脑肿瘤，由于没有足够的费用彻底医治这种病，导致小泽的父亲脑肿瘤扩散，失去了自理能力，长期卧病在床需要人护理，屋漏偏逢连夜雨，小泽的母亲又在这时与世长辞，永远离开了他们。在经济极度贫乏和失去亲人的双重打击下，小泽的内心极度痛苦无助。因为他是家里的独生子，所以无人倾诉，身边的亲人亦是远水解不了近渴。从年初时母亲的突然离世到目前，午夜梦回时，他常常思念亲人，辗转反侧无法入眠。二十几岁的年纪，正是享受美好校园生活和努力钻研专业知识的青春年华，他却要独自面对和承受这些困难，他的烦恼较多于正常的孩子，特别容易心理失衡。

（二）主观原因

1. 心理冲突因素

心理冲突是大学生产生行为挫折的直接内在起因。潜在的心理冲突因素如图5-4所示。

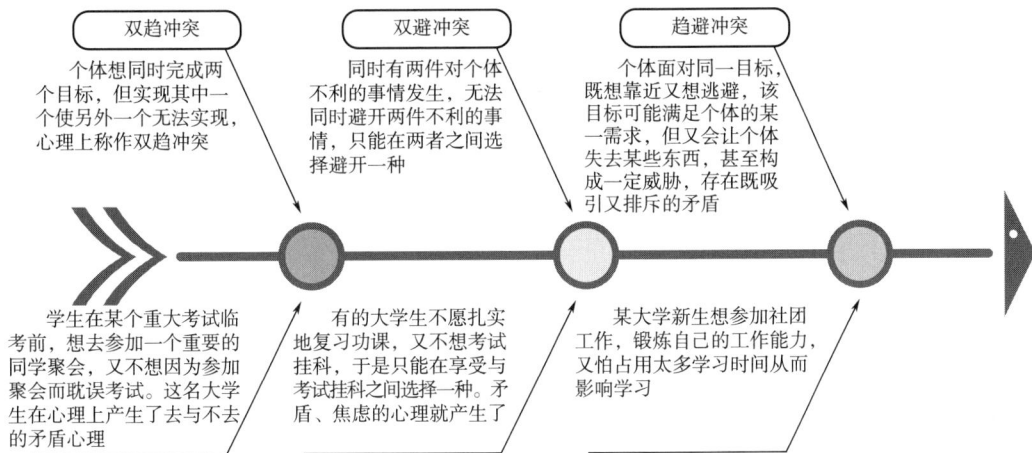

图5-4 潜在的心理冲突因素

2. 认知方式因素

（1）指个体关于外部事物的看法和观点，是心理过程组成部分，也是大脑思考认识活动。

（2）个体在认知中逐渐形成了观点和看法，控制着个体行为反应和情绪变化。

（3）个体遇到挫折，挫折感通过个体的认知传递给情绪，导致复杂挫折心理行为产生。

（4）个体的理解方式不同，在面对相似的困难情况时，各自的挫败感程度也会有所差异。

（5）个体的习惯性认知和对客观世界的理解，与其过去的知识积累、个人特质、需求构成以及心理发展水平密切相关。

【案例5-4】

小潘，大二开始成绩下滑，不太喜欢与人接触，大三开始身体不舒服，主要症状表现为头痛严重、肚子痛严重，去医院就医没有明显效果。小时候大人都夸她长得漂亮，聪明活泼，人缘特别好，也很自信，四年级的时候由于近视配了眼镜，开始自卑，不太想与人接触，但是学校里面还有几个好朋友。到了大学，亲戚朋友都说她越来越难看了，她越来越自卑，不敢与人接触。每天上学前拖延、煎熬，晚上睡不好觉，父母不知道。后来体质弱，经常生病，神经性头痛，眼前有雪花亮点闪过，之后就开始头痛。大四有便血现象，时不时地紧张、脚软、头热，一阵一阵地身体不舒服，疑神疑鬼，刚开始就转移注意力，做其他事情，但之后发现转移注意力不太管用，总认定自己有不治之症，并且有不想治疗的想法。院领导和辅导员在得知情况后给予无条件的支持、安慰并陪伴，鼓励她先去医院检查一下便血的原因，调整其对身体疾病的错误认知。

【案例5-5】

小文家里兄弟姐妹共三个。哥哥在早年就已经结婚并开始了工作，而姐姐则是一位普通的白领，小文的成绩还算可以，但平时与同伴或教师之间的交流却相当少，喜欢独来独往。后来，由于期末考试的成绩不理想，学生开始向任课教师寻求帮助，但言辞非常尖锐。在辅导员察觉到这个问题之后，他陪小文进行了心理咨询。小文说："零钱放在宿舍无端减少了数量，我们开始猜测这可能是由我们的Z室友造成的，然而并没有找到确凿的证据来证实这一点，因此我的情绪变得非常焦虑和不安。尽管我努力地进行了认真的学习并参加了补考，但是成绩仍然未达到合格的标准，让我对教师产生了质疑。当宿舍长的照片出现在社交媒体上的时候，其中并未有我，我认为这是对我的一种排挤，导致了我沮丧的心情。而我的室友们也告诉我，在我们刚刚进入学校的那段时间里，大家都相处得很好，直到那个所谓的'寝室盗窃'的事件之后，情况才发生了变化。"小文对室友存有偏见，与大家不合群。在经过调查后，证明钱是小文自己花的，但她忘记了她在哪花的，花了多少。

3. 人际关系因素（表5-1）

人际关系指人与人通过交往而产生的情感关系和心理关系。[1]人际关系是以个体社会心理需求为基础，个体对社会心理需求满足程度决定着人际关系的变化。

由于个人冲突导致的各类难题频繁出现，大学生的社交困扰已经成为一种常见的、显著的心理挑战。尽管人际互动话题已经被包含在了心理健康的教学计划里，传统的授

---

[1] 林春：《当代大学生挫折与抗挫折教育研究》，福建师范大学，2013。

课方法对于培养他们的实践能力仍显乏力，通过结合线下教室的教育方式和室外团队活动的模式，我们深入探讨了课程建设的问题，这对提升大学生的身体健康状况有着持续的影响。此外，已有研究证实，有效的社交辅助能够大幅度提高大学生的人际交流能力和心理健康程度。

表5-1　人际关系因素

	邻近性因素	相似性因素	补偿性因素
增进人际吸引的积极因素	指人与人在时间、空间上的邻近性	又称为类似性因素。"物以类聚，人以群分"	需要的互补是多方面的，如人与人之间在个性特征上的互补
	仪表的魅力	**个性品质或人格特征**	**情景因素**
	美的环境总会令人赏心悦目，人的仪表魅力也是增进人际关系的因素之一	人在现实人际交往中所表现出的行为倾向性、人格、气质、能力等个性品质，影响人际关系的建立与发展	指社会环境、自我环境、心理环境三方面。往往在互帮互助中得到认同，这就形成了人际吸引
阻碍人际吸引的不利因素	**信息沟通阻碍**	**情感冲突**	**需要的不满足**
	大学生从不同地区而来，可能在一定时间段里带上方言	情感是人积极活动的心理动力源泉。排斥性情感谈不上彼此的吸引和良好关系的建立	"需求饥饿"是阻碍人际吸引和良好关系建立的重要因素
	利益冲突	**态度和价值观念相悖**	**个性品质或人格特征**
	根本利益上的不一致，甚至根本利益上的冲突也是阻碍大学生人际交往的不利因素之一	态度是一种直观的心理状态，态度和价值观念的不一致，使交往双方对彼此的思想、情感和行为方式有不同的理解，从而影响大学生人际交往关系	人在现实人际交往中所表现出的行为倾向性、人格、气质、能力等个性品质，影响人际关系的建立与发展

【案例5-6】

小华，在学校附近租房与其男友同住，能按时上课，从不缺勤，严重缺乏关爱，对待人生、感情等认知狭隘。某晚，其父给辅导员打电话称联系不上小华，经过交谈得知小华因为交男朋友的问题与家里闹翻，很久不与家里联系。次日，辅导员找到小华，在会议室单独与她谈话了解情况，小华进入会议室便开始哭泣，情绪激动，表示自己已经要崩溃了，自己现在特别孤独，没有朋友，每天都是一个人，如果男友不在这，心情会特别压抑。经过多次努力沟通和劝解，小华主动与老师联系。辅导员老师分别给小华及其父母提供了建议和意见，并帮小华重新安排了寝室。目前小华学习生活状态良好，并时时保持与老师的沟通，结交了新的朋友，与班级同学重新建立了感情，整个人身心状况良好。

4. 学习压力因素

学习竞争持续存在，紧张的学习压力是大学生产生挫折的重要原因。进入新阶段后，部分大学生仍然以高考前的学习方式进行学习，持久紧张的学习导致部分大学生出现学习效率低、学习成绩下降等现象，给大学生带来考试焦虑感和挫折感。新生入学后容易产生学习不适应等情况，学习不得要领，没有掌握科学合理的学习方法，致使学习成绩不理想，自信心下降，产生挫折感。

【案例5-7】

小李，男，来自西部地区，性格偏内向，亲子关系、人际交往等无明显问题。因其大三学年结束时学业情况较差［有13门必修课（43学分）和6门选修课（14.5学分）不及格］而受到学籍处理后留级。留级后的第一个学期小李只报名重修了3门必修课程，但是均未通过。小李虽未明说，但是通过其学习和生活状态以及谈心谈话时的表现，辅导员判断小李迷失了方向，有自暴自弃、放弃学业的想法。经过两年多持续联系，建立信任，并且通过家校沟通，协同努力，营造温暖，小李有了蜕变，不断进步，虽未在大四结束时取得毕业资格证书，但是已补上多数课程，并且在结业后第一个学期内重修的7门课程全部通过，只剩1学分（选修课）在本学期也重修获得，最终获得毕业证、学位证。

5. 情感恋爱因素

大学生生理发育已趋于成熟，性意识正处在发展阶段，渴望与异性交往接触，对爱情充满无限向往，对恋爱认识还比较浅显，无法正确与异性交往，有的缺乏基本伦理道德意识，法治观念淡薄，容易一时冲动而引发不当行为，事后担心害怕，造成恋爱挫折心理。受社会不良风气的影响，一部分大学生对恋爱态度轻浮，校园恋爱现象屡见不鲜，有的甚至公开征求男女朋友，恋爱动机不纯、方式不正确，对感情不负责任，出现感情破裂极容易使大学生卷入情感旋涡，难以自拔，遭受挫折困扰，有的大学生甚至因情感恋爱受挫，采取极端行为。

【案例5-8】

小洁于大二上学期恋爱了，男友是研究生。小洁非常珍惜这份感情，将所有的情感都投入这场恋爱之中。但是不懂爱的她使对方疲惫不堪，向她提出了分手。她多次挽留，甚至采取过极端行为，但对方依然非常决绝。这让她痛苦不堪，感觉自己一无是处，毫无价值。辅导员结合自己的人生经历，从女性的角度引导她认识到恋爱的失败，并不是人生的失败。爱需要缘分，也需要能力。真正的爱不是要牢牢地抓住对方，而是让彼此舒适，共同成长，提升爱的能力是每个人的必修课。在老师的关怀、鼓励下，小洁在专升本之后又树立了考研的理想，通过不懈地努力，她先后通过了英语四六级考试。如愿考取了硕士研究生，破茧成蝶，实现了人生蜕变。

【案例5-9】

王某，有一个本班级的女友，相处半年后女友提出了分手，王某不能接受，与女友发生激烈的争吵，并出现过激肢体冲突，女生报警后双双被带到派出所做笔录，民警联系辅导员来领人，返回学校后，王某不能接受分手的事实，多次纠缠女友，并扬言手中有亲密照片，如果女友坚持要分手，就散播照片，毁了女友，女友再次报警后王某不再纠缠，但是自此他情绪低落，失眠，整天浑浑噩噩，无心学习，不愿意与人交流，甚至想休学回家。王某恋爱后失去自我，基本不参加班级及宿舍的活动，也很少与同学交流。

6. 就业压力因素

据教育部公开发布的数据，2022年毕业生总人数超过1000万，研究生报考人数也超过457万，而录取率仅为24.2%，大学生就业形势复杂严峻（图5-5）。

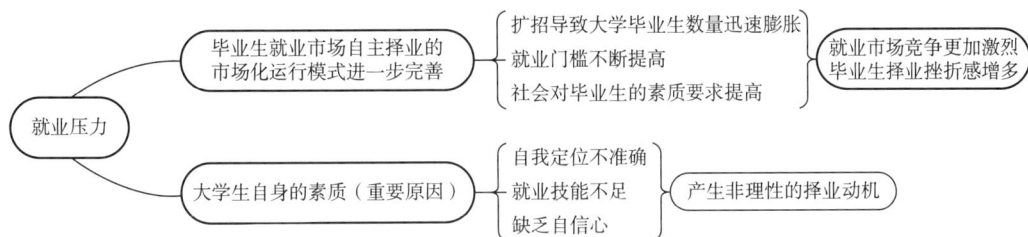

图5-5 就业压力因素

毕业生人数的急剧增长和就业难度的上升，使社会对于毕业生的素质要求更高，进一步加剧了就业市场的竞争压力。所学专业与社会需求脱节是大学生产生就业挫折的重要来源。缺乏必要的就业支持使大学生在择业过程中产生无助感，造成择业心理压力。专业结构与社会需求失衡，导致部分毕业生就业困难。社会不良风气的存在，使大学生在择业过程中自信心动摇、出现就业挫折。

大学生自身的素质是产生就业挫折的重要原因。很多大学生自我定位不正确，容易产生非理性的择业动机。例如，某些大学生择业标准过于功利化、过分看重物质，盲目追求高工资、升职快的热门职业。有的大学生择业目标理想化，好逸恶劳，不愿意参加基层工作。当大学生过高的择业期望与现实产生落差时，内心容易产生不良的情绪反应，择业挫折感就产生了。

【案例5-10】

小阳，来自普通的农村家庭，且家里是建档立卡贫困户，从小自我要求非常高，成绩优异，在学业压力与家庭经济压力的双重负担下，临近毕业，小阳徘徊于人生的十字路口，不知是该跟风参与考研、考公务员，还是应该直接就业缓解家庭经济压力。最终，在父母的支持下，小阳决定参加公务员考试，却因面试环节表现不佳最终落榜。考公失利给小阳带来的压力很大，也使她不得不重新面对就业找工作的问题，但因为之前"两耳不闻窗外事，一心只考公务员"，导致其根本没有了解过自己所学专业的就业信息，更没有参加过线下招聘会，求职能力十分薄弱，投出去的简历几乎没有回音，一时找不到努力的方向，陷入求职受挫带来的困扰中无法自拔。

【案例5-11】

小力，实习期间选择了回家创业，由于创业受挫，他感到创业使他的生活和身心都要被摧残到快要窒息，无法排解。在他看来明明自己已经在创业中很努力地去做了，创业中遇到的人，想着都是朋友把事情处理得漂亮一些，但是最后人家告诉他不想和他交朋友，认为和他一起工作是无效社交。其间遇到了太多以追求个人利益为出发点的人，感觉自己过于善良，一直被欺负，创业进展不顺。自己陷入一种自我怀疑中，希望自己有所改变，但是也不希望成为自己讨厌的那种人。创业前期感觉再累，睡一觉就好了，现在身心都疲惫，看不到希望，出现了厌世的情绪。

四、压力反应：挫折对个体的影响

（一）挫折对个体的积极影响

（1）有利于正确地自我认知：个体能够理智地分析和总结失败的原因，注意从自身因素分析失败的成因。

（2）增强个体行为反应的力量：理智地面对挫折，看到失败的重要原因是自身对困难估计不足、努力不够。挫折给个体带来的紧张和焦虑转化成了目标行为内在驱动力。

（3）增强个体的容忍力：把更多注意力指向消除挫折产生的不利结果，不是沉溺于挫折带来的消极情绪。正确面对挫折，能够提高个体对环境的适应性，对失衡心理和失常行为的控制力。

（二）挫折对个体的消极影响

（1）降低抱负水平：个体通过不断降低其抱负水平，减少失败的可能性，以及缓解失败引发的不良情绪强度和持续时间。在客观上削弱了个体持续进步、获得成功的动力。

（2）潜在能力的限制：失败带来的负面情感，可能会中断外部信息的传递至大脑皮质，从而影响大脑对于身体与器官的有效管理，同时也会间接地扰乱大脑皮质的一般运作，使其陷入混乱及失衡的状态，进而难以执行正常的思考任务，削弱个人的智商表现，并限制了潜在能力的发展。另外，当人们处在负面的精神状况时，大脑将会产生一些让人感到疲惫有害的化学物质，这会导致人们的总体心理活动变得消沉，甚至有可能引起脑细胞死亡，损伤神经系统的基本功能。

（3）有损身心健康：挫折使人处在焦虑、紧张的情绪状态，会引起一系列生理机能的超常变化。人的体能被大量动员起来，使心智处于高度警觉和戒备状态，同时被消耗的能量又不能获得有效补充，导致体质下降，抵抗力降低，容易遭遇病菌的侵袭。个体持久的消极情绪往往还容易导致心血管疾病、肠胃溃疡、神经衰弱等身心疾病的产生。

（4）由于遭遇挫折，消极的情绪可能会导致感情的冲动，从而削弱自我管理的能力，无法预见行为的后果。这种挫折可能导致人们在言辞上变得过于激进，甚至可能发生人身攻击，最终触犯法律。

【课堂拓展】

心理承受力测试

表5-2中的每个题目有"是"和"否"两个选项。请仔细阅读每道题目，在最适合自己实际情况的数字上画"√"。

表5-2 心理承受力测试

序号	题目	是	否
1	你认为自己是个弱者吗	1	0
2	你是否喜欢冒险和刺激	1	0
3	你生活在使你感到快乐和温暖的班级吗	1	0
4	如果现在就去睡觉，你担心自己会睡不着吗	1	0
5	生病时你依旧乐观吗	1	0
6	你是否认为家人需要你	1	0
7	晚睡两个小时会使你第二天明显地感觉精神不振吗	1	0
8	看完惊险片很长一段时间内，你都会心有余悸吗	1	0
9	你觉得生活很累吗	1	0
10	你是否有一些无话不谈的知心朋友	1	0
11	当考试成绩不理想时，你会感到非常沮丧吗	1	0

序号	题目	是	否
12	你认为自己健壮吗	1	0
13	当你与某个同学闹意见后，你一直无法消除相处时的尴尬吗	1	0
14	在大部分时间里，你对未来充满信心吗	1	0
15	你有一个关心、爱护你的家庭吗	1	0
16	当你在课堂上回答不出问题时，在课后还会久久地感到烦恼吗	1	0
17	到新地方，是否会出现吃不下饭、睡不着、拉肚子、头晕等问题	1	0
18	即使在困难时，你还是相信困难终将过去吗	1	0
19	你明显偏食吗	1	0
20	当你与父母发生不愉快时，你是否曾想离家出走	1	0
21	是否每周进行一次所喜欢的体育活动，如登山、打球、游戏等	1	0
22	你觉得自己有些神经衰弱吗	1	0
23	你认为自己的老师喜欢你吗	1	0
24	心情不愉快时，你的饭量与平时差不多吗	1	0
25	看到苍蝇、蟑螂等讨厌的东西，你感到害怕吗	1	0
26	你相信自己能够战胜挫折吗	1	0
27	你是否常常与同学们交流看法	1	0
28	你常常因为想心事而躺在床上久久不能入睡吗	1	0
29	在人多的场合或在陌生人面前说话，你是否感到窘迫	1	0
30	你是否认为你受到的挫折与其他人相比，根本算不了什么	1	0

评分说明：

【计分】第1、第4、第7、第8、第9、第11、第13、第16、第17、第19、第20、第22、第25、第28、第29题为反向计分题，选1变为0，选0变为1。得分相加计算总分。

【解释】评分范围为0至9分的个体可能面临较大的挑战和困扰，易于感到沮丧并遭受挫败感的侵袭；而评分为10到20分的人则相对较为适应日常的小型压力，但在大规模的冲击下可能会感受到失败的感觉；对于那些得分超过21分的个体来说，他们具有较强的抗压能力和精神力量，能够应对各类艰辛与困境。

第二节
大学生的挫折与心理健康教育

各阶段学校教育都是人生的新起点，大学生带着个人梦想和父母的期盼开始了新的人生旅程，准备承担社会所赋予的成人角色和责任。大学生所面临的人生课题是适应学校的生活和学习，建立良好的人际关系，开启与建立恋爱关系，探索自己的职业兴趣，努力寻求就业机会，并在此过程中更好地了解和探索自己，为进入社会做好准备。如果大学生不能成功应对这些人生发展任务，就可能产生心理压力与挫折。

一、生命的低谷：大学生压力与挫折的特征

（一）集中性

大学生身处类似的校园环境，有着相似的年龄与学习阶段以及趋近的压力和相似的心理期待，这导致大学生的压力源和挫折因素具有普遍的集中性。新生适应问题、学习问题、人际关系问题、恋爱问题以及求职就业问题等都是困扰大学生群体的典型问题。

（二）极端化

大学生群体所面临的压力类型具有普遍性和共通性，但是压力与挫折给大学生造成的心理行为反应却存在很大的差异，这与个体认知和行为模式的差异有关。大学生正处于自我同一性形成和探索的阶段，对人、对事、对社会的认识还比较片面，他们又往往缺乏压力和挫折应对的经验与策略，这会在很大程度上引发其对于压力事件认识的扩大化、极端化。这就是大学生常见的问题——一件小事就可能引发剧烈的负性情绪表达，从而造成严重的心理问题。

（三）突发性

大学生处于身心发育不稳定的时期，人格、认知方式、情绪控制能力以及社会支持系统等均不完善，加之生活环境、人际关系和学习方式等多方面的变化，大学生容易产生挫败感，被大量的负性情绪包围。大学生也常常因为考试失利、失恋以及评优失败等问题而遭受巨大压力，甚至因为他人的一句话、一个动作或者一个眼神等就陷入压力之中。这种不良压力会不断增加，进而影响大学生的身心健康。

【案例5-12】

安琪如愿考入某重点大学，接到录取通知书的那一刻，她对大学生活充满了好奇和

憧憬。然而，进入大学后的生活却让安琪感到很不适应，现实与理想之间的落差让她感到前所未有的压力和困扰。学校安排了很多自己提不起兴趣的课程和各种繁杂的活动，安琪感觉自己应付不来。生活中安琪也有自己的苦衷，自己大学之前没有住过校，现在生活和学习都需要自己安排，自己也因性格和作息习惯而与舍友屡屡产生冲突。为此，安琪总是感到心情烦躁，上课听不进去，白天吃饭没有胃口，晚上睡觉也不踏实。安琪觉得大学生活很无聊，天天都想家，每天都想哭，入学不到一个月她就想申请退学。

【课堂拓展】

入学生活"新"变化

入学生活"新"变化主要表现在以下 11 个方面。

（1）第一次离开家，离开父母、兄弟姐妹，以及原来惯常的家庭生活。

（2）离开熟悉的朋友。

（3）结交新的同学和朋友。

（4）入住新的校园和宿舍。

（5）学会与来自不同民族、地域、家庭背景的人相处。

（6）正视时间管理的必要性。

（7）面对更加激烈的学业竞争。

（8）关于自己表现的反馈变少了。

（9）参加社团或其他的学校组织。

（10）正视财务管理的必要性。

（11）建立或打破亲密的人际关系。

二、低谷的应对：挫折教育意义

（一）什么是挫折教育

挫折教育是指让受教育者在受教育过程中遭受挫折，从而激发受教育者的潜能，以达到受教育者掌握知识并增强抗挫折能力的目的。

（二）开展挫折教育的意义

挫折教育能够让大学生们学会面对挫折。在现代社会中，成功和失败是不可避免的，而挫折教育能够让大学生们在面对失败时不会轻易放弃，继续努力，寻找新的方法和途径。这对他们来说是一个非常重要的磨炼过程，既能强化他们的意志力，又能锻炼他们克服困难的能力。这种精神不仅能够帮助大学生们在学习上取得更好的成绩，还能够让他们在未来的工作和生活中更加成功。

挫折教育能够培养大学生的坚忍和毅力。在现代社会中，竞争非常激烈，而只有那些具有坚韧和毅力的人才能够在竞争中脱颖而出。通过挫折教育，他们能够学会如何在困难和挑战面前坚持不懈，不断努力，从而更好地适应社会。

挫折教育有助于大学生建立自信心。在面对压力和挫折时，大学生往往会感到自卑和无助，而挫折教育能够让他们学会如何面对这些情绪，从而更好地发展自信心。当他们学会如何面对挫折时，他们会变得更加自信、更加勇敢，从而更好地面对未来的挑战。

挫折能够帮助大学生发展创新能力。在面对挫折时，大学生往往会寻找新的方法和途径，解决问题。这种创新能力不仅能够帮助他们在学习上取得更好的成绩，还能够让他们在未来的工作和生活中更加成功。

三、逆境中前行：挫折教育途径和方法

面对激烈的社会竞争和严峻的就业形势，大学生普遍容易受到学业、就业、情感等方面的影响，加之社会生活经验尚浅，他们在面对压力和挫折时常常不知所措，进而严重影响其身心健康。不少大学生之所以在压力与挫折应对过程中遇到这样或那样的问题，是因为他们不能正确地认识压力与挫折，以及缺乏必要的压力与挫折应对策略。因此，帮助大学生学会应对压力与挫折是一个非常现实而又迫切的课题。压力与挫折应对主要从以下几个方面进行。

（一）正确认识压力与挫折

大学生要正确面对压力与挫折，提高自己的心理承受能力。面对挑战，不应该畏缩，而是要勇敢地直视并解决问题，正确看待压力和挫折能够锻炼人的毅力，激发他们的智慧与潜力，使其变得更加坚韧。有研究发现，改变对压力的看法，使个体身心健康不受压力的负面影响。在看到压力和挫折的消极影响时，大学生更需要认识到它们的积极面，因为所有的成功都是在困难和挑战中逐渐形成的。

大学生常见的压力与挫折主要来自环境适应、学习、人际和求职就业等方面。一要对自己的压力源进行分析，找出导致压力的因素；二要找到适合的压力应对办法；三要选出最值得一试的办法采取行动，消除压力源。

（二）学校层面改进途径与方法

1. 增加大学生心理课程（图5-6）

（1）"三人行，必有我师焉。"通过学习他人优点的方式，使自己的优点能够得以显现，更重要的是帮助那些自信心较弱的同学发掘自身的优点，从自卑中走出来，最终让同学关系更加和谐。

（2）开展相关专题的班会，班会上对挫折进行解释，分享一些面对挫折和打败挫折的案例，鼓励大学生在逆境中学会成长，化压力为动力，从中汲取力量。

（3）在日常生活中能够实现互帮互助，可以对自己遇到的挫折进行倾诉，其他大学生学会分析，共同帮助其正确面对挫折，走出逆境。

（4）针对大学生抗挫折能力培养开展一系列的活动，让大学生在活动中磨炼自身的意志力，在艰苦的环境下要有坚强忍耐力与承受力，实现抗挫折能力培养的目的。

（5）积累社会实践经验，引导大学生通过社会实践来感受社会的复杂和真实情况，从中增长知识和才干，磨炼意志，从而提高应对挫折的能力，使大学生更好地与社会接轨。

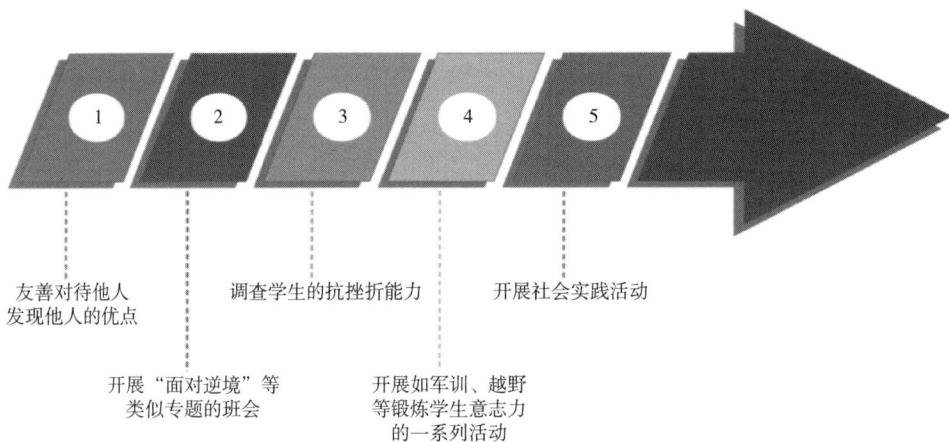

友善对待他人
发现他人的优点

开展"面对逆境"等
类似专题的班会

调查学生的抗挫折能力

开展如军训、越野
等锻炼学生意志力
的一系列活动

开展社会实践活动

图5-6　增加大学生心理课程

【讨论活动】

我的抗逆力资源圈

活动目的：整理自己的抗逆力资源。通过对自己可用资源的澄清，明白从挫折中反弹的力量来自自身。

活动步骤一：请根据要求完成自己的"抗逆力资源圈"。

（1）遇到压力和挫折时，会利用哪些资源，帮助自己迅速摆脱困境？

（2）取一张白纸，在白纸的中央画一个实心圆点代表自己。

（3）以实心圆点为中心，画三个半径不等的同心圆，代表三种资源圈。同心圆内任意一点到中心的距离表示利用资源的优先程度。

（4）将可利用的资源名称写在图上，越靠近中心点，表明在遇到挫折压力时越愿意使用该资源，越愿意向其求助帮助自己走出困境。

（5）最小同心圆内属于"一级抗逆力资源"，遇到困境时，首先想到的是向其求助，能够给予最大程度的心灵支持。这样的资源是你命中最重要的成长力量，能够迅速地从困境中反弹，顺利地解决问题。

（6）第二大同心圆内的是"二级抗逆力资源"，在遇到困境的时候，这些资源虽然不是首选，但仍很重要，来自他们的支持和帮助让你时常感到人生的温馨。

（7）最大一个同心圆内的属于"三级抗逆力资源"，这些资源平时不怎么想得起来，可当需要帮助时，他们愿意尽力提供帮助。

（8）同心圆外的空白处代表你的"潜在抗逆力资源"。搜索记忆系统，把那些虽然比较疏远但仍可利用的抗逆力资源写下来。

活动步骤二：思考与分享。

（1）你认为自己的抗逆力资源圈如何？

（2）你还有哪些扩展抗逆力资源的方法？

（3）你最能掌控的抗逆力资源是什么？

2. 营造良好的校园环境（图5-7）

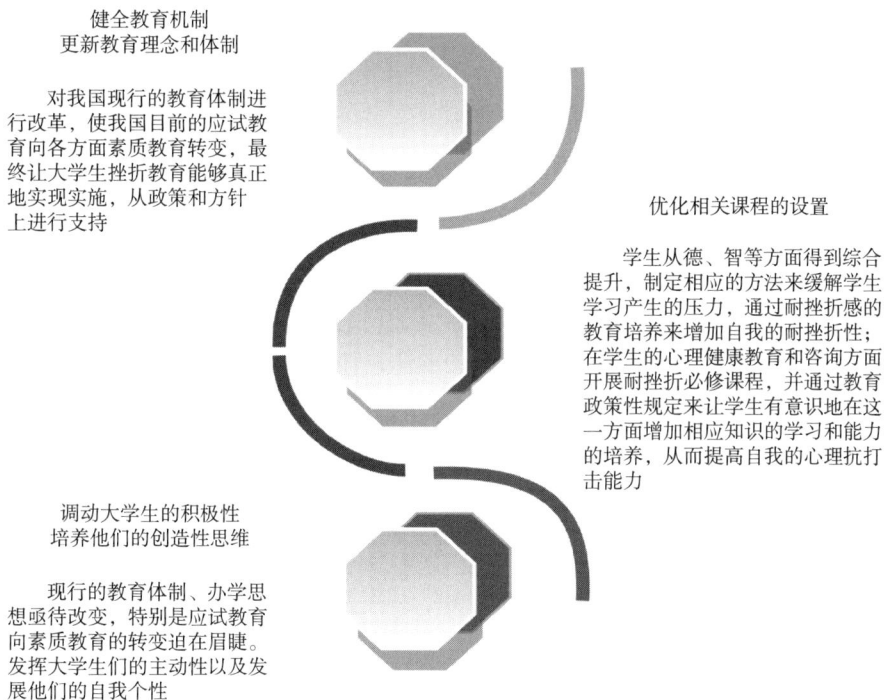

健全教育机制 更新教育理念和体制

对我国现行的教育体制进行改革，使我国目前的应试教育向各方面素质教育转变，最终让大学生挫折教育能够真正地实现实施，从政策和方针上进行支持

优化相关课程的设置

学生从德、智等方面得到综合提升，制定相应的方法来缓解学生学习产生的压力，通过耐挫折感的教育培养来增加自我的耐挫折性；在学生的心理健康教育和咨询方面开展耐挫折必修课程，并通过教育政策性规定来让学生有意识地在这一方面增加相应知识的学习和能力的培养，从而提高自我的心理抗打击能力

调动大学生的积极性 培养他们的创造性思维

现行的教育体制、办学思想亟待改变，特别是应试教育向素质教育的转变迫在眉睫。发挥大学生们的主动性以及发展他们的自我个性

图5-7 营造良好的校园环境

学校的工作中心任务就是教学活动，是大学生最重要的知识来源途径，也是对大学生进行挫折教育的主渠道。对大学生进行挫折教育、意志品质情感教育已经成为一种势

在必行的功课。

3. 加强学校的心理健康教育工作

我国大学生心理健康教育从20世纪80年代中期起步，20年来，大学生心理健康教育稳步发展，取得了长足的进步，但目前仍然存在很多问题。心理健康教育工作对于学校的发展至关重要。学校要开展心理健康教育课，让大学生懂得在遇到一些小问题或者挫折的时候很好地运用所学专业知识独立解决，避免问题扩大。心理学专业的师生组织一些心理学的讲座、演讲或者团体心理辅导，可以广泛地传播心理知识。在每个班级设置心理委员，接受更专业心理学课程练习，同学出现什么问题可随时随地得到解决。

4. 增加对心理咨询室的投入

尽管每个校园都有独立的咨询室或心理健康教育中心，然而这些地方往往资源有限、设施陈旧且推广不够广泛。为了改善这一状况，需要增加对学校的投资，组建一支专业的心理咨询师团队，并深入研究最新的心理学理论，同时参考其他优秀大学的成功案例，进一步完善心理咨询室的建设，扩大其知名度与影响力，使大学生们能够更方便地了解到心理咨询室的功能，并在面临困境时寻求帮助。

5. 加强心理健康教育规范管理

设立专门的管理部门来监督大学生的心理健康教育，该部门隶属于主要负责此项任务的学校高层领导。他们需要为具体的执行方案提供支持，如规划、教学内容设计、心理评估标准设定及督导等工作。此外，这个部门还需具备必要的办公室设备、完备的工作流程、足够的资金投入、最新的测评工具、稳定的教职员工团队、全面的评级系统和科学的研究机制作为其运行的基础，这样的标准化操作可以推动大学生心理健康提升到更高层次。

全面推进针对所有同学的心理卫生教学工作，让同学们对于此项课程持有正面的理解并逐渐提升他们的精神状态与能力水平，我们应始终把学员放在首位，充分发挥其主动性和创造力。依据他们的心智成长轨迹及生理发育法则来制订合适的教导策略是至关重要的；强化他们在面对挑战时能保持冷静的心态并且学会如何去应对各种情况下的压力，从而塑造出完整且优秀的个人品行和人际关系特质。进一步优化心理咨询师团队结构，我们要不断完善自己的心境管理能力和了解相关专业的理论基础，同时熟练运用各类咨询技术和服务方式，打造一个可以有效执行此类任务的专业人员群体，并在研究中探索更多关于心灵健康的主题内容。

（三）家庭层面改进的途径与方法

1. 改进家庭教育的方法

家长应该严格规范自己的行为举止，保持家庭平等和谐的氛围，力求给子女一个良好的家庭教育环境。❶作为父母，应该做到以下几点（图5-8）：

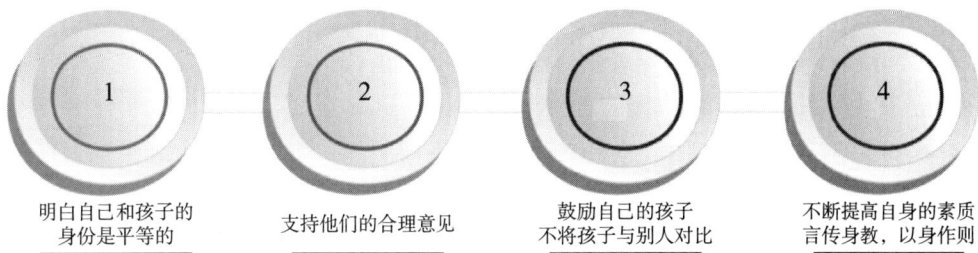

图5-8 改进家庭教育的方法

（1）相信孩子的能力，相信他们在挫折与困难面前，能够独立自主处理并解决遇的到问题。

（2）和孩子建立深厚关系是至关重要的，让孩子能够将自己遇到的挫折对父母倾诉，父母可以通过自己丰富的人生阅历经验进行指导，帮助孩子脱离困境，为克服以后人生挫折奠定良好的基础。

（3）在不同阶段进行不同教育，找寻不同教育方法对孩子进行教育，使他们人格更加健全，心理更加健康。

（4）父母本人对待挫折的态度和观点，会影响孩子对待挫折的认知，孩子抗挫折能力受父母教育方式的影响。

2. 发挥家庭在挫折教育中的作用

家庭在挫折教育过程中起到重要作用，父母对孩子应加强挫折教育，提升孩子的抗挫折能力。家庭处理父母与孩子之间的关系，关系融洽，一个良好家庭相处环境能够增强孩子的抗挫折能力。当代家庭教育中，父母自身的个人修养、言谈举止、自我形象都在潜移默化地影响孩子成长。父母要严格要求自己，提高个人素养，给孩子做榜样。父母要懂得尊重孩子，发现孩子的优点，有利于培养孩子的自信心。

3. 建立良好的家庭情感氛围

家庭氛围在很大程度上影响了孩子的成长，对孩子的性格养成起着重要的作用。对于孩子，家庭是接触时间最长、最重要的一个环境，家庭氛围好坏直接影响孩子的性格以及心理。和谐充满爱的家庭，是子女健康成长的保障，❶是家庭教育顺利进行的前提和基础。家庭情感氛围对家庭教育至关重要，对孩子身心健康和学业发展都有影响。家庭关系不和谐，孩子容易出现心理问题。家长应加大对孩子挫折教育的重视程度，通过对孩子不断地引导，让其成为心智健康的人。

---

❶ 金博兰：《大学生挫折教育现状分析与对策研究》，安徽工业大学，2015。

（四）社会层面改进途径与方法

1. 创造积极向上的社会氛围

国家的相关政策及相关制度要求对大学生的挫折教育进行适当的导向和指导。社会各界应主动对大学生进行积极的引导和教育，要以身作则，主动去抵制社会的不良风气，这对大学生在面对现实社会和其忧患意识对照而产生不解和迷茫时是很有帮助的，正能量会鼓励大学生走正确道路。当然，人生不可能只有积极的一面，失败和挫折必不可少，适当的挫折教育对于大学生是百利而无一害的，应加强这一方面教育的建设。不仅可以在理论方面给予大学生教育，更能在实际抵制诱惑和克服自我不足心理的培养中取得成效。

2. 积极推进社会实践活动

由于大学生社会经验比较薄弱，缺乏挫折感的经验，除通过家庭获得外，学校应为大学生提供便捷的机会。通过学校来组织大学生参加社会实践，不仅可以培养团队之间的合作、协调等能力，让大学生学会如何适应和了解自己在面对不一样经历时的心态，通过置身其中来增加自我面对困难和挫折的实践经验，以及增加自己面对挫折时的处理心态和能力。通过实践培养大学生抗挫折能力，是一个有效的途径。提前打上预防针会给他们的心理带来一定的防护，能够使他们毕业之后更快速地融入社会。

（五）自身层面改进途径与方法

1. 培养自我意志、建立良好心态（图5-9）

一要设立目标，将目标分为小目标，逐一攻破，通过这种方式在过程中掌控自己，培养坚韧不拔的性格，在日常小事中，学会坚持，积累经验，培养自身的意志力。

二要鼓励自己面对困难时要迎难而上，通过自己努力将其实现，在今后的生活中乐观沉着地面对。

三要大学生了解伟人遇到挫折时是怎样去面对的，通过伟人事迹来激励自己，最终在面对挫折时能够有勇气去挑战，形成积极的人生态度。

图5-9　大学生遇到困难的两种反应

【课堂拓展】

乐观自信属于保护性的应对资源。为了让大学生对未来生活充满希望，保持一种乐观自信的心态，建议大学生在日常生活中尝试做以下事情。

（1）每天早上起床照照镜子，看着镜中的自己，给自己一个大大的微笑。

（2）每当遇到一些困难的时候，在心中不断地暗示自己"我可以，我能行"。

（3）尝试乐观写作，连续一周每天抽出15分钟，乐观地、满怀希望地写下未来某时会做什么，然后评价一下这样做给自己带来的幸福感。

（4）多结交一些更为乐观自信的朋友，从他们身上学习他们对待生活的态度。通过自己乐观自信的心态，让自己在面对压力时以积极的心态及策略面对。

2. 正确认识自我，提高自我意识

对自己要正确进行了解，找到优点与缺点，明白优点能够帮助更好地去接纳自己，正确地评价自己，在此基础上使自己得到良好的发展；对于自己的缺点也应该正确地看待，得失心不能太重。学会积累自己的优势并将其发扬光大，使之成为自己前进道路上的有益助力。注意转换认知偏向，在遇到困难和挫折时，寻找到自己美好的一面，并能够发现自身的优点，最终能够增强自身的自信心。设立科学并且合理的抱负目标也是非常重要的，如果目标设立得过高，这就很容易失败，最终让大学生的挫折心理加重。

【讨论活动】

我的社会支持网络

想一想自己觉得最亲近的10个人。对于其中一些人，你可能没觉得和他们有很强的亲密关系，然而，他们仍然属于你生命中最亲密的人。

请写下他们的名字或代称：＿＿＿＿＿＿＿＿＿＿＿＿＿＿＿＿＿＿＿＿＿。

请思考以下4个问题，用1~5分给每个人打分，1分代表"一点没有"，2代表"有一点"，3代表"有可能"，4代表"较有可能"，5分代表"非常有可能"。

（1）你对这个人的信任程度是多少？

（2）这个人对你关心的次数多吗？

（3）当你感到消沉时，这个人能帮你鼓起多少勇气？

（4）当你需要时，这个人会来帮助你吗？

3. 在完善自我中升华自己的情商

自我调节能力较好的人善于掌握自我，善于合理调节情绪，可以及时从失败和挫折的阴影中走出来。大学生需要用正确的方式妥善管理情绪。要转换方式，改变不合理的认知，正确处理自己或他人主观意识与客观现实的偏差，以积极的态度应对在行为得不

到满足时产生的挫败感。因此，要抱有一颗平常心，量力而为，制定科学并且合理的目标，在消极情绪产生的时候，要懂得自我调节，从而让消极的情绪消失，最终实现情绪的自我管理，而这里的调节方式可以包括注意力转移等，通过这些方式来控制情绪（图5-10）。

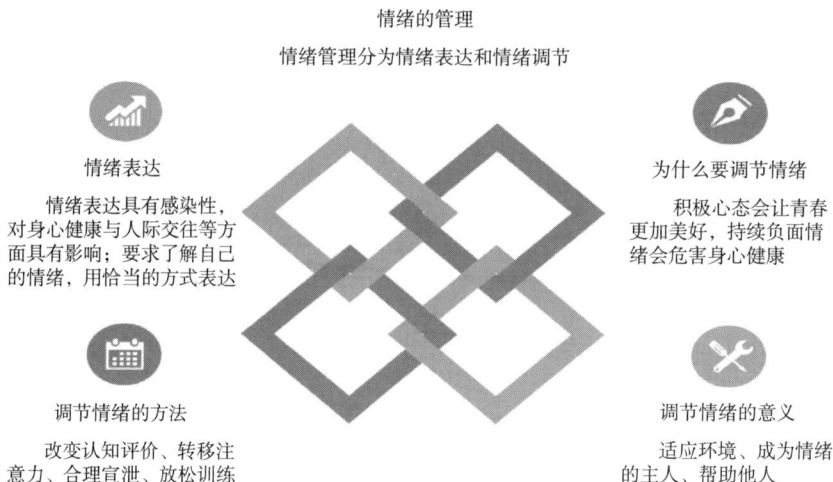

图5-10　情绪的管理

对自己情绪的掌握，当产生不良情绪的时候，能够迅速并且积极地将其排除。大学生在产生消极情绪的时候应该通过科学合理的方式将其发泄出去，如运动、听音乐等。当不良情绪自身不能得到排解的时候，就需要依靠周围人的力量，无论是朋友还是亲人等，都可以对其倾诉，找出自身问题所在并改正。加大对大学生积极心态的培养力度，让大学生能够通过自己的乐观心理将其排解，用积极的心态去面对生活。大学生是社会未来的希望，只有培养大学生的积极心态，才能让今后的社会充满活力。

【案例5-13】

小李同学自大一进校时就递交了入党申请书，平时学习努力，性格开朗，能够积极向党组织靠拢，但每次推选得票率都很低，导致大学四年入党屡屡受挫。成为研究生之后，眼看身边的同学都入了党，内心总觉得愤愤不平，在又一次推选入党积极分子落选后，心态彻底崩溃。发现小李同学心态出现问题后，导师主动关心询问其心理状态，认真倾听小李同学对于入党屡屡受挫的困惑和想法，肯定其积极入党想法的正确性，鼓励其积极入党的思想和行为，同时肯定其积极向上的学习生活态度，给予信心。之后小李努力发掘自己的优势，抓住重点，树立全心全意为人民服务的意识。

4. 提升抗逆力，行动证明一切

抗逆力称逆商，指人们面对逆境时的反应方式，即面对挫折、摆脱困境和超越困难的能力。罗·史托兹在《逆商：我们该如何应对坏事件》一书中指出，逆商由4个维度构成，即掌控感、担当力、影响度和持续性。

（1）掌控感：个体觉得自己对于不利事件掌控有多少。首先就要坚信"任何事情自己都能做到"。个体始终能掌控自己如何应对，希望和行动正是由此产生的。

（2）担当力：个体在多大程度上会承担起责任，为改变负责。高逆商的人愿意承担困境所产生的后果，采取行动去努力改变现状，而不是回避问题和责备他人。

（3）影响度：挫折对个体生活其他方面产生多大的影响。影响度得分越高，个体就越有可能把问题的影响范围控制在当前的事情上。

（4）持续性：逆商较低的人会无限拉长逆境的影响时间。对挫折的起因进行归因也是个重要的因素，将失败归因于自身努力的人，比那些将失败归因于自身能力的人更能坚持。

了解了逆商的构成，那么如何提升逆商呢？LEAD工具是帮助我们提升逆商的一个工具。4个字母代表了4个步骤。

（1）L（listen）：倾听自己对逆境的反应。首先，需要掌握的技巧是迅速地觉察逆境的降临，当你感受到自己出现负面情绪的时候，就要提醒自己注意挫折这件事，让大脑保持警惕，觉察之后才能应对。要觉察挫折对自己的影响有多大，挫折持续了多久，可能还会持续多久，挫折是否在自己的掌控中，以及与以往的挫折相比，自己战胜挫折的信心如何。

（2）E（explore）：探索自己对结果的担当。过分自责和推卸责任都无法增强我们的掌控感，反而会让我们陷入推卸责任的惯性，但我们也不能沉浸在自责或愧疚中。当我们接受适当的责备，决定从自己的行为中吸取教训，并对结果的一部分承担起责任时，我们就能够重拾掌控感，让事情的发展朝着问题解决的方向发展。

（3）A（analyze）：分析证据。对证据的分析是一个基础的质疑步骤，它能帮助你反思、质疑并最终消除自己在逆境中的负面反应。生活中总是有多种可能性，当不能改变过去的时候，看看当下可以做些什么，如果愿意，总是能够找到可利用的资源。

（4）D（do）：做点事情。完成前3个步骤，大概率会拥有相对平和的心态和情绪。采用漏斗法，就能从列出清单到实施特定的行动，选择一个需要优先执行的行动，并确定在何日何时开始执行这个行动，这将使各种想法通过漏斗整合成一个明确、有策略的前进步骤。

【讨论】

1.你认为挫折产生的原因还有哪些？

2.大学生应当如何面对挫折？

3.自己印象最深的挫折是哪一次？遭遇挫折后，你是如何面对的？

4.学完本专题后，假如你再次遇到挫折，会如何去面对？

5.你认为对大学生的挫折心理教育和磨难教育有必要吗？

第六章
认识心理咨询

第一节
心理咨询概述

一、有技术含量的"聊天"：心理咨询的概念

咨询心理学家利用心理科学的理论与技巧，来协助寻求援助的人们找出他们的问题所在并揭示其根本原因，同时激发他们的内在潜能以转变现有的思维方式及行动习惯。而心理咨询则是一种旨在提升人类身体健康状况、自我完善和个人事业发展的系统性的知识、情感、行为或者整体上的介入和策略手段。

二、助人以自助：心理咨询的特点

就心理咨询的定义而言，它并非单纯地给予他人知识或技能，而是与求助者共同寻找解决问题的方法，也就是协助他们自我提升的过程。其主要特性包括：辅助他人实现自我成长、积极参与、注重内心情感等（图6-1）。

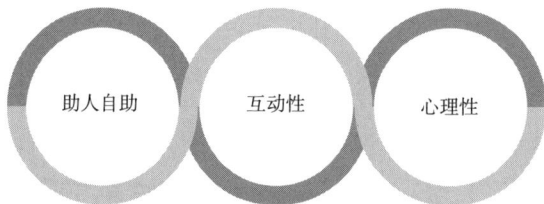

图6-1 心理咨询的特点

三、短期、中期、长期：心理咨询的目标

（一）短期目标

矫正大学生偏差行为和消除心理问题。

（二）中期目标

培养大学生正确的自我观、自主性，培养大学生的学习能力、社交能力及建立适当的生活方式。

（三）终极目标

促进大学生自我完善，使个人潜能得到充分发挥。❶

四、心理咨询都有哪些：心理咨询分类

心理咨询有障碍性心理咨询、适应性心理咨询、发展性心理咨询。

第二节
正确认识心理咨询

心理咨询是运用心理学及相关学科的知识、理论和技术，通过咨询者与求询者的协商、交谈和指导的过程。❷保持心理卫生对于每一个社会成员尤其是正处于心理发展关键时期的大学生来说十分重要。作为社会中文化层次较高的大学生群体的心理问题，既有与其他群体的相似性，又有大学生群体的特殊性。

一、心理咨询能解决哪些问题：心理咨询的工作范围

（一）心理咨询适应的人群

（1）精神正常，遇到与心理有关的现实问题并请求帮助的人群，如面对婚姻家庭问题，择业求学问题、社会适应问题等的困惑。

（2）精神正常，心理健康出现问题并请求帮助的人群，如长期处于矛盾、冲突中，心理健康水平遭到破坏，心理失去平衡。

---

❶ 任其平：《论中小学发展性心理健康教育模式的建构》，载于《中国教育学刊》，2006（9）：13–16，28。
❷ 阳红：《试论心理咨询的内涵及其存在的认识误区》，载于《贵阳师范高等专科学校学报（社会科学版）》，2000（1）：53–55。

（3）特殊对象，即临床治愈的精神病患者。

（二）常见的发展性心理问题

健康人群会面对诸如婚姻家庭、择业、亲子关系、子女教育、人际关系、学习、恋爱、性心理、自我发展、情绪管理、压力应对等问题。[1]大学生碰到的问题可以分为两种：发展性问题和障碍性问题。心理咨询主要解决的是发展性问题（图6-2）。

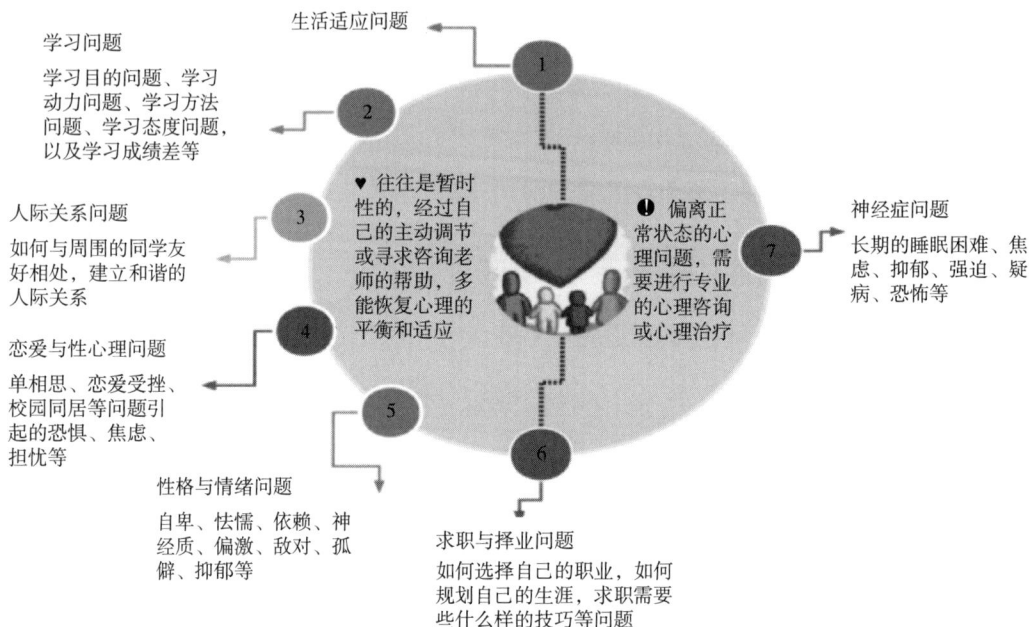

学习问题
学习目的问题、学习动力问题、学习方法问题、学习态度问题，以及学习成绩差等

生活适应问题

人际关系问题
如何与周围的同学友好相处，建立和谐的人际关系

♥ 往往是暂时性的，经过自己的主动调节或寻求咨询老师的帮助，多能恢复心理的平衡和适应

❗ 偏离正常状态的心理问题，需要进行专业的心理咨询或心理治疗

神经症问题
长期的睡眠困难、焦虑、抑郁、强迫、疑病、恐怖等

恋爱与性心理问题
单相思、恋爱受挫、校园同居等问题引起的恐惧、焦虑、担忧等

性格与情绪问题
自卑、怯懦、依赖、神经质、偏激、敌对、孤僻、抑郁等

求职与择业问题
如何选择自己的职业，如何规划自己的生涯，求职需要些什么样的技巧等问题

图6-2 常见的发展性心理问题

1.生活适应问题

这一问题在新生中表现最为突出。新生来自全国各地，家庭环境、受教育环境、成长经历、学习基础等相差很大。来到新的环境后，在自我认知、同学交往、自然环境等各方面都面临着调整和适应。目前大学生的自理能力、适应能力和调整能力普遍较弱，容易产生各种形式的心理问题。

【案例6-1】

自从进入大学后，由于无法独立处理日常事务，胡某感到十分困惑与沮丧。他发现室友能有效管理个人生活并保持良好的学业表现，这让他深受触动却也倍感压力。因此，他的睡眠时间每晚仅为四小时左右，导致易怒的状况持续了两周之久。最近几周，他对家人思念至深，难以入睡，同时食欲下降，每当想起自己的日常琐事时，他就分心

---

[1] 吴福春：《心理健康教育咨询在和谐校园建设中的作用研究》，载于《价值工程》，2011，30（26）：213-214。

不已。他还去医院进行了体检，结果显示没有生理上的问题。然而，他羡慕那些快乐生活的同学，感觉自己像是个"笨蛋"，完全不知所措。经过首次面谈，咨询员注意到了胡某的外观整洁，举止得体，但有些拘谨，讲话声调较低，语言表述清晰有序，并未出现精神错乱或认知缺陷的情况，自我认知能力完好，他期望借助心理咨询解决内心的忧虑。依据第一次接洽获取的信息和心理评估的数据，我们判断胡某是因为未能适应校园环境引发的焦虑情感，这是普通心理问题的一种情况。在经过多次咨询后，胡某的心理问题明显好转。

2. 人际关系问题

对于许多大学生来说，处理好同伴关系并构建良好的社交网络，是一个关键的挑战，他们往往比学业更关心人际关系的处理方式。常见的人际关系困扰包括无法与他人融洽共处、无亲密好友、欠缺适当的交流技能、过度迁就他人等，这些都可能导致孤独感、忧郁情绪及缺乏理解和关爱的负面体验。

【案例6-2】

北方的小李来到了南边的某省属高校学习，刚入校园他就积极地与宿舍里的同学们建立良好的联系，以确保他的日常生活更加愉悦并拥有四年的归属感。然而，他在对待感情问题上的观点与其中一位南方舍友存在显著差异，这使两人常常争论不断，相互间产生敌意且互不尊重。这种冲突时常出现，使他们的宿舍氛围逐渐变冷，其他成员也不再支持或相信他了，部分同学还对他进行了嘲讽。对此，小李不仅感到沮丧，还怀疑起这些人的动机，一旦发现有人在他面前私语，他会立即认定他们在谈论他的负面信息。因此，他的内心充满了痛苦和无力感，并且开始考虑是否要放弃学业。

3. 情绪问题

情绪问题在许多大学生身上都存在，并产生严重的心理困扰，其产生的原因通常源于他们的生活经验，且涉及多种因素。这些问题的典型特征包括自我否定、胆小怕事、过度依赖他人、焦虑症、极端主义、对抗倾向、孤独感、忧郁等。而保持良好的心态对于大学生的整体进步和成功至关重要，但是由于他们还不够成熟，因此面临很多矛盾的问题。在矛盾中成长，可能会导致情绪的波动，易于引发困惑、焦虑和迷茫。

【案例6-3】

源源是大一年级的一名学生，她性格内敛，不善与人交往，也不喜欢开口说话。在课堂上，她从未主动发言过，老师提问时总是低着头回答，即使偶尔有所回应，声音也很微弱，同时她缺乏竞争勇气和承受能力，对待学习总是敷衍了事，学习成绩中等偏下。经过对她的深入了解和关注后，老师发现她在校期间的学习态度不够积极主动，课堂上注意力容易分散且缺乏专注度，课后对于知识巩固的工作也没有做到有条理地安排。此外，她在家庭中的日常任务执行情况也不尽如人意——无法按时并高质量地处理学业相关事务，这导致其长期以来一直处于低迷状态中并且面临着频繁的成绩下滑问题。为了改善这种情况，指导老师会定期同源源及其家人交流讨论关于她的具体行为举止及相关因素的影响等内容，同时也会就如何有效应对这些挑战提出一些建设性的意见，如鼓励他们采取更合适的教育方法来引导孩子的成长发展方向（例如给予更多的自主权让他们自己去尝试解决问题），并在过程中寻找他们的优点以激励他们在未来取得更好的成果。久而久之，源源在他人的肯定中增强了自信。

4. 恋爱情感问题

在大学阶段，性成熟是一个重要的标志，而恋爱和性问题则是无法避免的。例如，单身情况、恋爱失败、恋爱与学习之间的关系及其对感情破裂产生报复心理等，典型的性心理问题包括：婚前性行为、同居等所导致的恐慌、紧张、忧虑等。

【案例6-4】

肖某在从北京的某所高校退学后，来到江苏某学校读书。读书期间，经常出现情绪波动大，无缘无故地乱发脾气，甚至伤害自己的行为。她之所以会是现在这个样子是因为她在北京上学的时候喜欢学校里的一个男生，但是这个男生不喜欢她，却又跟她保持比较暧昧的关系，后来这个男生找了个女朋友，她知道这个情况之后，整个人就像疯了一样，开始无休止地纠缠这个男生和他的女朋友，其间也做出了一些冲动的行为，导致她被学校勒令退学。

5. 学业问题

大学生在学习过程中经常遇到的主要问题有目标不明确、动力不足以及态度消极等。这些问题通常会影响他们的学习方法和成绩，特别是在大学阶段。

【案例6-5】

小龙在大一下半学期开始时，因为高等数学没有通过而需要进行补考，这导致他的心情变得低落。之后，每当考试来临，他就会紧张到难以入睡。小龙同学自幼学习努力，记忆力强，得到老师的喜爱，但却因为老师的重视而增加了他的学习负担，也给他的精神带来很大压力，为了荣誉，他经常在考前背书到深夜。有一次，他正在背书，恰逢隔壁几个青年人在宿舍娱乐，放声唱歌，吵得他无法看书，他又急又气，心里烦躁极了。当面临重要测试的时候，他的大脑混沌不堪、满头大汗，焦虑不安，只能硬着头皮完成试卷。自此之后，他开始出现睡眠问题，尤其是在准备重大考试的阶段，常常伴随紧张与失眠，导致他在考试中表现不佳。经过咨询专家后发现，主要原因在于他过度的精神压力使心情无法稳定下来，进而对学习产生了负面影响。

6. 职业发展问题

通常情况下，我们会在大学最后一学年遇到关于职场抉择的心灵挣扎：总期望能寻得一个称心如意的职位，并会从个人的梦想追求到薪资水平再到社交等级和社会环境等方面来权衡利弊，然而随着应届毕业生面临着越发沉重的求职负担，他们发现自己的目标似乎难以实现，这使他们的内心产生了负面情绪，进而引发了各种精神健康问题及困扰。

【案例6-6】

王某，性格内向，自我要求严格。父母均为教师，对女儿较为疼爱，但要求也很严格。刚刚从高校毕业后，因为未能通过公务员的选拔，导致王某的心情变得沮丧、不安，并出现了失眠等困扰症状。她开始闭门不出，避免与他人交往，每当回想起面试结果就会流泪不止，难以自我解脱，最终被确诊为普通心理疾病。心理咨询专家注意到她在讨论求职过程中的表现，显示出明显的悲伤和内疚感。基于此情况，咨询专家选择运用合理的情感治疗方法来处理这个问题，经过四次辅导后，使求助者的理性思维逐渐取代非理性的想法，从而解决了她的情绪和睡眠障碍，实现了良好的咨询成果。

7. 神经症问题

长期的睡眠困难、焦虑、抑郁、强迫、疑病、恐怖等都是神经症的临床表现症状。

【案例6-7】

欣欣，独生子女，从小受到母亲严苛的要求，鲜少得到表扬，她和父亲的关系较为融洽，而母女间的冲突却频繁发生。她的母亲患有糖尿病，最近在陪同母亲去看医生的过程中，她在等待就诊的时候无意间看到了显示屏上母亲的姓名，瞬间感觉心脏跳动加速，无法保持专注力，仿佛处于一种即将崩溃的状态并感受到生命的威胁，但在离开医院后这种感受逐渐消退。此事过后，她开始格外关注母亲的健康状况，担忧如果父母离世，她该如何应对生活。她常常感到焦虑不安，有时甚至会出现头痛或者脑部被束缚的压迫感，但是只有当注意力放在头部时才能察觉到这些症状。对于身体的任何不适都非常敏感，一旦发现异常就会立刻变得恐慌，担心可能患上了严重的疾病，恐惧可能会"发狂"或"丧命"。每逢独自一人或乘坐交通工具时，她也会感到极度紧张。之后，心慌胸闷、头疼、脑袋有紧箍感，疑病的频率越来越多。

（三）心理咨询的范畴

心理咨询是一项专业的服务，旨在帮助个人和家庭面对生活中的各种心理问题，提供情感支持和解决方案。

1. 心理咨询的内容及范围

（1）各种情绪障碍。比如焦虑、恐惧、抑郁、悲伤等的情绪问题。

（2）各种身心疾病。帮助人们了解和认识疾病，了解心理社会文化因素对身心疾病的影响。

（3）对各种心理障碍做出诊断。弄清疾病的性质，指导正确的求医行为。

（4）恋爱、婚姻、家庭问题指导。指导解决恋爱、婚姻中出现的心理问题，压力引导。

（5）个人成长与人际关系。指导选择适合自己性格的专业、职业，促进个体的发展。

（6）介绍各阶段心理卫生知识，促进心理健康。

2. 不属于心理咨询范畴的情况

（1）咨询过程中涉及诸如法律、道德和思维意识等方面的问题，只有这些问题导致了心理困扰才与咨询有关联，而其本质并非咨询的主要焦点。

（2）咨询并非决策中心，不应该为访客解答具体问题，也不应该给出结论性的建议，更不能帮助访客做出选择或决定，而应鼓励访客自行承担责任。

（3）咨询不是算命，拒绝伪科学。

3. 心理咨询也存在一定的误解

（1）心理咨询就是聊天，不如找朋友。

（2）心理咨询就是浪费时间，没用。

（3）心理咨询师很厉害，你想的什么他都知道。

（4）去找心理咨询师的人都是不正常的人。

（5）心理脆弱的人才会去心理咨询。

（6）有问题扛一扛就过去了，不用去心理咨询。

（7）一个人有了心理问题就完了，要躲他远远地。

二、通往心灵加油站的路径：心理咨询的方式

心理咨询的方式有门诊咨询、电话咨询、互联网咨询三种，如图6-3所示。

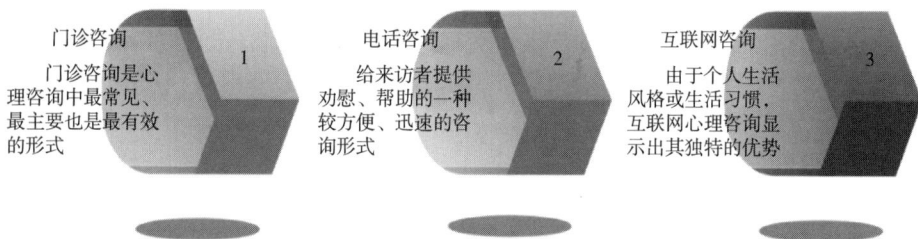

门诊咨询
门诊咨询是心理咨询中最常见、最主要也是最有效的形式
1

电话咨询
给来访者提供劝慰、帮助的一种较方便、迅速的咨询形式
2

互联网咨询
由于个人生活风格或生活习惯，互联网心理咨询显示出其独特的优势
3

图6-3　心理咨询的方式

1. 门诊咨询

在心理咨询领域，最常见、最关键且最有成效的方式就是门诊咨询。其优点包括针对性强，能够为来访者提供专门的服务；信息全面，咨询师不仅可以听取来访者所述内容，还可以观察他们的表情和反应，从而做出准确的判断。

2. 电话咨询

咨询者通过电话为来访者提供安慰和援助，是一种相对简便且迅速的咨询方式。对于那些处在紧急情况或者不愿意透露个人信息的来访者，电话咨询是一个比较理想的选择。

3. 互联网咨询

互联网咨询是随着网络科技进步而逐步发展起来的。由于个体身体状况和地理环境的限制，无法直接便捷地寻找心理咨询师，或者是个人的生活方式或习惯。

三、界定及分类：心理咨询中严重心理问题和一般心理问题

（一）概念界定

1. 一般心理问题

一般心理问题是指由现实因素引发，持续时间较短，情绪反应未泛化且尚在理性控制之下，社会功能没有严重受损的心理不健康状态。❶

2. 严重心理问题

严重心理问题是由相对强烈的现实因素激发，初始情绪反应强烈、持续时间较长、内容充分泛化的心理不健康状态。有时伴有某一方面的人格缺陷，持续时间较长。临床上，社会功能破坏程度也或多或少存在。

（二）特征

1. 一般心理问题特点

（1）因现实生活、工作、处事失误等因素产生不良情绪（厌烦、后悔、沮丧、自责）心理冲突；

（2）不良情绪不间断地持续一个月或间断性地持续两个月仍不能自行化解；

（3）不良情绪仍在理智控制之下，基本维持正常的社会功能，但效率下降；

（4）不良情绪没有泛化。

2. 严重心理问题特点

（1）严重心理问题的根源在于强烈且对个体构成较大威胁的实际冲击。各种原因导

---

❶ 陶俊梅：《浅谈中学生心理危机干预——泸州高级中学校心理健康教育路径探索》，载于《教育家》，2019（5）：63-64。

致了不同程度的心理困扰，这些都会表现出各自独特的痛苦情绪（如悔恨、冤屈、失望、愤怒和悲伤等）。

（2）自产生痛苦感受开始，这种痛苦感觉可能会间歇性或持续超过两个月，甚至半年。

（3）受到的刺激越强烈，反应也就越明显，可能会在短时间内失去理智的控制；然而，随着时间的推移，痛苦会逐步减少，需要专业的干预和自我恢复相结合。这对生活、工作及社交都有一定的影响。

（4）痛苦的感受是由初始刺激触发，反应对象被广泛接纳。重大心理问题源于相当强烈的现实因素，最初的情绪反应过度、持续时间较长且内容充分扩展的心理不良状况。

常见心理及精神问题分类如表6-1所示。

表6-1 常见心理及精神问题分类

心理正常（无病）		心理异常（有病）	神经病
心理健康	心理不健康	精神障碍（心理障碍）	
心理健康的标准	一般心理问题、严重心理问题、疑似神经症（神经症性心理问题）	器质性精神障碍、精神活性物质或非成瘾物质所致精神障碍、精神分裂症和其他精神病性障碍心境障碍、癔症、应激相关障碍、神经症、心理因素相关生理障碍、人格障碍、习惯与冲动控制障碍、性心理障碍、躯体形式障碍、分离性障碍、游戏障碍、童年和少年期的多动障碍、品性障碍、情绪障碍、其他精神障碍	是一组以周围神经发生器质性病变为主要特征的躯体疾病（如面瘫、偏瘫），与心理学无关
所属学科：咨询心理学		精神病学（医学）、变态心理学	神经病学（医学）

（三）区别

1. 特点不同

通常由于实际生活和工作压力等原因，我们会经常面临内心的冲突。引发严重心理问题的因素往往非常强烈，对个人构成了巨大的威胁，在各种刺激下，我们可能感到特别痛苦。

2. 时间不同

如果一个月内持续的不良情绪或者两个月后仍未能自我缓解，那么这种严重的心理问题就会从产生痛苦的情绪开始；如果这种痛苦情绪持续了两个月或更长时间，那么可能严重的心理问题实际已经存在半年以上。

3. 影响不同

通常，良好的心理反应能在个体的理性控制下得以维持，保持正常的生活、学习和社交功能。

严重的心理问题对生活产生了一定的干扰，仅通过非专业手段来缓解是无法完全摆脱的，生活、工作和社会功能都受到了严重的影响。痛苦的情绪不只是由最初的事件引发相关刺激，还可能出现泛化。

【课堂拓展】

区分心理咨询、心理安慰及心理治疗

（1）心理安慰的概念。指当人自身产生挫折感时，为解除内心不安，编造一些"理由"自我安慰，以消除紧张，减轻压力，使自己从不满、不安等消极心理状态中解脱出来，保护自己免受伤害的现象。

（2）心理治疗的概念。指对有心理疾病的人进行的以改正其行为、情感和想法为目的的心理咨询过程。

（3）正确区分心理咨询、心理安慰、心理治疗。

①服务对象及机构不同。心理咨询面对的是不具有经临床诊断的心理疾病。心理咨询偏向正常人，或有一些"心理健康"问题的人，一般称为"来访者"。心理治疗是为具有临床心理诊断有心理疾病的人群服务。心理安慰多为他人对自己的安慰或自我安慰，对心理学专业性的要求较低。

②就诊模式及诊断不同。心理咨询过程，有一个发现问题、判断问题和解决问题的模式，由于诊断并不是必需阶段，就诊模式灵活。心理咨询要使人开心，要促使人成长。要避免来访者依赖他人，促进其独立性与自立性。心理安慰具有情绪宣泄和暂时恢复心理平衡的功能。心理治疗更像医学模式，就诊过程要进行诊断，设计治疗方案，实施治疗方案。

四、规矩多多的"聊天"：心理咨询的设置

心理咨询的设置如图6-4所示。

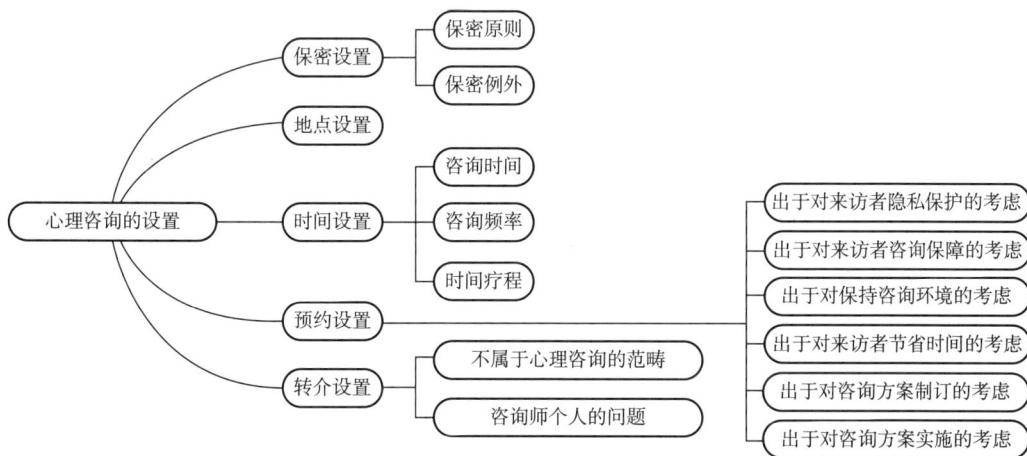

图6-4 心理咨询的设置

（一）保密设置

1. 保密原则

（1）心理咨询师有义务向访客阐述咨询服务的保密性，以及运用这一原则的界限。

（2）严格按照保密准则进行，未经访客同意，不得泄露可能揭示访客隐私的信息，在团体咨询过程中，心理咨询师必须提前设定保密标准。

（3）在心理咨询的过程中，所有相关信息，如个案记录、测试数据、书信、音频、视频和其他资料，都应当严格遵守保密规定，并且应尽快送至档案室进行存储。

（4）只有在访客同意的情况下，才可以对咨询流程进行录音和录像。

（5）在向外界提供与访客相关的信息时，我们有义务保护访客的姓名不被泄露，并确保这些信息不会对访客造成侵犯或伤害。

（6）在进行心理咨询时，如果发现来访者的行为可能对自己或他人的生命构成威胁，就必须立即实施相关措施，避免意外情况的出现。同时，也应尽量与其他专业人士进行沟通和会诊，确保信息的暴露程度在最低限度内。

2. 保密例外

（1）来访者同意信息透露。

（2）心理咨询师需要向司法机关提供保密信息。

（3）出现了对心理咨询师的道德或法律诉讼。

（4）在心理咨询程序中，法律所规定的秘密现象被控制了，如对老人和儿童进行虐待。

（5）当访客可能对自己或他人造成伤害时。

（6）来访者患有危及生命的传染病。

（二）地点设置

地点设置一般是指心理咨询室环境设置，是对咨询起促进或妨碍作用的因素之一，对心理咨询进程有着重要影响。通常来说，心理咨询会在专门的心理咨询室内展开，这是一种全面的信息交换过程。设计心理咨询室时需要考虑到让客户感到安定、轻松、自在且能保持专注，并保护他们的隐私。理想的环境应该有适当的光照度，保证宁静与舒适感，同时也要干净卫生并且色彩搭配得当。这样的环境有助于营造出一种适宜的刺激程度，从而使参与者感觉身心舒缓，可以深入探讨他们的问题并展示真实的自己。

（三）时间设置

1. 咨询时间

指每次咨询的时间长短。一般来说，个体咨询的时间以1次45~50分钟为限的设置比较普遍，原则上不能随意延长，但也可根据具体情况加以调整，最好在咨询的开始阶段就使来访者了解此次咨询的时限。

2. 咨询频率

咨询频率的设置以一周一次或一周两次比较普遍，有时应根据来访者的精神状态、发展水平、年龄、咨询方法的需要等加以调整。

3. 时间疗程

指整个心理咨询过程将持续的时间长度，通常用咨询次数表达。疗程长短因来访者心理困难程度、所用咨询方法及咨询目标不同、各种各样条件的不同等而有所差异。

（四）预约设置

1. 出于对来访者隐私保护考虑

一般来说，访客对于心理咨询的所有信息、寻求咨询的方式以及咨询内容都需要严格保密，并且需要提前预约，这样可以让访客独自获得咨询服务，无法看到任何其他人，对于维护访客的隐私和个人行为极为关键。

2. 出于对来访者咨询保障考虑

若有等待就诊的访客，咨询师与访客都可能感到不安并无法顺利地进行咨询和接受咨询，这将对时间和效率产生负面影响。因此，如果预先约定，通常咨询师会在访客之间保持半小时的时间间隔以确保咨询的准时性。

3. 出于对保持咨询环境考虑

如果有超过两个人在等待就诊，并且许多访客都会有陪同的话，咨询室的环境可能会变得嘈杂。手机声和聊天声通常无法保证咨询的安静氛围。

4. 出于对来访者节省时间考虑

预定好后，当访问者抵达咨询场所的时候，咨询师已经准备好接待他们了，这样一来，咨询活动立即就能展开，无须任何的等待过程。这有助于让访问者能够更好地维持冷静的心态，避免因等待而产生的烦躁情绪，从而对咨询的效果产生负面影响。尤其是对于来自外地的访问者来说，时间的规划尤为关键，必须确保有明确的咨询日期和时间。

5. 出于对咨询方案制订考虑

心理辅导并非仅限于会谈的几小时，而是在开始之前及之后，都需由咨询师执行大量的预备任务，特别是在结束后，他们必须处理并解析咨询数据，同时对策略进行调整与优化。通过事先安排预约，能为咨询师提供充足的空间来完成这些步骤，从而提高整体效率。

6. 出于对咨询方案实施考虑

处理精神困扰或者疾病并非一蹴而就之事，它是一个循序渐进、有序且与心理咨询师密切协作的全面疗愈进程。因此，不能随意地决定何时前来寻求协助，也不能任意缺席。按时赴约并遵守与咨询师约定的时间表，这是确保咨询成效的关键要素之一。

（五）转介设置

1. 不属于心理咨询范畴

当咨询师认为个案不属于咨询范围时应该及时转介给有关部门（医院或其他专业的心理咨询与治疗等机构）。

2. 咨询师个人问题

（1）咨询师由于工作改变等不能再继续完成个案时，提前将个案转介给其他咨询师。

（2）在咨询过程中，发生不利于咨询的因素，或咨询师无法完成咨询，及时将个案转介其他咨询师。

（3）个案转介时应向来访者说明转介原因，在来访者自愿的情况下进行转介。

第三节
心理咨询的方法

一、不同剂量的营养针：常见心理咨询方法

常见心理咨询方法如表6-2所示。

表6-2　常见心理咨询的方法

咨询方法	具体含义	咨询方法	具体含义
催眠疗法	指用催眠的方法使求治者的意识范围变得极度狭窄，借助暗示性语言，直接与潜意识沟通，找到问题根源，以消除病理心理和躯体障碍的一种心理治疗方法	冲击疗法	又称满灌疗法，是暴露疗法之一。是让求助者持续一段时间暴露在显示的或想象的唤起焦虑的刺激情境中，此时常伴有强烈的情绪反应。求助者在暴露过程中会产生焦虑，但是造成严重恐惧的结果并不会发生
心理动力学方法	方法技术：自由联想、梦的分析、移情与反移情	厌恶疗法	是一种帮助患者将所要戒除的症状同某种使人厌恶的或惩罚性的刺激结合起来，通过厌恶性条件作用，从而达到戒除或减少症状的目的
家庭疗法	以家庭为对象而施行的心理治疗方法。协调家庭各成员间的人际关系，通过交流，促进家庭成员的心理健康	模仿法	又称示范法，是向求助者呈现某种行为榜样，让其观察示范者如何行为以及他们的行为得到了什么样的后果，以引起他从事相似行为的治疗方法

咨询方法	具体含义	咨询方法	具体含义
箱庭疗法	又称沙盘疗法或沙箱疗法，是分析心理学理论同游戏以及其他心理咨询理论结合起来的一种心理临床疗法，通过创造的意象和场景来表达自己，直观显示内心世界，从而可以绕开咨询中的阻抗	生物反馈法	又称生物回授疗法、植物神经学习法。利用现代生理科学仪器，通过人体内生理或病理信息的自身反馈，使患者经过特殊训练后，进行有意识的"意念"控制和心理训练，通过内脏学习达到随意调节自身躯体机能的目的，从而消除病理过程、恢复身心健康
绘画疗法	是让绘画者通过绘画的创作过程，利用非语言工具，将潜意识内压抑的感情与冲突呈现出来，并且在绘画的过程中获得疏解与满足，从而达到诊断与治疗的良好效果	合理情绪疗法	又称理性情绪疗法，以理性治疗非理性，帮助求治者以合理的思维方式代表不合理的思维方式，以合理的信念代表不合理的信念，从而最大限度地减少不合理的信念给情绪带来的不良影响，通过以改变认知为主的治疗方式，来帮助求治者减少或消除他们已有的情绪障碍
音乐疗法	通过生理和心理两个方面的途径来治疗疾病的一种方法，音乐的频率、节奏和有规律的声波振动，是一种物理能量，这种声波引起的共振现象，会直接影响人的脑电波、心率、呼吸节奏等	贝克认知疗法	认知产生了情绪及行为，异常的认知产生了异常的情绪及行为。认知是情感和行为的中介，情感问题和行为问题与歪曲的认知有关
格式塔疗法	强调人是有组织的整体，把心理或行为看作情感、思想、行动的整合过程的心理治疗方法，又称完形疗法	梅肯鲍姆的认知行为矫正	梅肯鲍姆的认知行为矫正技术是应对技能学习程序，其基本原理是通过学习如何矫正认知"定式"来获得更有效的应对情境压力的策略
认识领悟疗法	通过解释使求治者改变认识，得到领悟而使症状得以减轻或消失，从而达到治病目的的一种心理治疗方法，依据心理动力学疗法的原理与中国实情及人们的生活习惯相结合而设计的	以人为中心疗法	把咨询师的态度和个性以及咨询关系的质量作为咨询结果的首要决定因素，坚持咨询师的理论和技能作为次要因素，相信来访者有自我治愈的能力
叙事疗法	叙事心理治疗与当代哲学的后现代主义思潮分不开的，现代主义哲学持有者认为客观的事实就是真理，不会因为观察的人或是观察的方法不同而有所不同。而后现代主义支持者则相信客观实在是主观的，即事实或者真相会随着使用的观察方法或者观察者的不同而改变	内观疗法	内观指"观内""了解自己""凝视内心中的自我"之意。借用佛学"观察自我内心"的方法，设置特定的程序进行"集中内省"，以达自我精神修养或者治疗精神障碍的目的。内观疗法可以称作"观察自己法""洞察自我法"
阳性强化法	阳性强化法即对正确的行为进行及时奖励，对坏的行为予以漠视和淡化，促进正确的行为更多地出现	森田疗法	是一种顺其自然、为所当为的心理治疗方法

咨询方法	具体含义	咨询方法	具体含义
系统脱敏法	又称交互抑制法，诱导求治者缓慢地暴露出导致神经症焦虑的情境，并通过心理的放松状态来对抗这种焦虑情绪，从而达到消除神经症焦虑习惯的目的	交互分析疗法	个人在人格成长中得到关爱与肯定越多，则其人格冲突便越少，自信心则越强。会与人建立亲密的人际关系，并在交往中学会自我反省，这是"交互分析疗法"的核心任务之一
心理剧疗法	这种心理治疗方法不是以谈话为主，而是来访者重新表演生活事件中的相关内容，通过特殊情境下的自发表演，使参演主角患者的人格特征、人际关系、心理冲突和情绪在表演过程中逐渐呈现在舞台上，在治疗师的间接干预和其他人的帮助下，使心理问题得到解决的过程。或者人们重新上演他们生活中、梦中以及想象中想表达在现实中却没有表达的情景，在演出过程中对这些事件增加新的认识和洞察力，实践新的、令人满意的行为方式		

二、个人、团体、家庭：咨询形式

心理咨询的形式主要有个人咨询、团体咨询、家庭咨询，这三种咨询形式的特点如表6-3所示。

表6-3　心理咨询形式的特点

特点	个人咨询	团体咨询	家庭咨询
形式	咨询者与来访者一对一进行的心理咨询方式	将具有同类问题组成团体，进行共同讨论、指导和矫正的咨询形式	家庭问题磋商，参与咨询过程的是整个家庭，如夫妻、一家三口等形式
优点	安全性和保密性高，咨询目标和咨询焦点在个人身上	在真实的人际情景中演练和共同解决问题，效率高，可以向团体内成员学习	可以改善整个家庭系统，有利于维持改变的效果
缺点	缺乏真实情景的人际关系演练，缺乏榜样资源	安全性和保密性较低	要求家庭成员尽可能出席，不容易开展工作
适用对象	对于安全性和保密性要求高，想要深入探索的个体	愿意开放，在团体中学习，心理困扰的内容和人际关系相关	心理困扰和家庭系统有关，需要家庭的协助时

（一）个人咨询

个人咨询是指咨询者与来访者一对一进行心理咨询的方式。个体咨询比较适用于对于个人的深层次心理问题的探索。

（二）团体咨询

指将具有同类问题来访者组成小组或较大团体，进行共同讨论、指导和矫正的咨询形式。团体咨询比较适合那些愿意在团体中开放的人，用于人际关系类的心理困扰。

（三）家庭咨询

指以家庭为对象实施的心理咨询模式，是协助家庭消除异常、病态的情况，以执行健康家庭功能。参与咨询的是整个家庭，如夫妻、一家三口等形式。

三、适合自己就是好的：大学生如何运用心理咨询资源

（一）大学生怎么了解心理健康相关的知识

学校和心理社团组织心理健康知识传播，心理健康沙龙活动，网络平台，书籍资料等。

（二）如何成为一个可靠的来访者

（1）真诚和开放是好的工作联盟的两块基石；

（2）咨询前的紧张和不安是正常的；

（3）收集有关心理咨询的资料；

（4）坦诚告诉咨询师；

（5）咨询中的真诚依然很重要；

（6）来访者自身的主动性；

（7）对心理咨询的期待。

（三）心理咨询前如何准备自己

（1）需要做好充分的预备工作，而非如同去医院看病一般，仅是被动接受医师的处方和药物配置。在整个咨询过程中，求助者应充当主导者的位置，而心理咨询师则更像是辅助角色，其主要任务是在协助求助者直面现实并选择适当的方式处理自身的心理困扰。

（2）为了获得理想的结果，我们需要具备积极治疗的需求。只有当个人真心希望改进或者转变自己的某些特质时，才能期待达到令人满意的影响力。在寻求咨询之前，应明确以下疑问："对于当前的状态，真的感到不满吗？""我真想在某个特定领域和程度上做出调整吗？"如果你给出的答案为肯定的，那么可以考虑接受心理辅导；反之，则可能无法从中获取真正的有益建议。

（3）建立一个实际且合理的心理咨询目标是必要的。心理困扰和心理问题不能像感

冒那样仅靠药物就能迅速恢复，它需要经历一个过程，我们需要有耐心地执行心理咨询师的指导方案，绝对不能半途而废。

（4）我们需要摒弃"所有疾病都需要药物治疗"这种陈旧思想。实际上，并非所有的患者都必须服用药品（严重的精神问题则例外）。通过咨询师以真挚、热忱的方式聆听并提供有建设性的意见和细致的引导，可以有效解决所谓的"心灵之疾"。

四、精神障碍不可怕：精神障碍概述（简单普及、辨别）

（一）什么是精神障碍

指由各种原因引起的感知、情感和思维等精神活动的紊乱或者异常，导致人出现明显的心理痛苦或者社会适应等功能损害。[1]严重精神障碍是指疾病症状严重，导致人的社会适应等功能严重损害、对自身健康状况或者客观现实不能完整认识，或者不能处理自身事务的精神障碍，主要包括精神分裂症、偏执性精神病、分裂情感障碍、双向情感障碍、癫痫所致精神障碍、精神发育迟滞六种。

（二）关于精神障碍的错误观念

精神障碍的错误观念如图6-5所示。

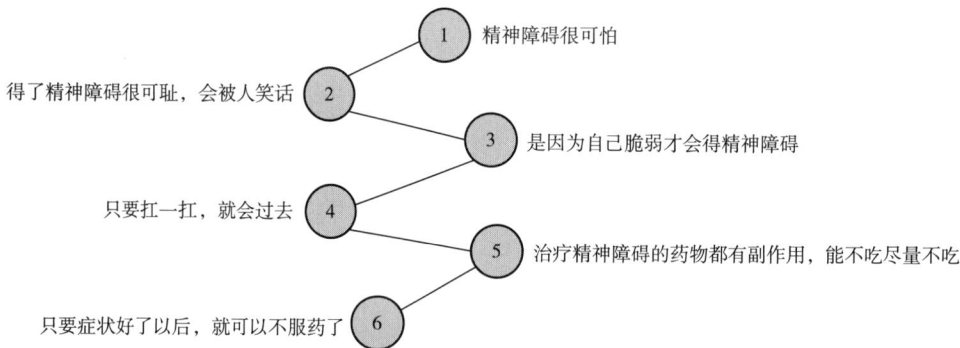

图6-5　精神障碍的错误观念

（三）精神异常初步诊断

1.行为

日常的学习和生活功能是否维持稳定？他的行为模式是否符合他所处的角色定位？有没有出现一些别人无法理解的行为方式？他的行动频率是增多了还是减弱了？他是否

---

❶ 刘英：《论精神障碍患者的权利保护》，西南政法大学，2012。

能继续跟身边的人顺畅交流？他有无表达过想要结束自己生命的想法或者实施过这样的行为？他是否对周边的人群及环境有过危害性的意图和行为？

2. 情绪

总的来说，你的心情状态怎样？你的情绪表现与周围的环境及触发因素相符吗？有无负面情绪如悲伤、生气或者担忧等？你的情绪是稳定的还是有所起伏，波动的幅度有多大？你能否掌控自己的情绪？有没有失去自我控制的可能性？是否出现了感情分离或紊乱的现象？

3. 认知

对于遇到的问题的解读程度怎样？能否真实反映现实情况并能有效处理问题？对注意力的控制怎么样？是否有足够的精力维持必要的精神集中呢？对于记忆能力的评估如何？有无出现长短期的记忆损伤？在思考方式上，是清晰还是模糊不清？有没有发现认知领域的变化过大或太小了？关于自我的认识又是怎样的呢？是否有自我质疑和自我否定的情绪产生呢？有没有看到一些强制性的思维模式等非正常思维的表现呢？

4. 生理

睡眠质量如何？饮食习惯如何？是否有物质依赖的迹象？是否感到身体不适等情况？总体生活节奏是否有显著变化？

【课堂拓展】

心理健康中的"灰色区"

心理灰色区只是对心理状态的一种相对性的描述。将人的心理状态用颜色来表示，纯白色代表完全健康的人，黑色代表患有精神病，两者之间为灰色区，也就是心理亚健康状态。

心理亚健康者通常缺乏幸福感，总是处于一种无望、无助、无力的心理境地。可能与个体心理素质（如过于好胜、孤僻、敏感等）、生理（如加班疲累、生病、经期等）或者外界环境（如工作压力大、晋升失败、婚恋挫折、受到上司或者客户指责）等因素有关，使个体的精神需求在现实生活中遇挫，从而在内心产生思想冲突和矛盾斗争等紧张情绪。临床上，心理亚健康状态表现为经常感到心慌、气短、疲累、乏力、头痛。心理学上，心理亚健康状态表现为注意力不集中、记忆力减退、失眠多梦、反应迟钝、情绪低落、精神不振等。

五、精神感冒来袭：大学生常见的精神障碍

（一）焦虑症

这是一种主要由持久性焦虑引起的神经疾病，其表现为突然发作或长期持续，是大

学生最常见的精神问题之一。焦虑症患者的焦虑和担忧状态会持续超过6个月，其表现为身体紧张、植物神经反应过度强烈以及过分警觉和忧虑。

【案例6-8】

王某，女，19岁，某校大一新生，在高考前最后一个学期，每次考试前，都会有心慌、失眠、焦虑、疲倦等症状，常伴有身体不适等异常症状，现在主要问题是担心今后考试持续出现这种情况，影响学业及毕业、就业等。对于目前学校专业很不满意，又不想复读。高考前夕高度紧张导致出现持续性焦虑，对各种考试考前焦虑，严重影响学习和心理健康。

（二）抑郁症

抑郁症是大学生中常见的一种精神问题，其特点是心情明显且持久（发作至少两周）低沉，这种病症还会导致相应的思维和行为出现异常，患者可能会表现出情绪低落、自卑和忧郁，乃至产生悲观厌世的心态。抑郁症的表现为情绪低落、思维缓慢和活动减少、迟缓。

【案例6-9】

因为与室友产生冲突，小周开始陷入长期的消沉状态。自此以后，他不再热衷于社交活动，对过去的喜好失去了热情，一直郁郁寡欢，无论做任何事都没有兴致。课堂上无法保持专注，这使他的学业每况愈下，夜晚难以入眠，经常噩梦连连，睡眠质量差。自我感觉受到伤害，感到腹痛，生活似乎毫无意义，有时候他会歇斯底里地大哭，有时候会抓自己的头皮，做出伤害自己的行为。于是小周前往医院就诊，医院诊断为抑郁症发作，服药后有所好转。

（三）强迫症

指强迫性神经症，患者总是被一种强迫思维或行为所困扰，生活中反复出现强迫观念及强迫行为。患者自制力完好，知道没有必要，但无法摆脱。

【案例6-10】

赵某，男，19岁，其自述自己的情况要追溯到高二下半学期，当时发生了一件事："有一次我在宿舍的阳台上站着，这时楼上有人往下泼水，结果楼下刚好经过一个妇女，这个妇女就认为水是我泼的，于是大声质问我，我当时特别恐惧，虽然我很明确水不是我泼的，但心里却特别恐慌，怕这个妇女认定是我泼的，然后对我采取报复或其他更严重的行为。"从这件事之后，他对那些没有发生的事情或与他人一点小的摩擦都会在心里反复思考，直至自己觉得稍微舒服一些才会停止。在洗手前他总要仔细检查，因为害怕有重要的东西粘在手上，洗手的时候被冲掉；他不敢吃西瓜，因为担心西瓜汁多而黏，瓜皮会粘上桌子上的贵重物品而被自己丢掉；他还会反复擦书，有时擦6遍，有时擦12遍，严重的时候要擦18遍。知道这样做没必要，就是控制不住自己。赵某怀疑自己得了强迫症，就去医院做了测试，测试的结果显示确实是强迫症。

（四）恐怖症

指以过分和不合理地惧怕外界客体或处境为主的神经症。[1]患者明知没有必要恐惧，仍不能防止恐惧感发作，恐惧感发作时极力回避所害怕的客体或处境，或是带着畏惧去忍受。恐惧症表现有社交恐惧症、幽闭恐惧症、广场恐惧症、考试恐惧症等。不同的恐惧症的症状虽然存在差异，但都是对一种或几种处境、事物恐惧至极，表现出系列焦虑、紧张、发抖、心悸等症状。

【案例6-11】

小刚，今年18岁，几个月前，在一次上课时突然出现心慌、恐惧、紧张现象。接着失眠、呕吐，心里难受、不舒服、手和头出现发麻现象，送往医院检查，结果却是一切正常。然而小刚已经无法正常上课了，在寝室休息时他依然心里难受、烦躁、出虚汗、呕吐没食欲等。在室友的陪同下来到校内心理咨询室寻求老师的帮助。老师运用专业知识诊断小刚是因为焦虑引起的惊恐障碍，发作时伴有"濒死感"和"自我失控感"。

（五）网络游戏障碍

这是一种对网络使用的冲动性失控行为，表现为过度依赖互联网而导致学业、职场和社会功能受损。通常，这样的行为需要至少12个月才能被确认，其特征包括过分沉迷于游戏、戒断反应以及其他症状。

【案例6-12】

小于，21岁，某校大二学生，离异家庭，他于去年考上了大学之后，就远离了父亲。在父母刚离异的时候，他心里十分不是滋味，不愿与人沟通，所以从小就没有朋友，父亲每天忙工作，没有时间管他，便给他买了一台电脑。小时候他自制力也较差，只能靠玩网络游戏打发时间，也把它作为放纵自己，甚至自甘堕落的借口。小于从小就接触网络游戏，可以说游戏成了他生活中的一部分，他小时候就总会逃课去网吧，并且屡教不改。他性格孤僻，不愿处理人际关系。在没人陪伴的时候只能利用网络来找寻成就感和

---

❶ 杨琴、童秀斌：《不要让网瘾吞噬青春》，载于《大众健康》，2022（6）：20-21。

获得感。小于在小时候养成了孤独的性格，沉迷于虚拟世界，不愿脱离，只有在网络里才能找到自己生活的意义。

（六）进食障碍

这是一种主要表现为食欲不振、对饮食和重量过于注意的病症，在妇女中比较普遍。可以分类为神经性厌食和神经性贪食两大类型，均会导致恐惧发胖，厌食症病人通常体重偏低；而贪食症病人则通常体重一般甚至略高（图6-6）。

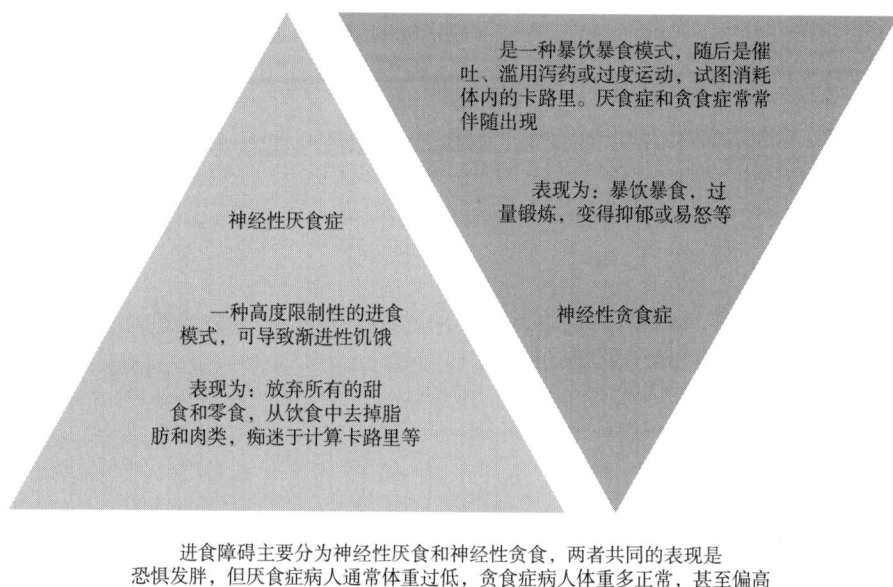

进食障碍主要分为神经性厌食和神经性贪食，两者共同的表现是
恐惧发胖，但厌食症病人通常体重过低，贪食症病人体重多正常，甚至偏高

图6-6 进食障碍

【案例6-13】

王女士，年仅20岁，但她总觉得自己的体重超标，对于她的体型非常不满并尝试过诸多的减肥方式，比如控制食物摄入和锻炼身体以期达到减重的效果，然而最近两个月里其进餐习惯变得极度紊乱，有时候吃得很少甚至不吃东西，而其他时候则大肆狂饮直至呕吐为止——这种极端的行为让她倍感压力及不安。由于过度关注自己外观形象导致她在人前表现出一种自卑感和自我厌恶情绪，并且无法掌控这些不良的生活习性和心理状态，使之深陷于无尽的精神折磨之中，难以摆脱。当跟咨询师交流时，这位年轻女子目光闪烁，不敢正眼看对方且言辞缓慢，声音微弱但清晰可辨，表情抑郁消沉，整个人看起来拘谨而不自然。经过心理咨询师评估，王女士的主要心理问题表现为自卑、焦虑、情绪低落。

请注意：以下列出的是大学生常见的精神问题的表现。诊断精神疾病是一项复杂且专业的任务，如果你怀疑自己有精神疾病，请去拥有相关资质的医院进行检查，避免盲目跟风。

【课堂拓展】

病与非病三原则

判断患者是否有心理疾病，以下是医学界公认的"病与非病三原则"（图6-7）。

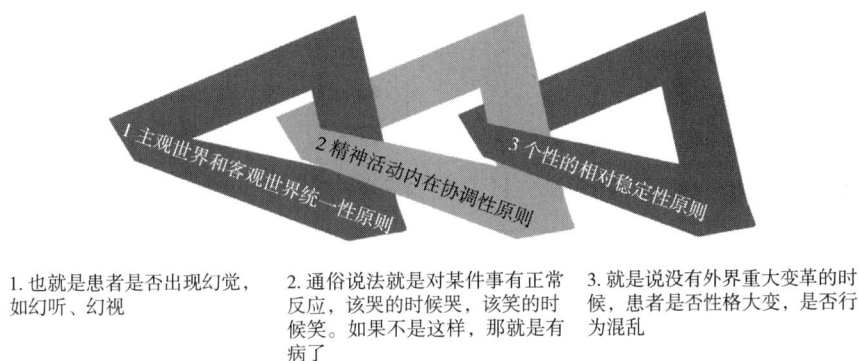

1. 也就是患者是否出现幻觉，如幻听、幻视
2. 通俗说法就是对某件事有正常反应，该哭的时候哭，该笑的时候笑。如果不是这样，那就是有病了
3. 就是说没有外界重大变革的时候，患者是否性格大变，是否行为混乱

图6-7　病与非病三原则

六、是我太脆弱了吗：大学生精神障碍的应对

（一）怀疑自己有精神障碍怎么办？

怀疑自己有精神障碍，可以通过如图6-8所示的方法解决。

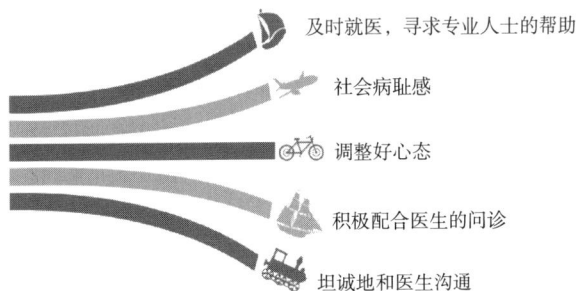

及时就医，寻求专业人士的帮助
社会病耻感
调整好心态
积极配合医生的问诊
坦诚地和医生沟通

图6-8　怀疑自己有精神障碍如何做

（二）身边有人有精神障碍怎么办？

（1）建议对方及时就医；
（2）放下对精神障碍的病耻感；

（3）对患者保持尊重；

（4）调整好自己的心态。

（三）休学后重返校园的适应

（1）新的适应阶段，是社会功能逐步复苏的阶段，也是一个特别需要关注的时期。

（2）经过治疗，大多数大学生在学业和人际交往上表现良好，并能正常执行社会职责。

（3）有些大学生仍然处在疾病的残留期，面临一定的挑战，需要做好心理准备。

（4）借助学校内的心理咨询服务，寻求心理咨询师的协助。

（四）我有精神障碍，该不该和别人说

如果有人质疑，我会感到忧虑，如果他们不明白我的想法，如果他们认为我异于常人，又该怎么办？

当疾病对社会功能造成影响时，可以考虑这样做：①向自己较为信赖的朋友透露；②向自己的班主任老师报告；③与自己日常生活中密切相关的人分享。

第四节
医疗资源与心理咨询资源相结合

一、众里寻他千百度：如何选择心理咨询师

心理咨询师指通过心理学以及有关学科的知识，根据心理学原则，通过心理方法和技术，帮助求助者解决相关心理问题的人员。[1]心理咨询师要学习和掌握不同学科的知识和临床心理咨询技能，同时在实际咨询过程中要学会自我控制，平衡自我心理。

鉴于当前我国心理咨询师的培养，要加强心理咨询师专业技能培养，根据相关专业要求明确不同阶段的训练要求和内容。加大心理咨询师职业道德素质培养，不能有性别、国籍、年龄、民族、职业、价值观等方面的歧视，确保具备扎实的理论知识和技能，同时具备良好的心理素质和职业素质，推动其发展。还要通过实践活动，加强其实践动手能力。

首先，心理咨询师的专业性要过关；其次，也是最关键的一点——自己内心对于心理咨询师的感受，这也是在整个心理咨询中最重要的部分。一个好的、适合你的心理咨询师可以让你有以下感受。

---

[1] 卢琰：《高校心理健康教育服务体系建立与完善》，载于《现代商贸工业》，2015，36（14）：137-139。

（一）可以信任他

本章第一节中已经介绍过，心理咨询发挥作用的关键是来访者和心理咨询师之间可以建立放松的工作同盟关系，而建立这样的工作同盟关系的基础就是信任。如果你在心理咨询中，感受到心理咨询师是可以信任的，感到放松而安全，你可能找对人了；如果你感到自己无法信任心理咨询师，你可以把顾虑告诉对方，有时这种不信任的信号说明你们双方并不匹配。

（二）愿意向他倾诉

在心理咨询初始阶段，你如果愿意向心理咨询师倾诉，那么将有利于后面心理咨询的展开。如果在心理咨询初始阶段，你就感觉不是很愿意向心理咨询师倾诉，这就有可能意味着你们是不合适的。在心理咨询中期，你如果感到不愿倾诉，有可能是心理咨询阶段的原因，你可以开诚布公地告诉心理咨询师你的顾虑。

（三）感受到被倾听、被接纳和被理解

在一段合适的咨询关系中，你会从心理咨询师那里充分地感受到被倾听、被接纳和被理解。心理咨询师不仅关注你的故事，也关注故事背后的模式，心理咨询师对你的好奇是带着尊重和渴望的，而不是八卦和刺探。

（四）感受到成长和改变

决定进行心理咨询一定是你遇到了困惑，因此，决定你和你的心理咨询师合适的关键就是你在心理咨询中感受到了自己的成长和改变。这个过程也许需要你的一点耐心，但在一段合适的咨访关系中，这种成长迟早会出现。

二、医疗资源与心理咨询资源结合手段：艺术疗法

将艺术视为治疗某些疾病以促进康复的一种方法和手段。[1]艺术被认为具有治疗的力量。自艺术诞生以来，可以起到适应人类精神生活、缓解体力劳动和心理压力的作用。人们在欣赏艺术时可能不自觉地得到解脱，在艺术创作中得到发泄。

（一）在诊断和决策阶段，辅助心理疾病诊断

艺术具有交流属性，能有效提升医患沟通效率。在艺术作品中，身体和心理倾向以及心态变化都可以浓缩视觉形式。在治疗决策过程中将艺术作品作为沟通的媒介，有利

---

[1] 陈彦颖、曾雪：《"互联网+医疗"背景下公众疫后心理危机干预智慧服务模式构建》，载于《创意设计源》，2022（6）：51-55，68。

于发现潜在的接触点。中南大学湘雅二医院的严虎将画树测验应用在大学生患者的抑郁症筛查工作中。患者被要求在一张A4纸上画一棵果树，医生通过患者在画树测验中的表现特征，结合回归方程判断其心理状况和抑郁程度。

（二）使用艺术疗法进行心理干预

美国俄亥俄州立大学教授吉姆·兰茨将艺术介入存在性家庭的创伤治疗，在治疗过程中，艺术可以帮助儿童及其父母掌握、诉说他们的创伤经历和创伤痛苦，利用治疗关系，帮助受创伤儿童及其父母将被压抑的情感、记忆、问题和冲突从无意识层面提升到意识层面。一些医院开始将绘画等艺术疗法作为支持心理治疗的手段。浙江省余姚市人民医院谢宏玲在产妇剖宫产术后，使用团体表达艺术治疗，帮助调节产妇产后负面情绪。患者被要求参与绘画、音乐等多种艺术形式，宣泄潜意识或意识中压抑的情绪。

【讨论】

1.你觉得自己需要心理咨询吗？

2.你认为心理咨询和聊天有什么区别？

3.什么情况下可以寻求心理咨询？

4.你觉得心理疾病是否能够治愈？

第七章
心理疾病的辨识与预防

第一节
大学生常见心理异常的识别

一、如何判断心理是否正常：判断正常心理和异常心理的三原则

1989年世界卫生组织健康定义：躯体健康、心理健康、社会适应良好、道德健康。健康一半是心理健康，疾病一半是心理疾病。心理健康是指一种和谐的、有序的、平衡的心理状态。健康心理和异常心理没有明确的界限，正常人在某个时期也会有异常心理活动，精神病人哪怕是最严重时也有正常心理活动。近年来，国内外不少心理学家为正确区分正常心理和异常心理，制定了不少测验工具和量表，并应用现代化的仪器去处理数据，使心理测量有了很大进步。

（一）主客观是否一致

对心理活动与环境的协调性进行观察，一个人的正常心理状态以及受其影响的情绪和行为，应该与周围环境保持一致，避免产生冲突或矛盾，言谈举止应得到正常人的理解。如果一个人感知、思维、情感或行为与外界严重不一致，或者有幻觉、妄想等精神病性症状，就说明心理活动失去与客观世界的统一性，属于异常心理。例如，一个大学生在课堂上演唱了一首普通的歌曲，这会得到全班同学的热烈掌声，然而，如果他在某次会议中突然高歌，就会引起所有人的震惊。我们将前者视为正常心理状态，而后者则被认定为心理异常，因为其与周围环境不相符合。

（二）知、情、意是否统一

观察心理活动与情感和行为的一致性。一个人的心理活动应与受它支配的情感和行为是一致的，如果一个人的感知、思维、情感或行为与外界严重不一致，或者有幻觉、妄想等精神病性症状，就说明他的心理活动失去了与客观世界的统一性，属于异常心理。人们常说"人逢喜事精神爽，闷来愁肠盹睡多；酒逢知己千杯少，话不投机半句多"，就说明了这种一致性。比如一个同学面带笑容地讲述他的不幸遭遇，证明他对痛苦的事件缺乏相应的内心体验。知觉、情感、意向不协调，也是一种异常心理。

（三）人格是否相对稳定

即观察当事人心理活动的相对稳定性。一个人受遗传因素、家庭教育、环境影响，使他们对现实有个比较稳定的态度和习惯的行为模式，这就是人的性格特点。它相对稳定，不会出现突然或极端的变化。如果一个人的性格、兴趣、价值观或生活方式发生了巨大或不合理的改变，或者有人格障碍、身份障碍等人格问题，就说明他的人格失去了相对稳定性，属于异常心理。

二、个体心理健康是怎样的：正确理解心理健康的表现

（一）不能把暂时、偶发不健康行为等同心理不健康

人们在遇到困难、挫折、压力等情况时，会出现一些消极情绪和反应，如焦虑、沮丧、愤怒、逃避等。不一定意味着有心理疾病，是正常的心理适应过程。只有不良心理和行为持续时间过长，影响了正常生活、学习、工作和社交，才表明其存在心理障碍。

（二）要理解心理健康表现是一个相对衡量尺度

不同的人在不同的环境和阶段，可能会有不同心理需求和期望，因此对于什么是心理健康会有不同看法和标准。大家不能用一种固定模式判断自己或他人心理健康状况，要根据具体情况和个体特点来分析和评估。

（三）人们的心理健康状况是变化的

心理健康不是一成不变的状态，而是随着人们的成长、经历、环境等因素而发生变化的。有时候，人们可能会出现一些心理危机或困惑，这并不意味着人们就失去了心理健康，而是一个转折点或契机，可以促使人们进行自我反思和调整，从而达到更高层次的心理成熟和平衡。

【课堂拓展】

社会心理学与心理健康有着密切的关系

社会环境和人际关系对个体的心理状态和心理素质有着重要的影响。因此，社会心理学可以从多个层面促进心理健康。

（1）社会心理学可以帮助个体认识和调节自己的社会需要、社会认知、社会情绪、社会价值观和社会行动。

（2）社会心理学可以帮助个体建立和维持良好的人际关系，提高沟通、合作、冲突解决等方面的技能，增强社会支持和社会网络，缓解孤独和压力。

（3）社会心理学可以帮助个体适应和改造不同的社会场域，如家庭、学校、职场、社区等，提高生活质量和幸福感。

（4）社会心理学不仅服务于个体的心理健康，还可以服务于组织和社会的健康治理。例如，社会心理学可以参与健康政策的制定和评价，降低政策推行的认知成本和情感成本，提高公众对政策的参与度和获得感。

（5）社会心理学与心理健康是相互作用、相互促进的。通过运用社会心理学的原理和方法，我们可以更好地了解自己和他人，更好地适应和改善自己所处的环境，更好地实现自己的个人目标和社会目标。

三、什么导致大学生患有心理疾病：心理疾病的诱发因素

（一）激烈的学习竞争是大学生患心理疾病的首要因素

从基本心理学的角度来看，学习竞争是指学习者在学习过程中与他人或自己进行比较，以达到更高的学习目标或水平的一种心理现象。学习竞争有利于激发学习者的积极性、主动性和创造性，促进学习者的知识掌握能力提升，也有助于形成良好的学习习惯和态度。过度的或不适当的学习竞争也可能导致学习者的焦虑、压力和自卑，影响学习者的心理健康和人际关系，甚至引发不良的行为和后果。因此，学习竞争需要在一定的范围和程度内进行，以保持其积极的作用（图7-1）。

学习竞争是一种社会比较的过程，即学习者根据自己的能力、成绩或表现与他人或自己进行评价和判断。社会比较理论认为，人们在缺乏客观标准或不确定自我评价时，会倾向于与他人进行比较，以获得自我认知和自我提升。社会比较可以分为向上比较和向下比较。向上比较是指与优于自己的人进行比较，这种比较可以激发学习者的进取心和挑战欲，也可以为学习者提供参考和借鉴。向下比较是指与劣于自己的人进行比较，这种比较可以增强学习者的自信心和满足感，也可以减轻学习者的压力和焦虑。但是，无论是向上比较还是向下比较，都需要注意避免产生消极的情绪和影响，如嫉妒、轻

视、自满、自卑等。

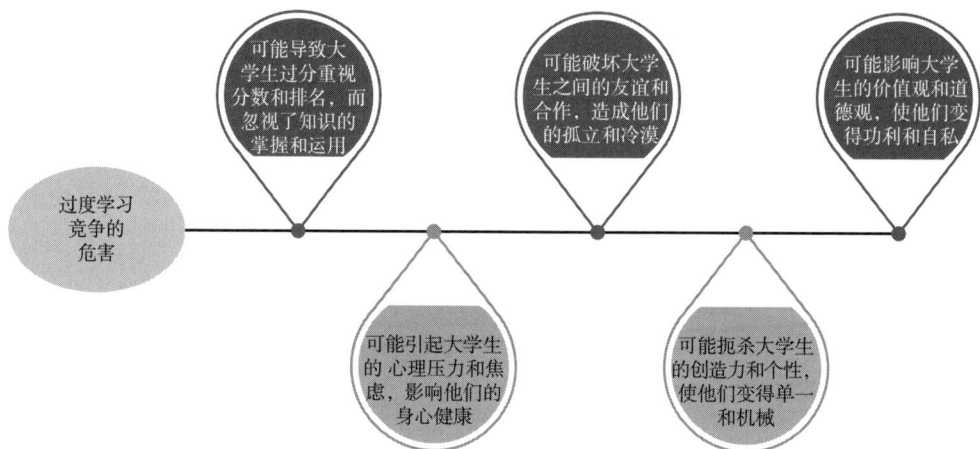

图7-1　过度学习竞争的危害

除了社会比较之外，学习竞争还受到个体差异、动机类型、目标取向等因素的影响。个体差异是指学习者在性格、智力、能力、兴趣等方面的不同特点，这些特点会影响学习者对竞争的态度和反应。动机类型是指学习者进行学习活动的内在或外在驱动力，这些驱动力会影响学习者对竞争的需求和意义。目标取向是指学习者在学习过程中所追求的结果或价值，这些结果或价值会影响学习者的竞争方式和标准。一般来说，具有开放、外向、自信、积极等性格特征，具有内在动机和掌握目标取向的学习者更容易从竞争中获得正面的效果。

【案例7-1】

男生小鄂，出生于边远的乡村地区，他的天分出众，最终成功进入了一所知名高校。然而，当他遇到来自各地的大学生时，却感到极度的自我否定。他对电脑操作并不熟练，对于足球及在线游戏一无所知，并且他的英语发音不够标准。最糟糕的是，尽管他努力投入了大量的时间去学习，但他的表现并无起色，甚至无法获得任何奖学金。

（二）个性缺陷是大学生心理疾病发病率增多的主要原因

目前的在校大学生大部分是独生子女，家长和学校过于重视分数，而忽略了对孩子全面能力和心理素质的培养，这种应试教育导致了高分低能的大学生出现。损害了大学生的创造力和自信心，埋下心理健康隐患。根据数据分析显示，我国中低年级的大学生群体中的精神不健康比例达到了30%以上，主要表现为常见的如忧郁症状（depression）和焦躁状态（anxiety）及强制行为倾向等。当他们的日常生活条件发生变化时，他们可能会因为对现状的不满或无法立即接受新的挑战产生压力，并感到沮丧或者无助，再加上一些人天生就是易患病的体质或是遭受过失败的打击，使他们在面对困难时的应变能力和抗压程度都比较差，从而引发了越来越多的大学生出现精神类疾病。因此，家长和学校应该重视大学生心理健康教育，帮助大学生树立正确的人生观和价值观，培养大学生自我认识和自我调节能力，提高大学生抗压能力和适应能力，让大学生拥有健康的心理状态和积极的人生态度。

【案例7-2】

　　王某某是大三的学生，他在课堂阅读书籍的时候总是感到不安，因为他害怕被别人打扰。因此，他会选择坐在偏僻的角落或靠近墙壁的位置，来保证他的注意力不受干扰。对于宿舍的一位同学播放收音机的行为，他是极其厌恶的，甚至到了无法容忍的地步。特别是在午休时间，他常常担忧收音机会对他造成噪声污染，导致他无法入眠，长期以来，这让他备感困扰，并对他的日常生活和学业产生了负面影响。临近毕业季，他对自己的未来充满迷茫，时常不敢面对这个现实问题，生怕给自己带来更多的压力。他的学习表现平平，班级排名中等，他也有考研的想法，但却很难专注于复习。此外，他还存在着严重的自我否定、缺乏信心和生活态度悲观的问题，感觉一切都很糟糕。因为家庭背景普通且经济条件有限，所以他觉得自己应该承担起家庭的责任，却又深感无能为力。

（三）紧张陌生的人际关系中缺乏沟通能力

　　由于同伴之间的比较、怀疑、轻视及互相敌意、无法接受他人的表现等问题，大学生的心理状态难以容忍他人，从而引发了一连串的心理问题。部分大学生个性较为内敛，社交能力不足，在新环境中为避免与人的交流感到困窘，选择沉浸于虚拟世界的网络游戏，这使他们的学业水平下滑，并产生了精神上的计算机依赖症状。还有些大学生对于团体生活的适应不良，转而自我封闭，无法妥善应对人际关系的挑战，进而丧失了自信心。

　　人际关系淡漠的影响如图7-2所示。

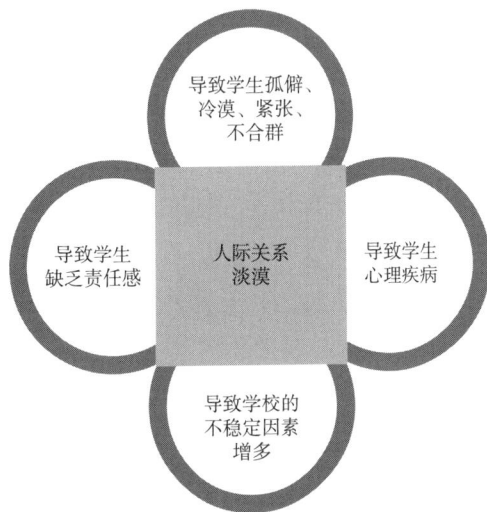

图7-2　人际关系淡漠的影响

【案例7-3】

　　某大学女生，学习成绩在班上为第一名。然而，她在自信方面却存在问题，对自己的能力缺乏认可。当置身于公众场所时，她无法勇敢发表意见；与人交谈时，也常常无法准确传达出内心的想法，尤其是在面对教师或陌生人的时候，会感到紧张不安，甚至面色泛红，她对其他同龄人在公开场合的镇定自若表示钦佩。由于习惯了以自我为中心的生活方式，导致她逐渐远离人群，并最终陷入孤独的状态。之后，她开始反思自身行为，并对自身的错误深感内疚。随着时间的推移，她似乎失去了情绪控制的能力，无论何时遇到冲突，她总是认为这是自己的过失，进而产生深深的愧疚感和愤怒，或是选择将其压抑在心底，她始终担忧无法融入集体。最近，她越发感觉自己毫无价值，过度自卑，连参加社交活动的信心都没有了。

这个女孩面对的问题主要源于她在社交方面的挑战，这些挑战导致了一系列的社会适应困难和人际关系的紧张。起初，她的行为表现出对社会的排斥，过度关注自己的需求并忽视他人的感受；而后，她开始完全依赖别人，总是为自己的行为感到愧疚，这让她失去了对自己的认知。深层次的原因在于她处理人际交往的能力不足，这也使她在日常生活中承受着巨大的社会适应压力。此外，通过回顾她的个人经历可以看出，这种人际冲突正是塑造她性格的关键因素之一。因此，她试图主动融入人群，但是突然的环境变化会立刻增加她的人际压力，若不能正确看待或者评估这种情况，可能会产生一定程度的心理困扰。最后，当她面临重大的人际压力时，最初选择的是用较为积极的态度去应对，但在没有充分理解自身能力和性格的发展过程中，太过追求快速的效果，一旦遭遇失败就会转向消极态度，进而造成严重的心理负担。

（四）恋爱期的情感纠葛是大学生患心理疾病一个主要原因

随着性器官的发育成熟，大学生已经进入了性意识的觉醒期，由于所处环境的特殊性，失恋、单相思、多角恋以及婚前性行为等现象在大学生中屡见不鲜，这种感情抉择往往影响其心理健康，在这个阶段，他们对异性的好奇心和向往日益增强，也容易受到周围环境的影响常出现婚恋症。婚恋症是指一种由于婚恋问题引起的心理障碍，表现为焦虑、抑郁、自卑、自责等情绪，严重者甚至出现厌世倾向。婚恋症的原因有多方面，包括社会环境的变化、个人价值观的冲突、亲密关系的不稳定、自我认知的缺失等。婚恋症不仅影响个人的幸福感和生活质量，也可能导致家庭和社会的不和谐。

在社会心理学上，大学生恋爱期是一个特殊的社会环境，其中涉及许多复杂的心理因素，如自我认知、归因、态度、偏见、群体、领导、服从、合作、竞争、冲突、沟通、说服等。大学生恋爱期的纠葛是指在恋爱关系中出现的各种问题和困难，如互相误解、信任缺失、价值观冲突、家庭干涉、第三者介入等。根据社会认知理论，人们在恋爱中往往会对自己和对方产生一些不切实际的期望和假设，从而导致认知失调和情感不满。根据社会交换理论，人们在恋爱中会根据自己和对方的投入和回报来评价恋爱关系的公平性和满意度，从而影响恋爱关系的稳定性和持续性。根据社会影响理论，人们在恋爱中会受到来自他人或群体的压力或诱导，从而改变自己的态度或行为，以适应或反抗外部的影响。这些解释可以帮助大学生更好地了解自己和对方，增进彼此的沟通和理解，调整自己的态度和行为，克服恋爱中的障碍，促进恋爱关系的健康发展（图7-3）。

改善恋爱纠纷

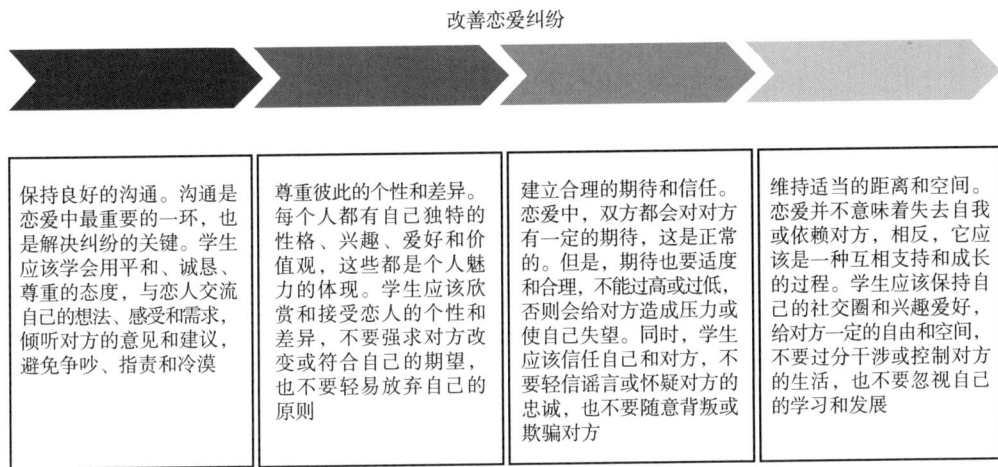

| 保持良好的沟通。沟通是恋爱中最重要的一环，也是解决纠纷的关键。学生应该学会用平和、诚恳、尊重的态度，与恋人交流自己的想法、感受和需求，倾听对方的意见和建议，避免争吵、指责和冷漠 | 尊重彼此的个性和差异。每个人都有自己独特的性格、兴趣、爱好和价值观，这些都是个人魅力的体现。学生应该欣赏和接受恋人的个性和差异，不要强求对方改变或符合自己的期望，也不要轻易放弃自己的原则 | 建立合理的期待和信任。恋爱中，双方都会对对方有一定的期待，这是正常的。但是，期待也要适度和合理，不能过高或过低，否则会给对方造成压力或使自己失望。同时，学生应该信任自己和对方，不要轻信谣言或怀疑对方的忠诚，也不要随意背叛或欺骗对方 | 维持适当的距离和空间。恋爱并不意味着失去自我或依赖对方，相反，它应该是一种互相支持和成长的过程。学生应该保持自己的社交圈和兴趣爱好，给对方一定的自由和空间，不要过分干涉或控制对方的生活，也不要忽视自己的学习和发展 |

图7-3 改善恋爱纠纷

（五）其他因素的影响

由于不良的社会适应力、家庭的教养问题导致的个性缺失、财务的困境、亲人的重大疾病或者突然去世等社会生活的冲击，加上毕业后的工作安排和强烈的自我否定情绪等，都构成了大学生的心理健康的挑战。这些可能会引发大学生对于学习的消极态度，也就是他们不再热衷于学习并感到其过程无聊、无趣且令人疲惫，进而选择回避或抵抗学习。厌学心理不仅影响大学生学习效果，也可能引发情绪障碍、品行障碍、躯体不适等问题，严重危害大学生身心健康和社会适应能力。

【案例7-4】

成都某大学学生，入学已有三个学期。其家境普通，且有一个正在念初中的妹妹。从很小的时候起，父母的期望就是让她努力学习从而脱离乡村环境。她考取了一所外地的知名高校，但由于缺乏参加任何工作或者活动的经历、从未远离家乡等因素的影响，这个女孩子一直以来都表现得非常顺服：遵照老师的教导、遵循家长的要求并且善于处理好人际关系。然而，考虑到家庭的财务状况，为了减轻负担，她决定选择学费较低的，位于四川的大专院校就读同一专业的课程——这是由她本人提出的建议。不过遗憾的是，仅过了两个月的在校时间，这名女学生的三千多元储蓄就被诈骗者骗走了，此举导致该生出现了睡眠障碍（入睡困难）、食欲下降、精神紧张等症状，同时还伴随思维能力下降的问题，无法专注于解决问题。此外，这种负面情感也使她产生了自我否定感和社会责任感的缺失。对于未来是否能够顺利完成专科学业的前景变得迷茫起来。每当独处在寝室或是夜晚独自走在回家路上时，骗子的形象就会浮现在她脑海中，而噩梦也会时不时地侵袭着她的心灵深处。

她的独立思考能力较弱，有过度自我反省的性格倾向。认为这给家庭造成了巨大的经济损失和耻辱感，应该自己去打工来弥补，但在打工中遭遇挫折，感到无所适从。正常的学习和生活受到了影响，与宿舍的一些同学的相处逐渐变得不协调。

年轻的大学生们刚刚步入社会，正在经历理解社会的阶段，并开始构建他们的初始观点。由于他们在各个方面都有着较低的抗压能力，并且受到经验不足的影响，这种类型的突发情况可能导致他们遭受严重的精神、心理或财务损失，从而产生错误的社会观念，这可能会持续一生。所以我们需要关注年轻人对于此类紧急状况的管理，了解其中蕴含的新机会，指导他们恰当地处理这些问题，迅速抓住转变的机会，推动他们的身体与心理健康地发展，让他们能够茁壮成长并在自我实现的过程中达到成熟。

【案例7-5】

某21岁的男生进飞，家庭经济情况比较困难。他难以有效管理自己的情感状态，过去当心情不好时，通常只需几天就能恢复正常，然而这一次已经持续超过两周，让他感到极度不适和沮丧，对所有事情都没有兴趣，精神萎靡，甚至不愿意与他人交流，即使是宿舍里的同学们开玩笑的声音也会让他感到心烦意乱。他渴望过上每天都充满欢乐的生活，并高效地投身于学业中，但他却无法实现这个愿望，因此感到非常焦虑。

当现实情况与个人需求和期望相悖的时候，就会产生负面和否定的心境，这正是心理学的"负向情绪"的一个典型例子。大学生的常见负面情绪包括忧郁、紧张、羞愧、自我责备、懊恼、愤懑、绝望等，这些都会让人感到深深的担忧。

【案例7-6】

20岁女生晓玉，她的双亲都是农民，家庭条件并不富裕，她常常担忧因为支付不了学费而被迫离开学校。自我评价时，她认为自己的学业表现一般，没有突出的特长，也不受他人喜爱。她总是怀疑他人的动机，不愿意与他们交流，对待人的态度是冷淡且无情的，她曾数次考虑放弃学业。最近几日，她每晚都会重复地做一个相似的噩梦，梦到她的父亲离世，她在梦里痛哭流涕，持续了几晚后心情变得非常沮丧，导致她难以继续学习。

四、如何预防大学生心理异常：缓解大学生异常心理问题实用性方法

大部分大学生的心理困扰通常属于日常生活的问题，只要他们能够自我调整，借助亲友的协助或教师的支持，就能成功克服。然而，也有一些较为严重的心理难题，甚至可能演变为心理疾病，如神经官能症、个性缺陷和人格障碍等。这类精神疾病的出现往往

会给他们的身体与心理带来巨大的压力，并有可能妨碍他们的成长进步和生活质量。尤其是那些重症的精神疾病，它们不仅会对个人造成伤害，也会威胁到他人的安全。因此，我们需要了解如何辨别这些精神疾病，并在早期发现时采取相应的措施，以防止事态恶化。

缓解大学生异常心理问题的实用性方法有以下几点（图7-4）。

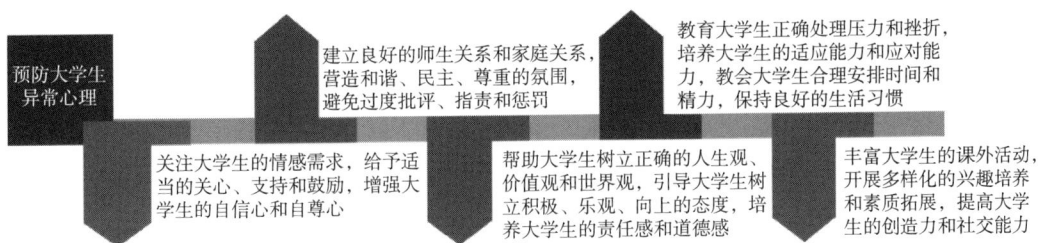

图7-4 如何预防大学生异常心理

（一）建立良好的师生关系和家庭关系

教师和家长应该给予大学生充分的关心、尊重、信任和支持，与学生建立平等、亲切、友好的沟通渠道，了解大学生的心理需求和困惑，给予大学生正确的引导和鼓励，增强大学生的自信和自尊。

（二）增强大学生的心理素质教育

教师和家长应该培养大学生正确的人生观、价值观和世界观，教育大学生树立积极的人格特质，如乐观、坚强、自律、合作等。同时，教师和家长应该教会大学生有效的情绪管理和压力缓解的方法，如放松训练、呼吸调节、自我暗示等，帮助大学生调节不良情绪，增强抗挫折能力。

（三）丰富大学生的课外活动和社会交往

教师和家长应该鼓励大学生参与各种有益的课外活动，如体育运动、文艺表演、社会实践等，让大学生在活动中发挥自己的特长和兴趣，体验成功和快乐。同时，教师和家长应该促进大学生与同伴、老师、家长等建立良好的人际关系，拓展大学生的社会交往范围，增加大学生的归属感和满足感。

（四）提供专业的心理咨询和治疗

对于一些严重或持续的异常心理问题，教师和家长应该及时寻求专业的心理咨询或治疗机构的帮助，如校内或校外的心理咨询室、心理医院等。专业的心理咨询师或治疗师可以通过科学的评估和诊断，为大学生提供个性化的心理咨询或治疗方案，如认知行为疗法、药物治疗等，帮助大学生解决心理问题，恢复正常的心理状态。

第二节
常见心理疾病及成因分析

一、是我太脆弱了吗：大学生常见心理问题

（一）抑郁症

抑郁症主要以心情沮丧为中心，与周围的环境显得格格不入，并伴随思考的速度减缓及行动力下降，病人会感到自身的不适感、消极情绪、对外的回应能力降低、思绪滞后、语言行为减少，乃至陷入静止状态。他们可能伴随有对自己的贬抑、自我谴责和内疚的感觉，严重的病例可能会产生幻觉或妄想等精神疾病。

情绪低落：心情沮丧、悲观绝望，自责自咎，对自己的评价不高，产生了厌世念头。

思维迟缓：思考能力下降，语量减少。

意志减退：兴趣下降，精力不足，疲乏无力。

抑郁症的临床表现有如下几点：

1. 抑郁心境

抑郁症患者的主要特征是情绪低落、烦恼和悲伤，他们整天都在唉声叹气，而严重时，他们会变得更加消沉、悲观甚至绝望。

2. 快感缺失

对日常生活的热爱消失，无法从各类娱乐或令人愉快的事情中找到乐趣。轻度的情况会尽量避免参加社交活动，而重度的情况则会选择独自居住、疏远亲友，并且完全排斥社交。

3. 持续疲劳感

感觉身体疲惫不堪，力量无法承受，对生活和工作的热情和主动性大打折扣，严重时甚至连饮食和个人卫生都难以照顾。

4. 睡眠障碍

大约七成至八成的抑郁症患者会伴随出现睡眠问题，他们往往难以进入深度睡眠状态，容易醒来，称为晨间失眠症、半夜惊醒或晚期失眠症，并且他们在清醒时常常感到沮丧。患有焦虑症状的人则可能面临入眠难的问题并经常做噩梦，极少部分人可能会过度睡眠，这种状况被定义为"过量睡眠型抑郁"。

5. 食欲改变

这种情况主要体现在食欲下降，体重也随之降低，严重的患者甚至会整日不吃饭，

只有极少数人会出现食欲增强的状况。

6. 身体不适

通常会有身体的不适感，病人在日常检查和治疗中可能出现无法理解的疼痛、疲惫、睡眠问题、喉咙和胸部的压迫感、便秘、消化不良、胃胀气、心跳加速、呼吸困难等症状，但大多数的对症治疗都没有效果。

7. 厌世观念和行为

抑郁症患者常会感到厌世，这是最危险的。

8. 其他

老年人可能会出现情绪激动、忧郁、性欲下降以及记忆力衰退等病症。

【案例7-7】

A女士是一名大学生，从小就是优秀的学生，但是在高考前夕，她遭遇了父母离婚的打击。她感觉自己被抛弃了，对父母和亲友都失去了信任。她高考成绩不理想，进入了一所不满意的大学。她在校园里感到孤独和无助，没有朋友和老师可以倾诉。她开始厌恶自己的生活，觉得没有希望和意义。她经常哭泣，有时候甚至想要结束自己的生命。A女士被诊断为重度抑郁障碍，医生建议她接受人际关系疗法和服用抗抑郁药物。

（二）躁郁症（躁狂症）

躁郁症是一种极其严重的心理疾病，主要特点就是情绪波动剧烈。躁郁症的表现各异，有些严重，有些轻微，常见的症状包括：不愿意做任何事情，比如起床；经常会毫不顾忌地展示自我、喋喋不休等，这样的疯狂症状往往突然出现，并且预先没有任何迹象。患者会表现出过度兴奋、自信、冲动、易怒等症状。抑郁期时，患者会表现出情绪低落、自责、消极、轻生等症状。

1. 情绪方面

患者表现为兴奋、欢快、自信、自负、自大，有时会出现易怒、暴躁、敌对等负性情绪。

2. 行为方面

患者表现为活动过多、言语多、行为轻率、冲动、不顾后果，有时出现攻击性、破坏性、挑衅性等不良行为。

3. 思维方面

患者表现为思维奔逸、联想松散、跳跃性，有时出现妄想、幻觉等精神病性症状。

4. 生理方面

患者表现为睡眠减少、食欲增加、性欲亢进等。

【案例7-8】

李先生是一位35岁的企业家，平时工作压力很大，经常加班。他有时会出现情绪高涨、自信过度、言语流畅、思维跳跃、行为冲动等躁狂症状，会做出一些不切实际的商业决策，在网上大量购买不需要的东西；有时会出现情绪低落、自责自卑、兴趣缺失、睡眠障碍等抑郁症状，会对自己的工作和生活失去信心和希望，甚至产生厌世念头。

医生诊断李先生可能患有躁郁症。躁郁症称为双向情感障碍，是一种心境障碍，指发病以来，既有躁狂或轻躁狂发作，又有抑郁发作的一种心境障碍。躁郁症的病因尚未阐明，可能与遗传、生化和社会等多种因素有关。躁郁症的临床表现为情绪大起大落，行为冲动和不稳定，思维奔逸和迟缓，精神错乱和木僵等。

（三）强迫症

强迫症是一种以反复出现强迫思想和强迫行为为特征的心理障碍。[1]强迫思想是一些无意义或令人不快的想法或形象，如担心自己会受到伤害或伤害别人、对某些事物过分在意或害怕等。强迫行为是为了减轻强迫思想所带来的焦虑而采取的一些重复或刻板的动作或仪式，如反复洗手、检查门窗是否锁好、数数或排列物品等。强迫症会导致大学生花费大量的时间和精力在无意义的事情上，影响他们正常的学习和生活。大学生如果发现自己有强迫症的迹象，应该首先认识到自己所做的事情是没有必要和没有用处的，并尝试挑战和抵制自己的强迫思想和行为。其次，可以通过认知行为疗法等来改变自己对强迫思想和行为的评价和态度，逐渐减少依赖和恐惧。最后，可以寻求心理咨询师或心理医生的帮助，并服用适当的药物。

强迫症临床表现主要包括强迫思维和强迫行为两个方面（图7-5）。强迫思维是指一些无意义、反复、难以摆脱的想法或冲动，如对污染的恐惧、对事物的怀疑、对秩序的要求等。强迫症患者通常意识到自己的思维和行为是不合理的，但无法控制，这给他们带来了极大的痛苦和困扰，影响了日常生活和社会功能。

强迫思维
指一些无意义、反复、难以摆脱的想法或冲动

强迫行为
为了缓解强迫思维引起的焦虑而采取的一些重复、刻板、仪式化的行为

图7-5 强迫症的两种临床表现

---

[1] 潘明圆：《强迫症浅论》，载于《中外医疗》，2008（23）：147-148。

【案例7-9】

小李担心自己会说错话或做错事，因此在说话或做事前要反复思考和确认，甚至要求别人给予肯定和安慰，导致交流困难和缺乏自信。小李存在强迫性障碍的症状。强迫性障碍是一种常见的心理障碍，主要表现为反复出现的强迫观念和强迫行为，给个人的生活和工作带来严重的困扰和影响。强迫观念是指一些不合理、不愉快、不受控制的想法或担忧，如对自己的言行过分担心、对细节过分关注、对完美主义的过分追求等。小李可能因为害怕说错话或做错事而产生了强迫观念，从而导致了反复思考和确认的强迫行为，以及对他人肯定和安慰的过度依赖。这样不仅会浪费时间和精力，还会降低自己的自信心和自尊心，影响与他人的交流和关系。

（四）癔症

癔症又称瘟病或歇斯底里症。目前认为癔症患者多具有易受暗示性、喜夸张、感情用事和高度以自我为中心等性格特点，常由于精神因素或受不良暗示而发病。癔症的主要表现为分离症状和转换症状。分离症状是指精神活动之间的解体，如意识障碍、心因性遗忘、神游等。转换症状是指情绪反应转化为躯体功能障碍，如感觉障碍、运动障碍、抽搐震颤等。癔症的发生与遗传因素、个性特征和精神创伤有关，常在强烈的情感冲突或暗示下发作。癔症的治疗主要是心理治疗，包括暗示治疗、支持性治疗、心理分析等。

【案例7-10】

一名35岁的男性，在工作压力过大时，常常出现记忆缺失或身份错乱的现象，有时会突然离开原来的环境，到陌生的地方漫游数日，清醒后对发生的事情一无所知，被诊断为分离型癔症。这种现象称为癔症性梦游，是一种发作性意识改变的形式。癔症性梦游可能是患者在无意识中逃避现实的压力和矛盾，寻找以往熟悉和有情感意义的地方。对于这种情况，应该及时进行心理治疗，帮助患者解决心理问题，消除暗示和自我暗示，恢复正常的精神活动和意识状态。

（五）疑病症

疑病症也被称为疑病性神经症，它是一种以过度关注自我感受或者体征，并对其做出不符合现实的病理性理解方式为主导的精神疾病。起初，这种疾病的早期迹象可能只是过于在意自身的健康状况及身体的细微变化；随后，逐步发展成一种全面系统的疑病症状。这些疑病症状可以包括全身上下的不适感、某个特定区域的痛楚或是机能受损甚至具体到某种特定的疾病上。患有疑病症的人会误解他们的身体感受或体征，如将正常的生活状态或小问题视为严重的病情。他们会频繁地寻求医生的帮助，要求做各种检查，但即使检查结果正常，他们也不会放心，而是继续怀疑自己的健康。

【案例7-11】

作为独子的小高，他的日常生活中并没有遭遇太多波折，工作态度严谨且注重细节。然而，他在过去的一年中一直感觉身体不适，尽管经过了两次全面医疗检查和一系列常规诊断，都没有发现任何问题。这让他开始怀疑自己的健康状况，并频繁前往大型医疗机构寻求答案，但是始终未能找到确切的病因。为了治疗疾病，他已经花费了很多时间和金钱，并且向医生和家庭成员表达了自己的担忧。他们试图安慰他，告诉他不必过于担心，可是小高仍然坚信自己可能患上了某种重大疾病。由于对自己的身体健康过度焦虑，导致他身心疲惫，而又难以摆脱这样的情绪困扰。

疑病症的成因可能与个人的性格特征、生活经历、社会文化等因素有关。小高作为独生子女，可能受到过多的关注和保护，导致他缺乏应对压力和挫折的能力。他生活平顺，做事认真，比较爱计较，可能表现出一种完美主义的倾向，对自己和他人都有过高的要求和期待。他两年前感冒发烧过一次，可能给他留下了深刻的印象和恐惧感。在消费主义和医学化的社会环境下，他可能受到各种健康信息和医疗广告的影响，对自己的健康标准过于严格和精细。

疑病症给小李带来了严重的负面影响。他不断地寻求医学证据和专家意见来证实或否定自己的健康状态，却始终不能得到满意的答案。他为此浪费了大量的时间、金钱和精力，影响了他的工作和生活质量。他无法接受自己没有病的事实，也无法摆脱对身体不适感的关注和担忧。他陷入了一种焦虑—避免—确认—焦虑的恶性循环中。

（六）妄想症

妄想症以持续性的进展和系统的、有序的妄想作为主导症状。患者的妄想主题可以涵盖各种生活场景，如被追踪、中毒、喜爱、欺诈或陷害等。这类病人通常在患病前具有孤独、与他人疏离的特点，他们的行为可能会因妄想而出现异样，但除此之外，其他方面并无明显变化。

【案例7-12】

女大学生李某拥有出色的外貌，并且与众多网络好友保持着良好的互动关系。随着时间的推移，她逐渐对一位男性朋友产生了浓厚的兴趣。当他们首次见面时，她的印象远超预期的好，这使他们的感情迅速发展为实际生活中的爱情。但随后的深入了解揭开了这位男生的真实一面：他实际上通过网络结识并交往了很多女友。这个真相如同晴天霹雳般击碎了她的幻想，让她无法再继续正常生活，甚至考虑过结束自己的生命。

对于女大学生来说，这是一种基于场景性的抑郁症症状：她在互联网上与一位实际上并不可信赖的男人建立了深厚的联系后，才意识到他的虚假面貌和实际品质之间的差距，当两人开始真正的交往时，她的失望感加剧导致其产生严重的精神困扰，以至于考虑过结束自己的生命。同样的情况也发生在那个男性身上——他也陷入了一种互联网情感困境。这个男人常常利用社交媒体来吸引年轻女子的注意和信任，但事实上却是个缺乏自信、渴望被认可的存在者，尽管表面看上去光鲜亮丽，但他内心空洞且毫无价值可言。由于人们可以在线上任意想象自己或他人的人生故事，一些男孩子会把自身描绘为英俊潇洒的主人公形象，女孩子则将自己幻化成为美丽动人的女主角。然而过于沉浸其中会导致他们的思想出现问题。

（七）网络心理障碍

由于过度沉浸于互联网的社交与信息获取，导致病患无法控制自己的时间分配及精力消耗，进而影响到他们的健康状况。这类网络心理问题者的主要症状有心情沮丧、失眠、生活作息混乱、食欲减退、体重下降、体力衰弱、自尊心受损并且认知功能下降、思考缓慢、社交互动减少乃至产生厌世倾向或行动。

（1）上网时全神贯注，下网后念念不忘"网事"；

（2）总嫌上网时间太少而不满足；

（3）无法控制自己的上网行为；

（4）一旦减少上网时间就会烦躁不安；

（5）一上网就能消除种种不愉快情绪，精神亢奋；

（6）为了上网而荒废学业或事业；

（7）因上网放弃重要的人际交往、工作等；

（8）不惜支付巨额上网费用；

（9）对亲友掩盖自己频频上网的行为；

（10）有孤寂失落感。

【案例7-13】

姚兴（化名）是一名牌大学的毕业生，本来有着不错的前途，但从大二开始沉迷网络游戏，无法自拔。他经常逃课、挂科，就业后也很快被辞退。他整天窝在脏乱发霉的出租房里玩游戏，不顾家人的劝阻和关心。由于长期缺乏运动和营养，他被传染了肺结核，出现咳血等症状。他的人生几乎被毁了。

网络心理障碍的类型如图7-6所示。

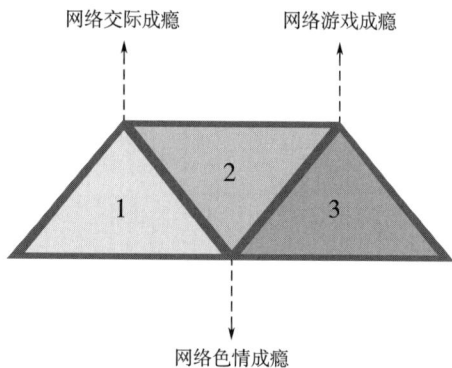

图7-6　网络心理障碍的类型

（八）精神分裂症

精神分裂症是一种普遍的精神疾病，发病原因尚不明确，且通常发生在青年到中年的阶段，其发生前的确存在一定的情绪和社会影响。该病的典型症状包括认知能力下降（如对自身安全产生怀疑）、感官体验异常（比如认为食物含有毒素或者感觉受到监视而避免出门）、自我意识扭曲导致无法理解他人的意图、误解别人的言语及行动等。

1. 联想障碍

显然的思维过于放松，逻辑出现错误，或者是病态的象征性思考，如说话缺乏核心内容，对事物的描述不够准确，使人感觉难以理解，把无关的几个词汇混合在一起，赋予特殊含义等。

2. 妄想障碍

原始性幻想或其内容极度荒诞，觉得自己的思维受到无线电波的操控，卧室里被安装窃听器，被人追踪，周围的人都以不同的视角看待他等。

3. 情感障碍

如自我沉默、痴迷，或者情绪波动不定等。

4. 幻听障碍

在听到有人对自己的声音或命令进行评价，或者是出现争论性幻觉时，感觉自己的思维被大胆地表达出来等。

5. 行为障碍

紧张症状群，或怪异的愚蠢行为。

6. 意志减退

孤独、退缩、生活懒散，不注意个人卫生，数日不理发、不洗澡等。

7. 被动体检

被控制感，思维被洞悉，思维被插入、被撤走或中断等。

【案例7-14】

张某，男性，25岁，在一家公司做会计。一年前开始出现怀疑同事对他不利、老板监视他的想法，后来又听到有人在耳边说他是个废物等，有时还看到一些不存在的人或物。他因此变得焦虑、恐惧、孤僻，不敢与人交流，工作也受到影响。家人带他去医院就诊，诊断为精神分裂症，并给予抗精神病药物治疗。经过一段时间的用药，他的妄想和幻觉减轻了，但仍然感到情绪低落、兴趣缺乏、自信心不足。

张某的案例反映了精神分裂症的发病过程、临床表现和治疗方法。精神分裂症是一种严重的精神障碍，其病因尚不明确，但可能与遗传、环境、神经生物学等多种因素有关。精神分裂症通常在青春期或成年早期发病，会导致认知、情感和社会功能的损害，给患者和家庭带来巨大的负担。精神分裂症的治疗主要包括药物治疗和心理治疗。药物治疗可以控制阳性症状，如妄想和幻觉，但对阴性症状和认知缺陷的改善效果有限。

二、为何患有心理疾病：心理疾病的成因分析

当前的大学生群体正经历着社会的转变阶段，面临的竞争压力和生活的忧虑可能会让他们的心灵负荷增加，同时由于许多大学生是独生子女，他们的心理抗压能力相对较差，因此容易在遭受强烈冲击时出现心理失调或者引发各类心理问题。从更具体的层面来看，大学生心理问题的根源可以归结为三个关键因素：

（一）内在原因

在这个时期，许多大学生的自我意识正在不断发展和强化，他们对自我的认知逐渐清晰起来，并且渴望被他人认可为成年人。与此同时，他们的内心也更加趋于保守与内敛，更愿意遵照内心的想法去行事，而不是受到外界的干扰或影响。在这种情况下，他们在寻求了解自身的同时也在努力构建自身的价值观体系以实现个人成长的目标。而实际上，此时大学生的认知水平仍然十分有限，在自我意识的培养中难以正确处理个人与社会的关系，常常会出现自我评价与社会评价相矛盾或冲突的现象，这种矛盾或冲突如果得不到及时、妥善解决，就会导致大学生自我意识膨胀或过度自卑，因理想自我与现实自我之间的差距太大而失望、沮丧，各种心理疾病就会随之产生。

（二）外在因素

主要受到家校教育的双重作用，错误的家庭教育方法和单亲家庭的成长背景，都是影响塑造大学生稳定的心理特质的关键外部因素。当前，独生子女已经成为现代学子的主导群体，他们在被过度宠爱的家庭氛围中长大，往往容易培养出一些负面习惯，比如固执己见、以自我为中心、缺乏社交技巧等，而这些习惯常常会导致他们患上精神疾病，甚至引发暴力的思维或者行动。另外，传统的学校教育在教育理念和教学方式上更

多地关注大学生获得知识和技能的多少，而对大学生情感、态度、价值观的形成等方面的关注不够，导致大学生很难有自己的理想、信念和发展目标而容易产生种种心理困惑与情感迷茫。

（三）社会因素

面对日益激烈的社会竞争力挑战，寻找工作或者获得满意的职业变得越发艰难，这使许多即将毕业的大学生产生了巨大的心灵负担与情绪困扰，部分人因此感到忧虑不安、自我贬低并丧失了对未来的信心，各种类型的内心困惑也由此而生。此外，由于生活在一个充满多样化的思想环境里，那些还未形成稳定价值观的大多数年轻人在选择方向时常常无所适从，部分年轻人因为过度依赖互联网，导致他们深陷不良资讯或是负面信息之中无法摆脱，最终可能造成他们的情感枯竭、行动偏离正轨乃至走向犯罪之路。

【讨论活动】

数一数我的"护卫舰"

人人都可能遭遇心理危机，当个人难以应对时，家人、朋友和老师都是我们强有力的后盾。每个人在生活中所构建的社会关系网就像护卫舰一样，为我们保驾护航，提供温暖、关爱以及解决问题的办法，帮助我们顺利渡过困难与危机，促进我们身心健康发展。

请思考：假设某天遇到危机，你会第一时间向哪些人寻求帮助呢？

（1）当我遇到学业方面的问题时，我可以求助的两个人是_____。

（2）当我遇到恋爱方面的问题时，我可以求助的两个人是_____。

（3）当我遇到个人未来发展问题时，我可以求助的两个人是_____。

（4）当我与同学或舍友产生矛盾时，我可以求助的两个人是_____。

（5）当我遇到与父母关系方面的问题时，我可以求助的两个人是_____。

【课堂拓展】

抑郁自评量表（SDS）

学院：　　　　年级：　　　　性别：　　　　　　得分：

请您仔细阅读以下每一条的说明，把意思弄明白，然后对照自己最近一周的感受，从四个选项中选择最符合实际情况的一项，并填在表7-1中。

注：①"很少"表示出现类似情况的频率少于1天或没有出现；②"有时"表示至少2~3天会出现类似情况；③"经常"表示至少4~5天会出现类似情况；④"持续"表示几乎每天都会出现类似情况。

表7-1　抑郁自评量表

问题	频率			
（1）我觉得闷闷不乐，情绪低沉	①很少	②有时	③经常	④持续
（2）我觉得一天之中早晨最好	①很少	②有时	③经常	④持续
（3）老是莫名地哭出来或觉得想哭	①很少	②有时	③经常	④持续
（4）我晚上睡眠不好	①很少	②有时	③经常	④持续
（5）我吃饭像平时一样多	①很少	②有时	③经常	④持续
（6）我与异性密切接触时和以往一样感到愉快	①很少	②有时	③经常	④持续
（7）我感觉自己的体重在下降	①很少	②有时	③经常	④持续
（8）我有便秘的烦恼	①很少	②有时	③经常	④持续
（9）我觉得心跳比平时快了	①很少	②有时	③经常	④持续
（10）我无缘无故感到疲乏	①很少	②有时	③经常	④持续
（11）我的头脑跟平时一样清楚	①很少	②有时	③经常	④持续
（12）我做事情像平时一样不感到有什么困难	①很少	②有时	③经常	④持续
（13）我坐立不安，难以保持平静	①很少	②有时	③经常	④持续
（14）我对未来感到有希望	①很少	②有时	③经常	④持续
（15）我比平时容易生气激动	①很少	②有时	③经常	④持续
（16）我觉得做出决定是容易的事	①很少	②有时	③经常	④持续
（17）我觉得自己是有用的人，别人需要我	①很少	②有时	③经常	④持续
（18）我的生活过得很有意义	①很少	②有时	③经常	④持续
（19）我认为如果没有我，别人会生活得更好	①很少	②有时	③经常	④持续
（20）对于平常感兴趣的事我仍旧感兴趣	①很少	②有时	③经常	④持续

● 量表说明

量表介绍：抑郁自评量表（Self-rating Depression Scale，SDS）由Zung编制于1965年。为美国教育卫生福利部推荐的用于精神药理学研究的量表之一，因使用方便，应用颇广。

● 计分方式

（1）①、②、③、④依次计1、2、3、4分；

（2）第2、5、6、11、12、14、16、17、18、20题反向计分，即①、②、③、④依次计4、3、2、1分。

SDS按症状出现频度评定，分4个等级：没有或很少时间，少部分时间，相当多时间，绝大部分或全部时间。若为正向评分题，依次评为粗分1、2、3、4分。反向评分题，则评为4、3、2、1分。评定时间为过去一周内，把个体的得分相加为粗分，粗分乘以1.25，四舍五入取整数即得到标准分（T）。抑郁评定的临界值为T=53分，分值越高，抑郁倾向越明显。

中国常模：分界值为 53 分，53~62 分为轻度抑郁，63~72 分为中度抑郁，72 分以上为重度抑郁。

注：量表总分值仅作为参考而非绝对标准，应根据临床（要害）症状来划分；对严重阻滞症状的抑郁症患者，评定有困难。

第三节
心理危机

一、危险还是机遇：心理危机的内涵

（一）个体对事件的意义和影响的评估

不同的人对同一件事可能有不同的看法和感受，有些人可能认为这是一场灾难，有些人可能认为这是一次挑战。

（二）个体是否获得有效社会支持系统

社会支持系统是指能够给予个体情感、信息、物质等方面帮助的人或组织，如家庭、朋友、同事、专业人士等。有了社会支持系统，个体可以得到安慰、鼓励、建议等，从而减轻压力和焦虑。

（三）个体是否获得有效的应对机制

个体能否从过去经验中获得解决问题的有效方法，如哭泣、愤怒、向他人倾诉等。由于个体在这三个方面可能存在着较大的差异，因此，相同的事件不一定对每个人都构成危机。

二、求助与自助：实用性心理危机干预的内涵

实用性心理危机干预是指针对处于心理危机状态的个人或群体，根据具体情况和需求，采用科学、有效、灵活的心理援助方法，帮助其尽快恢复正常的心理功能和社会适应能力的一种心理服务。

干预目标是减轻当事人的痛苦和困惑，增强自我控制和自我调节能力，提高应对危机的策略和技巧，促进心理成长和发展。

干预原则包括及时性、主动性、个体化、多元化、协作性、评估性等。

干预方法有多种，如认知行为疗法、眼动脱敏再处理技术、正念减压法、催眠放松训练法、系统脱敏疗法、移空技术、药物干预等。

干预效果取决于多种因素，如当事人的个性特征、危机事件的性质和严重程度、干预者的专业水平和人际关系等。

三、关于大学生，有哪些心理危机：大学生心理危机的种类

（一）发展性危机

在正常的成长和发展过程中，对于突如其来的变化或转型所产生的异常反应，例如升学压力、性心理问题等。这些都是大学生生活中不可或缺且重要的转折点，每一次成功解决发展性危机都是他们走向成熟和完善的关键阶段。

（二）境遇性危机

这是突如其来的、无法预见且难以管理的心理危机，如交通事故、疾病或死亡的忽然发生、天然灾难等。

（三）存在性危机

这是指在人生的重大事件中出现问题，引发了个体内心的矛盾和焦虑，是一种伴随关键的人生目标、责任感以及未来进展等内在压力冲突和焦虑的危机。

四、心理危机如何发生：心理危机的产生机制

（1）精神疾病是导致大学生心理危机的重要因素；
（2）人格成长中的挫折与早期经验不良现状；
（3）适应困难、交往障碍与自卑；
（4）学习、择业、就业压力带来的心理烦恼；
（5）情感与性问题带来的心理困扰。

五、冰冻三尺非一日之寒：心理危机的特点

（一）突发性

危机常常是出人意料、突如其来的，具有不可控制性。

（二）紧急性

危机的出现具有紧急的特征，需要人们去紧急应对。

（三）痛苦性

危机在事前、事后给人带来的体验都是痛苦的，甚至可能涉及尊严的丧失。

（四）无助性

危机的降临，常常使人觉得无所适从，危机使人们的未来计划受到威胁和破坏，心理自助能力差、社会心理支持系统不完善，危机常使个体感到无助。

（五）危险性

危机之中隐含着危险，可能影响到人们正常生活与交往，严重的还可能危及自己和他人的生命。

六、逆境中前行：心理危机的结果

（1）顺利渡过危机，并学会了处理危机的方法策略，提高了心理健康水平；

（2）渡过了危机但留下心理创伤，影响今后的社会适应；

（3）禁不住强烈的刺激而自伤自毁；

（4）未能渡过危机而出现严重心理障碍。

七、做自己心理健康的第一责任人：大学生是心理危机易出现的群体

（1）有些大学生在心理健康评估中被确诊为存在心理问题或者患有心理疾病，甚至有厌世倾向。

（2）由于承受的学业压力过大，导致了心理问题，如首次考试不及格、需要重新修读多门课程、即将开始实习、可能被迫退学或者在完成毕业论文时遇到严峻挑战等。

（3）那些在学校和生活中遭受了突如其来的挫折，并导致精神或者行动失常的学子们，例如经历亲人的丧生、家庭的破裂、失业困扰或是家暴等的家庭问题，又或者是遭遇到性的困境（包括被性侵害、未婚先孕等），抑或是由各种意料之外的事件（比如天灾人祸、学校欺凌、交通事故等）所引发的精神冲击都属于此类情况。

（4）大学生们在遭受感情打击后，可能会产生心灵或行为上的问题，如失恋者因单相思而情感失控等。

（5）大学生在人际关系失衡后，可能会产生心理或行为的异常，比如在公众场合遭受侮辱、恐吓，与同伴发生严重的人际冲突导致被排斥和歧视，或者与教师发生严重的人际冲突。

（6）对于那些性格内向、孤僻且经济状况严重恶化，心理或行为出现问题的大学生，例如，不善于社交，无力承担学费，并需要频繁地从亲朋好友处借钱的学生。

（7）当大学生身体遭遇严重的疾病，比如传染性肝炎、肺结核和肿瘤等，这些疾病的医疗费用高昂且难以治愈，对他们来说非常痛苦，治疗周期也很长，经济压力巨大。

（8）有些大学生患有重大精神疾病，并且已经被专业医生确诊为抑郁症、恐慌症、强压症、癔症、焦虑症、精神分裂症和情绪性精神疾病等。

（9）有些大学生因为适应能力不足而产生心理或行为问题，如新入学的大学生和面临就业难题的毕业生。

（10）因为周围的同学遭遇了个人危机，导致他们感到恐惧、担心、不安和困惑。

【课程活动】

危机脆弱性问卷

指导语：表7-2所列是可能有的一些观念和情况，请根据自己的情况选择合适的选项。

评分说明：注意2、5、8、11、12、14、15题为反向计分题，分数计算与其余题目相反，最终计算总分即可。

表7-2　危机脆弱性问卷

序号	题目	是	不确定	否
1	我无法勤奋学习，因为总是别人从中获利	2	1	0
2	我不介意日常的学习秩序被意料之外的事情打断	0	1	2
3	只要权威对某事做出了决定，我对此便无能为力	2	1	0
4	我发现我的不幸几乎都是由于自己的过错造成的	2	1	0
5	生活中充满有趣的冒险	0	1	2
6	如果别人生我的气，我将非常沮丧	2	1	0
7	如果有人强我所难的话，我很难说服别人改变他的主意	2	1	0
8	每个问题都有解决的办法	0	1	2
9	那些我认为可以信赖的人经常让我失望	2	1	0
10	如果我回避问题，问题将不存在	2	1	0
11	人们可以通过合理安排生活来避免危机的出现	0	1	2
12	我相信只要努力学习，就能得到想要的东西	0	1	2
13	我发现人们一般并不感激我为他们所做的一切	2	1	0
14	即使是在困难的情境中，我仍有选择的自由	0	1	2
15	我喜欢听别人讲述他们的经验和体会	0	1	2

第四节
心理危机的预防

心理危机的预防就是对处于心理危机状态者采取明确有效的措施，使症状得到缓解，使心理功能恢复到危机前的水平，并获得新的应对技能，以预防将来心理危机的发生。

一、转危为机：危机干预的步骤

大学生心理危机是指大学生在面对重大挫折、困难或变故时，由于心理适应能力不足，导致情绪失控、行为失范、人际关系紊乱、自我价值下降等不良后果，甚至出现自伤、伤人毁物等极端行为。大学生心理危机的发生不仅影响大学生的身心健康和个人发展，也危及社会的稳定和安全。因此，及时发现和干预大学生心理危机，是教育工作者和社会各界的共同责任。在校园内，大学生面临心理危机时，可使用"六步干预法"进行危机干预（图7-7）。

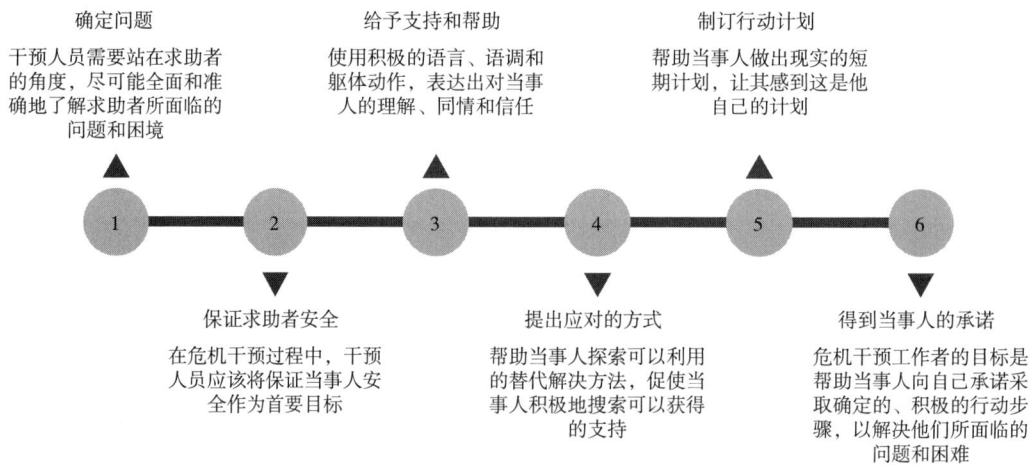

确定问题
干预人员需要站在求助者的角度，尽可能全面和准确地了解求助者所面临的问题和困境

给予支持和帮助
使用积极的语言、语调和躯体动作，表达出对当事人的理解、同情和信任

制订行动计划
帮助当事人做出现实的短期计划，让其感到这是他自己的计划

保证求助者安全
在危机干预过程中，干预人员应该将保证当事人安全作为首要目标

提出应对的方式
帮助当事人探索可以利用的替代解决方法，促使当事人积极地搜索可以获得的支持

得到当事人的承诺
危机干预工作者的目标是帮助当事人向自己承诺采取确定的、积极的行动步骤，以解决他们所面临的问题和困难

图7-7　危机干预的步骤

（一）确定问题

确定问题是危机干预的关键步骤。在这一步骤中，干预人员需要站在求助者的角度，尽可能全面和准确地了解求助者所面临的问题和困境。为了达到这个目的，干预人员应该运用有效的沟通技巧，包括积极倾听、表达同理心、给予理解、展现真诚、保持接纳和尊重的态度。干预人员还应该灵活地使用开放式和封闭式问题，引导求助者描述自己的感受、想法和行为，以及与问题相关的背景和影响因素。干预人员要注意观察求助者非语言信息，如面部表情、肢体动作、声音和语调等，以便更好地理解求助者的情

绪状态和需求。

（二）保证求助者安全

保证受助者的安危是紧急援助的第一准则。在处理紧急情况时，救助工作人员应把保护当事人的生命安全视为主要任务，这里的"安全"指的是尽可能地降低自身和他人受到身体及精神伤害的风险。在救援工作者审查评价、听取意见并制订应对措施的时候，对于安全的重视程度应当与其他事项等同。如果当事人有自伤或攻击他人的风险，干预人员应该采取紧急措施，如联系家属、医院或警察等，以保护当事人和他人的生命。同时，干预人员也应该注意自身的安全，避免陷入危险或暴力的情境。

（三）给予支持和帮助

危机干预的目的是帮助当事人从危机中恢复，提高其应对能力和自我效能感。为了达到这个目的，危机干预人员需要与当事人建立良好的沟通和交流，使其感受到关心、尊重和支持。危机干预人员应该使用积极的语言、语调和躯体语言，表达出对当事人的理解、同情和信任，危机干预人员是能够给予其有效帮助的人。通过这样的沟通和交流，危机干预人员可以减轻当事人的紧张、焦虑和恐惧，增强其自信、希望和动力，促进其积极参与危机干预过程，寻找解决问题的方法和资源。

（四）提出应对方式

助力受害者找寻替代的解决策略，积极地探索能够获得环境援助和可行的应对方法，激发他们的思考。受害者明白有哪些人现在或以前会关心自己，并且有很多可变通的应对策略可供选择。目的是帮助当事人提高自我效能感和自主性，增强其面对困难和挑战的信心和能力。通过与辅导者沟通和反馈，当事人可以发现自己的潜能和资源，找到适合自己的解决方案，实现自我成长和发展。

（五）制订行动计划

帮助当事人做出现实短期计划，与当事人建立信任合作关系，了解他的需求、期望和目标，目前所面临问题和困境。设定个人自主行为方案的过程，需要考虑当事人的实际承受力，确保实施过程中既能满足他们的需求又具有实用性和连贯性。制订解决方案的关键是使寻求援助的人感受到他们并未丧失任何权利、自由度及自我价值，是在依靠自身的力量做出决定以改变现状。在执行此流程的过程中需同当事人紧密协作，让他们觉得这是一种由自己主导的行为方式，而不是被动接受或者强制性的决策。在设计方案的时候要充分理解并尊重当事人的想法和信仰，同时也要防止提供太多或太少的指导意见。

（六）得到当事人承诺

达成个人保证是解决紧急情况的关键环节。处理紧急情况的专业人员需要同个体合作制订详细且实际的时间限定行为方案，该方案应包括个体的具体操作方法、评价标准及对方案的修改策略。如果方案实施效果良好，那么获得个人的保证就相对简单了，在终止紧急状况之前，应对手头的工作做出清晰明了且恰当的个人保证，以证明其会遵循预先设定的方案行事，并且在遇到困难的时候也会主动寻找额外的援助或支援。危机干预工作者应该对当事人表示赞赏和鼓励，提醒他保持联系和反馈。

除了上述六个步骤，我们还应该利用社会支持系统来帮助大学生。社会支持系统是指那些能够给大学生提供各种帮助和关怀的人或组织。社会支持不仅体现在心理和情感上，也体现在具体的救助措施上。

二、危机干预有哪些手段：危机干预主要应用技术

（一）支持技术

这类技术应用是一种心理危机干预方法，针对那些遭遇了突发的、严重的、威胁到个人或群体安全和稳定的事件的人群。心理危机干预目的是帮助这些人群在危机发生后尽快地恢复正常的生活和工作，减少心理创伤的影响，预防后续的心理问题。旨在尽可能地解决危机，使病人的情绪状态恢复到危机前水平。危机开始阶段病人焦虑水平很高，尽可能使之降低，可以应用暗示、保证、疏泄、环境改变、镇静药物等方法；如果有必要，可考虑短期住院治疗。这类技术应用需要由专业的心理卫生人员来进行，具备良好的沟通技巧、危机评估能力、干预策略和团队合作精神。

（二）干预技术

干预技术也被称为解决问题的技巧，可以协助患者按照一系列流程来进行思维与行为活动，从而获得更好的成果。首先识别出存在的难题及挑战；然后提供多个可能的选择策略；接着详细阐述每个选项的好处与缺陷以及其可操作性；最后挑选最佳方案；再决定具体的实行方法；接下来就是实际施行该计划；最后对所采取的方法的效果进行评估。医生在这个过程中起到的作用是激发、指导、推动和激励。

在干预过程中，治疗人员的职责包括：协助患者正视危机，引导他们认识到可能的应对策略，提供新的信息或知识，在日常生活中给予患者支持，帮助他们规避一些压力性的情况，防止提供不适当的保障，鼓励患者接受帮助。

（三）倾听技术

危机干预工作者需要运用多种治疗技术和策略，以主动、积极和自信的态度与求助

者建立联系，评估其需求和风险，提供适当信息和建议，促进其应对能力和自我效能的提升。倾听是危机干预工作者的基本技能之一，可以让求助者感受到尊重、理解和支持，缓解其紧张和焦虑。倾听不仅是听求助者说什么，还要注意他们的语气、表情和肢体语言，以及他们没有说出口的感受和想法。倾听需要危机干预工作者保持专注、敏感和同理心，及时给予反馈和澄清。

【课堂拓展】

有效倾听的重要因素

（1）要用自己的言语向对方说明自己要做什么。这样可以建立信任，减少对方的防御心理，也可以避免误解和冲突。

（2）要让求助者知道危机干预工作者能准确领会描述事实和情绪体验。这样可以增强对方的自尊，激发其表达和沟通的动力，也可以促进双方的共情和理解。

（3）要帮助求助者进一步明确了解自己的情感、内心动机和选择。这样可以帮助对方认识和接受自己，发现和解决自己的问题，也可以提高对方的自主性和责任感。

（4）要帮助求助者了解危机境遇的影响因素。这样可以帮助对方分析和评估自己所面临的困难和压力，找出和利用自己的资源和支持，也可以增强对方的应对能力和适应能力。

三、学校心理危机的预防机制：学校可以围绕五级防护开展工作

（一）一级防护：大学生能够自我调节

自觉地认识自己的心理状况，独立地调节各种心理问题，如情绪、压力、人际关系等。学校应开展心理健康教育与宣传，提高大学生的心理素质和心理健康意识，提高大学生一级防护能力。

（二）二级防护：大学生通过朋辈互助，解决某些心理问题

朋辈互助是指有相似经历或处境的大学生，通过交流、支持、鼓励等方式，互相帮助和影响。学校应指导大学生心理协会，培训志愿者开展朋辈互助活动，如心理咨询、心理小组、心理沙龙等，提高大学生二级防护能力。

（三）三级防护：辅导员、班主任、教师等能够发现并帮助大学生解决某些心理问题

辅导员、班主任、教师等通常与大学生有较多的接触和了解，能够及时发现大学生的异常行为或情绪，并给予适当的关心和引导。学校应建立院系心理健康联系人制度，

培训心理辅导员，合作开展重点大学生工作，如预警、干预、跟踪等，提高大学生三级防护能力。

（四）四级防护：心理咨询中心等专业机构能够为大学生提供专业心理服务

通常有专业的心理咨询师或心理医生，能够对大学生进行心理咨询、心理测试、心理训练、心理健康教育等服务。学校应加强对心理咨询中心的支持和监督，保证其服务质量和效果，提高大学生四级防护能力。

（五）五级防护：医院治疗与家庭护理工作

针对那些已经出现严重的心理疾病或危机的大学生，需要进行药物治疗或住院治疗。学校应与校医院及校外医疗机构保持紧密联系，及时转介需要治疗的大学生，并给予家庭必要的指导和帮助，提高大学生五级防护能力。

四、生命的礼赞：大学生心理疾病的预防

（一）增强自我适应能力

增强自我适应能力非常重要。面对生活和学习环境变化，必须学会积极地适应。对自己所处的环境不论满意与否，都能发挥主动性，积极地学习、工作和生活，使自己得到发展。自我适应的能力不仅能帮助人们克服困难，提高效率，还能增强人们的自信心，培养人们的创新精神。

（二）保持乐观的心态

人们在日常生活中总会面临许许多多的考验，树立正确的心态和积极乐观的生活态度是必不可少的，同时应该锻炼自己适应环境的能力，养成乐观、豁达宽广的胸怀。

（三）善于自我调节

自我调节是一种重要的心理素质，可以帮助大家在面对生活中的各种困难和挑战时，保持平和的心态，调整自己的情绪和行为，从而达到更好的生活质量。自我调节的能力并不是天生就有的，而是需要大家通过不断地学习和实践来培养和提高的。比如多用一些美好的景色或者事物来震撼自己的心灵，时常听听音乐、晒晒阳光也是不错的选择。

（四）培养业余爱好

培养业余爱好是一种有益的生活方式，可以帮助大家在忙碌的工作和学习之余，找到自己的兴趣和乐趣，释放压力，提高幸福感。业余爱好可以有很多种类，比如运动、

音乐、绘画、阅读、写作等，只要是能感到放松和满足的事情，都可以成为业余爱好。业余爱好不仅可以有效调节和改善自己压抑的情绪，缓解身心的疲劳和忧郁，还可以增强自信心和创造力，拓宽视野和知识，丰富人生经历和社交圈子。因此，应该积极地培养自己的业余爱好，让自己的生活更加多彩和有意义。

（五）学会拓展社交关系

学会拓展社交关系是一种有效的应对压力的方法。当朋友、同事和亲人保持良好的沟通和联系时，可以得到他们的支持和鼓励，也可以分享自己的快乐和烦恼。人们就能够缓解心理压力，提高自信心，增强抵抗力。社交关系不仅能让人们感到心情舒畅，还能促进身心健康。因此，人们应该积极地参加各种社交活动，拓展自己的人际网络，与他人建立亲密和信任的关系，就能在交流过程中既快乐了他人也放松了自己。

（六）处理好和谐人际关系

良好的人际关系能缓解心理压力。人际关系不好，大家会感觉处处不顺，良好的人际关系使人感受到自尊和自信，更好地适应环境。与人相处时，多结交品格优秀的人，远离品德不好的人，向优秀的人多交流和学习，对人品不好的人少计较，人际关系会越来越和谐。

（七）多向可以信赖的人倾诉

多向可以信赖的人倾诉是一种有效的心理健康保护措施。倾诉不仅可以帮助自己释放压力，还可以帮助大家获得他人的理解和支持，增强自信和自尊。倾诉的对象可以是亲友、同事、老师、专业心理咨询师等，重要是选择一个能够倾听、尊重、理解和帮助自己的人。倾诉的方式可以是面对面交谈，可以是通过电话、网络、信件等方式。倾诉的内容可以是自己感受、想法、困惑、困难等，无论是开心还是难过，都可以分享给对方。倾诉过程中，应该尽量表达清楚自己的真实情况，不要隐瞒或夸大，不要担心被嘲笑或批评。倾诉的目的是让自己感觉更好，不是为了寻求同情或赞美。倾诉完毕后，应该感谢对方的倾听和帮助，也可以询问对方有没有需要倾听或帮助的事情，可以增进彼此的信任和友谊。

（八）向心理医生寻求帮助

当大家面对自己无法解决的心理问题时，向心理医生寻求帮助是一种勇敢和明智的行为。大家都会遇到各种各样的心理困扰，有时候自己无法解决，这时候就需要专业的心理医生来帮助。心理医生有丰富的知识和经验，他们可以根据各人的情况，提供合适的心理咨询和治疗，帮助其恢复心理健康。看心理医生并不意味着你有什么问题，也不会影响你的社会地位和形象，你不必担心别人的看法，只要你觉得有需要，就应该及时寻求帮助。看心理医生是一种对自己负责的态度，是一种对生活积极的态度。

【讨论】

（1）作为一名刚刚进入职业学校的学生，吴卫的表现一直不错，父母对他的期望是考上大学并实现自我价值。然而，他的中考失败使这个目标破灭，尽管他渴望勤奋学习，但他周围的同学并不像高中生那般刻苦，反而更倾向于花费大量的时间在闲聊、阅读业余书籍、泡网吧或沉浸在电子游戏里。如果有人过于专注于学习，就会被这些同伴们取笑，这让吴卫非常不满他们的做法，但是由于自己处于这样一个环境之中，却无法采取任何行动来改善现状，因此陷入了迷茫与无助，整天都不知道该做些什么。

假设你是吴卫，你会怎么处理呢？你能给吴卫提供建议吗？

（2）同学们在从小学到职业技术学院或高等教育机构，从对父母的依赖转变为自主生活，从无须为生活琐事烦恼转变为面临就业压力时所经历的环境变化是相当大的。

第一是生活环境的改变。

第二是学习环境的变化。

第三是人际关系的变化。

想一想（大学生思考）：

在你的身边还有哪些环境的变化？这些变化使你觉得不适应吗？

第八章
自我心理疏导及情绪管理

第一节
自我心理疏导

一、青年是社会变革的先驱和推动者：大学生心理特点

（一）自我意识提升

随着步入青春期阶段，个体开始展现更强的自主性和独立性，他们不会再过度依靠父母的教诲或老师的指导，而是热衷于探寻外部世界的奥秘，并以自身的价值观来评判事物的善恶（图8-1）。在这种情况下，大学生往往呈现出激烈的对抗情绪，试图

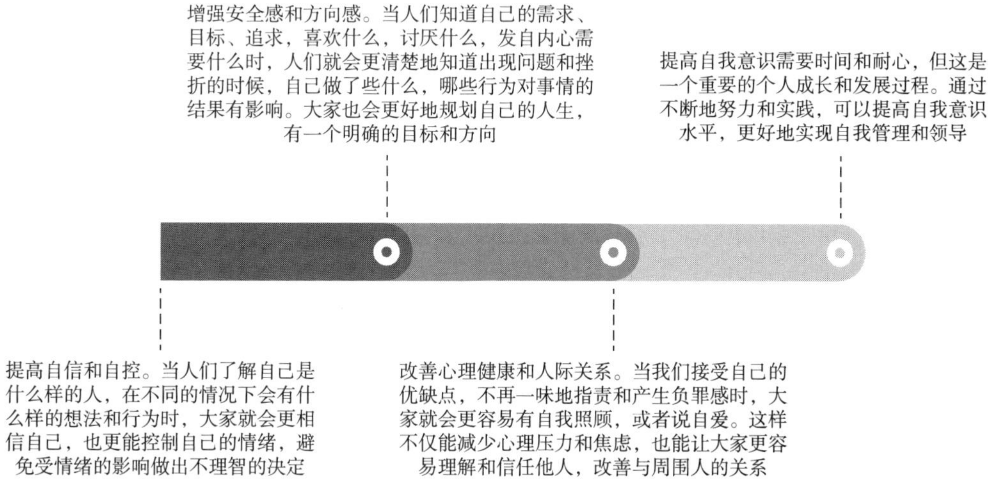

增强安全感和方向感。当人们知道自己的需求、目标、追求，喜欢什么，讨厌什么，发自内心需要什么时，人们就会更清楚地知道出现问题和挫折的时候，自己做了些什么，哪些行为对事情的结果有影响。大家也会更好地规划自己的人生，有一个明确的目标和方向

提高自我意识需要时间和耐心，但这是一个重要的个人成长和发展过程。通过不断地努力和实践，可以提高自我意识水平，更好地实现自我管理和领导

提高自信和自控。当人们了解自己是什么样的人，在不同的情况下会有什么样的想法和行为时，大家就会更相信自己，也更能控制自己的情绪，避免受情绪的影响做出不理智的决定

改善心理健康和人际关系。当我们接受自己的优缺点，不再一味地指责和产生负罪感时，大家就会更容易有自我照顾，或者说自爱。这样不仅能减少心理压力和焦虑，也能让大家更容易理解和信任他人，改善与周围人的关系

图8-1　自我意识提升

通过此举彰显他们的自立力量或是遮蔽内心的脆弱感。从家庭向同伴转移的过程中，他们在行为方式、着装风格及兴趣爱好的选择上，相比家长与老师，更有可能受制于身边的朋友群体。他们在这个阶段，开始尝试建立自己的社会关系，随着对外界认知能力的提升以及生活经验的积累，关注自己的外表，开始注重自己的内心，但尚没有形成比较稳定的世界观和价值观，看问题主观性比较强，勇于探索，遇到困难时容易自卑、灰心甚至自暴自弃。

【案例8-1】

大学生小孙，他从小就喜欢画画，但是他的父母和老师都认为画画是浪费时间，影响学习，所以他一直没有机会接受专业的指导和培训。他只能在课余时间偷偷地拿出画笔和纸张，画出自己心中的世界。有一次，他参加了学校组织的美术比赛，他用心地创作了一幅风景画，但是没有得到任何奖项。他很失落，觉得自己没有天赋，也没有价值。

后来，他遇到了一位美术老师，老师看到了他的作品，很欣赏他的想象力和创造力，鼓励他继续画下去，并给了他一些专业的建议和指导。小孙感到很受鼓舞，他开始积极地参加各种美术活动和培训，不断地提高自己的技巧和水平。他也开始向别人展示自己的作品，并得到了很多赞美和肯定。他觉得自己找到了自己的兴趣和特长，也找到了自己的价值和信心。

（二）情绪不稳定

青年时期是人生的重要阶段，这个阶段的生理发育已经接近完善，自我意识也开始从依赖父母转向自主探索。青年人有着强烈的个性和创造力，他们敢于表达自己的观点和感受，敢于追求自己的理想和目标，敢于面对困难和挑战。他们的精神状态通常是积极向上的，他们对新鲜事物充满好奇和兴趣，对未来充满信心和期待，对自己充满自信和自尊。他们的思维方式也比较灵活和开放，他们能够从多个角度分析问题，能够接受不同的观点和文化，能够创造出新颖的想法和作品。然而，青年时期也是一个充满矛盾和冲突的阶段，这个阶段的心理发育还没有跟上生理发育的速度，导致了青年人在情感和行为上的不稳定。青年人往往会因为生理变化而产生一些困惑和焦虑，例如对自己的身体形象、性别角色、恋爱关系等方面的担忧。青年人也往往会因为心理变化而产生一些冲突和反抗，例如对父母、老师、社会规范等方面的不满和抵触。青年人的情绪波动比较大，他们可能在一天之内经历多种不同的情绪，有时候会因为一点小事而感到无比快乐，有时候又会因为一点小事而感到极度沮丧。青年人对世界的认知还不够成熟和全面，他们还没有完成系统性的学习和社会化的过程，他们对一些复杂和敏感的问题还缺乏足够的了解和判断力。这使他们在面对一些挑战或诱惑时容易做出冲动或错误的选择，如过度追求物质享受、沉溺于网络游戏、参与不良行为等。因此，青年时期是一个需要特别关注和引导的时期，在此时期，社会既要尊重青年人的个性和创造力，又要帮助青年人建立正确的价值观和道德观，既要鼓励青年人积极参与社会活动和积累实践经验，又要提醒青年人注意保护自己的身心健康（图8-2）。

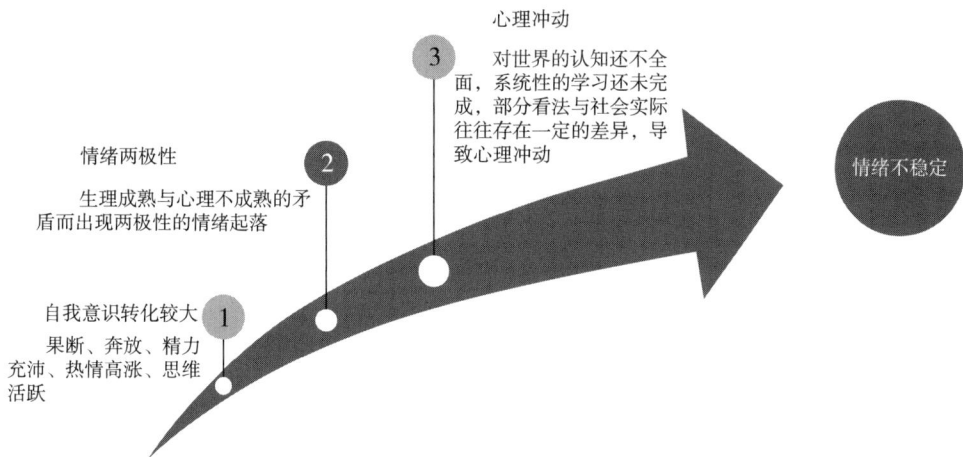

心理冲动
3 对世界的认知还不全面，系统性的学习还未完成，部分看法与社会实际往往存在一定的差异，导致心理冲动

情绪两极性
2 生理成熟与心理不成熟的矛盾而出现两极性的情绪起落

自我意识转化较大
1 果断、奔放、精力充沛、热情高涨、思维活跃

情绪不稳定

图8-2　情绪不稳定

【案例8-2】

小王是一名大学生，平时成绩优秀，性格开朗，但是在即将毕业的时候，他突然感到很迷茫和焦虑，不知道自己将来要做什么，也不知道自己能否找到一份满意的工作。他开始变得沉默寡言，对任何事情都提不起兴趣，甚至不想见朋友和家人。他的父母和老师发现了他的异常，劝他多出去走走，参加一些活动，或者找一个心理咨询师谈谈。但是小王觉得这些都没有用，他认为自己是一个失败者，没有任何价值和希望。

小王的情绪不稳定是由于毕业前的压力和不确定性引起的。这是一种常见的心理现象，称为"毕业恐惧症"。小王需要认识到自己并不孤单，很多同龄人都有类似的困惑和担忧。他需要调整自己的心态，积极面对未来，制订一个合理的职业规划，并寻求专业的指导和帮助。同时，他也需要保持一种健康的生活方式，多与亲友沟通交流，释放自己的负面情绪，增强自信和自尊。

【课程活动】

绘制你的心情九宫格

请你在图8-3的每个格中画图，代表你一周的心情。其中，表达积极情绪的有哪些？表达消极情绪的又有哪些？

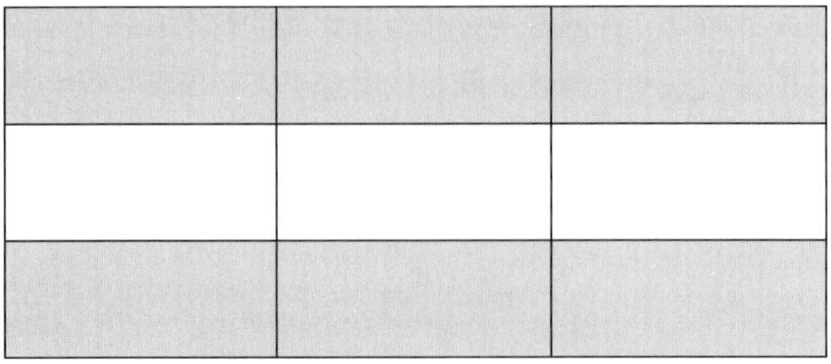

图8-3　心情九宫格

（三）可塑性强

青年是一个特殊群体，知识体系搭建尚未完成，价值观塑造尚未成型，情感心理尚未成熟，容易受到外界事物影响而改变自己思想、观念与心理，具有较强可塑性。对青年进行正确引导和教育，帮助其树立正确三观，培养社会责任感和创新精神，激发积极性和主动性，成为社会主义建设有用之才。

发展心理学是研究人类在不同年龄阶段的心理特征和行为变化的科学。[1]青年是指从青春期开始到成年期结束的一段时期，从12～25岁。青年是人生的一个重要阶段，也是一个充满挑战和机遇的阶段。青年的可塑性强，意味着他们的心理和行为可以通过外部因素和内部因素进行调整和改变，从而适应不同的环境和需求。青年的可塑性强，也给了他们更多的可能性和潜力，让他们可以探索自我、发现兴趣、培养能力、建立人际关系、实现目标等。青年的可塑性强，是一种优势，也是一种责任。青年需要利用好自己的可塑性，积极地面对生活中的各种问题和困难，不断地学习和成长，为自己和社会做出贡献。

【案例8-3】

安安在高中时是一个内向、胆小、自卑的学生，他不敢与人交流，也不敢表达自己的想法和感受。在进入大学后，他加入了演讲社团，开始接触演讲这项活动。起初，他很害怕站在台上说话，经常紧张、结巴、出错。但是，在社团老师和同学的鼓励和帮助下，他逐渐克服了自己的恐惧和困难，多次参加演讲比赛并取得了不错的成绩，性格变得开朗、自信、勇敢。可塑性是指他们在思想发展未定型的阶段，心理特征易受环境和教育的影响，主要体现在认知、情感、意志、行为等方面。

安安的例子说明了可塑性可以通过经历挑战和困难使大脑某一代表区的功能得到转

---

[1] 张丽、薛峰、马晶晶：《幼儿参观心理调查及教育策略探讨——发展心理学在博物馆受众研究中的应用》，载于《文物世界》，2017（3）：57-60。

移。具体来说，安安在高中时由于缺乏自信和沟通能力，导致内向、胆小、自卑，这可能与他的心理基因有关。安安可能从小就受到了过分严厉或者忽视的教育，或者遭遇了一些创伤性的经历，导致他形成了一些消极的心理基因，比如认为自己不够好、不值得被爱、不会被接受等。

在进入大学后，安安加入了演讲社团，这是对他来说非常具有挑战性和困难性的事情，因为它违背了他原有的心理基因。但是，在社团老师和同学的鼓励、帮助下，他逐渐克服了恐惧和困难，多次参加演讲比赛并取得了不错的成绩。这个过程中，安安不仅锻炼了自己的演讲技巧和能力，还改变了自己对自己和世界的看法。他开始认识到自己也有优点和价值，也能够得到别人的认可和赞扬，也能够与人建立良好的关系。这些正面的体验使他形成了一些积极的心理基因，比如认为自己可以做得更好、值得被爱、被接受等。

这种改变实际上是大脑某一代表区功能得到转移的结果。大脑是一个非常复杂而又灵活的系统，它可以根据外界刺激和内部需求进行重组和调整。当人们面对新的挑战或者困难时，大脑会激活相应的神经元网络来应对，并且通过反复练习来加强这些网络。这样，原来没有被利用或者被抑制的大脑区域就会增加活跃度和连接度，而原来过度活跃或者僵化的大脑区域就会减少活跃度和连接度。这种功能转移使人们能够适应新的环境或者任务，并且改善原有的心理状态。

（四）价值观念形成和变化

青年是社会变革的先驱和推动者，具有敏锐的洞察力、强烈的正义感、勇于探索的精神和不断进取的动力。在一个多元化、开放化、竞争化、变革化的时代背景下，青年在成长的过程中，不仅要接受社会文化的传承和教育的培养，还要面对社会问题和挑战，从而锻炼了自己对现实、未来、责任、公平等方面的认识和感受。青年在成长的过程中，不仅要学习和掌握社会文化中的各种价值观念，还要根据自己的思考和判断，对社会文化中存在的不合理和不公正的现象进行批判和反思，从而提出自己的价值主张和价值追求。他们不满足于沿袭传统或者盲从潮流，而是坚持原则或者开拓创新。同时，青年也是一个有创造力和创新力的主体，他们会根据自己的能力和愿望，对社会文化中需要改进和完善的方面进行改造和创新，从而促进和引领社会文化。他们不满足于保守或者消极，而是积极或者主动。因此，青年的价值观念是一个积极的、进步的、负责任的过程，它既反映了社会文化的需求，又能对社会文化产生贡献。

【案例8-4】

小华是一名来自普通家庭的大三学生，他从小就有着广泛的兴趣和爱好，喜欢探索新鲜事物和挑战自我。他对社会有着积极的态度，认为自己应该不断地学习和进步，为社会创造价值和财富。他报考了计算机科学院，希望成为一名创新型的程序员。在大学里，他在课堂上和课外活动中发现自己有很多机会和资源来实现自己的梦想和目标。他觉得自己很幸运，很开心，很满足。他开始积极地与同学交流和合作，对同学充满了尊重和信任。他渐渐坚定了自己的理想和信念，变得积极主动，只想做得更好。

（五）社会适应能力的增强

青年是社会的生力军，他们的成长和发展与社会的进步和繁荣密切相关。青年在参与社会活动和承担社会责任中，不仅为社会做出了贡献，也为自己的成长创造了机会。例如，青年可以参与志愿服务、社区建设、环境保护等活动，为社会提供有益的服务，同时也锻炼了自己的能力和品质。青年在参与社会活动和承担社会责任中，学习了社会规范和技能，增强了与人沟通和合作的能力。他们也在探索自己的社会角色和职业方向，为将来的社会生活做准备。例如，青年可以参与实习、培训、创业等活动，了解不同的职业领域，发现自己的兴趣和优势，为自己的职业发展奠定基础。参与社会活动和承担社会责任，不仅是青年的义务，也是青年的权利。青年应该积极地、主动地、有意识地参与社会活动并承担责任，以实现自己的价值和梦想。只有这样，青年才能成为社会的主人，而不是旁观者。

【案例8-5】

李明是一名大一的新生，刚进入大学，他感到很不适应。他觉得自己与同学们有代沟，不知道如何交流和合作。他也不习惯大学的教学方式，总是跟不上老师的进度。他渐渐变得沉默寡言，自卑消极。为了改变这种状况，他报名参加了学校组织的志愿服务活动。他被分配到了一个社区养老院，每周去陪伴老人们聊天、打牌、散步等。开始的时候，他还是很紧张，不知道如何与老人们相处。但是，他发现老人们都很和蔼可亲，对他很关心。他们不仅跟他分享了自己的生活经历和智慧，还给了他很多鼓励和建议。李明渐渐放松了，也开始主动与老人们交流，甚至跟他们开起了玩笑。通过这样的志愿服务，李明的社会适应能力得到了很大的提升。他不再害怕与人沟通，而是学会了倾听和理解。他也更加自信和积极，能够主动面对困难和挑战。他的成绩也有了明显的进步，因为他能够跟上老师的节奏，也能够与同学们合作学习。他觉得自己找到了大学生活的乐趣和意义。

二、自我心理预防和保护机制：大学生自我心理疏导的作用

随着积极心理学的兴起，自我心理疏导研究正逐渐转向人的积极方面，尝试用人的天赋潜能和积极力量解释重构自我心理疏导的心理能量（图8-4）。积极心理学视角下的自我心理疏导不仅是基于心理问题的自我疏导，更是针对人与自然、人与社会、人与

人、人与自我的关系，从观念、行为、认知、策略等方面进行疏导，促进个体和群体健康和谐发展。这种自我心理疏导的核心是提升个体的主观幸福感，增强个体的心理韧性和应对压力的能力，培养个体的优势思维和积极情绪，激发个体的创造力和成长动力，实现个体的自我实现和价值实现。积极心理学视角下的自我心理疏导有助于个体建立积极的生活意义和价值观，形成积极的人生态度和目标导向，发展积极的人际关系和社会支持，享受积极的生活品质和幸福感。

积极的自我疏导有助于大学生形成有效的自我心理预防和保护机制。自我引导是一个过程，它涉及对个人思维、观念、情感和心态的主动监控、解析、反思、调整、管理和调控，这是个体内心世界的关键平衡器。擅长自我引导的人能以积极的方式来缓解自己的焦虑，并激发自身动力，拥有优秀自我引导技能有助于自我教化、自我成长、自我提升、自我优化和自我突破。根据积极心理学理论，个人的终极发展状况主要取决于他们自身的努力，每个人都拥有强大的自我提升的内在能量。大学生应该深度挖掘自己内心深处的生命发展动力，并且全身心地投入到个人的潜能中去，用积极的态度进行自我引导，这是克服困难、预防疾病的基础。

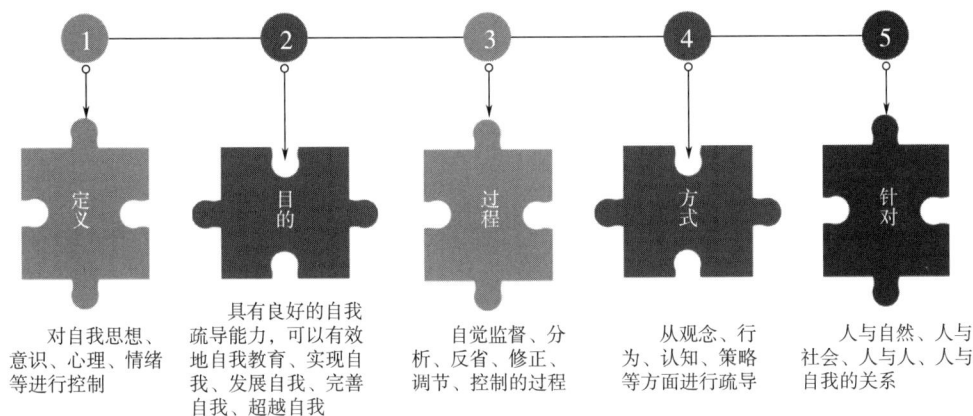

图8-4　大学生自我心理疏导

（一）有利于促进大学生自我与自我、自我与他人、自我与社会、自我与自然关系和谐发展

和谐的人格特质是指大学生个体能够主动且平衡地调整自己、他人、社会以及自然之间的关系，这种特征包括心理、道德、政治和行为品质的全面性（图8-5）。和谐人格的培养是教育的重要目标之一，也是促进大学生自我与自我、自我与他人、自我与社会、自我与自然关系的和谐发展的必要条件。从积极心理学的角度来看，积极的人格特性是指那些代表着正面能量和人道主义品质的个性特征，例如乐天派、爱心、期望、勇敢、创新力、智力和社交技能等，这些都是构建平衡性格的重要因素。这些特性能够协

助大学生运用心理调适来实现自身与自身的协调，自身与他人的融洽，自身和社会的关系，以及自身对自然环境的适应和进步。因此，教师应该在教学中注重培养大学生的积极人格特质，为大学生提供积极的心理环境，激发大学生的内在动机，引导大学生树立正确的价值观，培养大学生的情感素养，促进大学生的全面发展。

发展心理学对于促进大学生自我发展有着重要的指导作用。首先，发展心理学可以帮助教师和家长了解大学生不同年龄阶段的心理特点和需求，从而提供适合大学生发展水平和个性差异的教育环境和教育方法。其次，发展心理学可以帮助大学生认识自己的身心特点和潜能，树立正确的自我概念和自尊感，培养积极的自我态度和自我效能感。最后，发展心理学可以帮助大学生掌握有效的自我调节策略，如目标设定、时间管理、情绪调节、问题解决等，从而提高学习效率和应对挑战的能力。

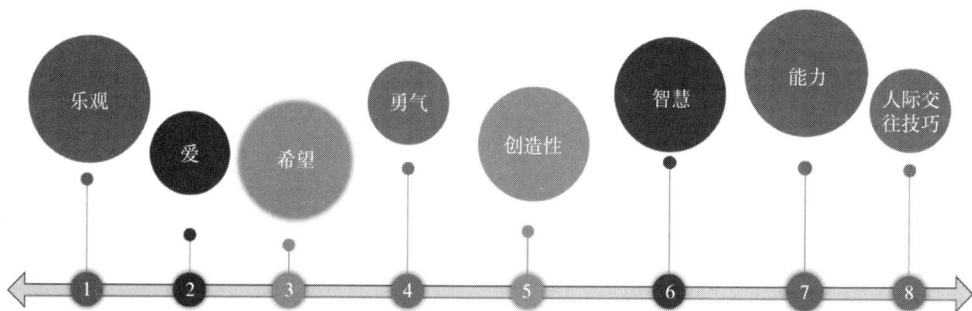

促使自我与自我、自我与他人、自我与社会、自我与自然和谐发展

图8-5　促进和谐发展

【案例8-6】

小杰是一名大一学生，他的成绩优秀，但是他不喜欢与同学交流，总是一个人待在教室或者图书馆。他觉得自己与他人没有什么共同话题，也不想参加任何课外活动。他的老师发现了他的问题，决定帮助他改变这种状况。老师首先给小杰安排了一个搭档，让他们一起完成一项课题研究。老师还鼓励小杰参加一些志愿者服务，让他感受到帮助别人的快乐。老师还经常表扬小杰的优点，让他增强自信心。经过一段时间的努力，小杰逐渐打开了心扉，开始与同学们交流和合作，也参与了一些兴趣小组和社团活动。他的人际交往技巧和情感素养都有了很大的提高，他感到更加快乐。

（二）有利于提升大学生自我管理、自我疏导、自我发展、自我塑造能力和素养

自我心理调节是指个体能够根据自身的目标和环境的要求，对自己的情绪、认知、行为等进行有效的控制和调整的能力（图8-6）。自我心理调节对于大学生的成长和发展具有重要的意义，它有利于提升大学生自我管理、自我疏导、自我发展、自我塑造的能

力和素养。大学生通过自我心理调节，可以调动自身积极力量，培养和形成外显的优秀素质和能力，如乐观主义、利他行为、尽职尽责、高自我效能感等品格与行为。同时，大学生也可以养成良好的自我控制、自我管理、自我塑造的行为习惯，从而更好地适应社会和学习的要求。因此，大学生应该在日常生活中注意自我心理调节，通过自发地从内而外地觉察、反省、觉悟、认识、改变，提高自己的心理素质和能力。

图8-6 提升个人素养

【案例8-7】

小任是一名大四学生，面临着考研、学业的压力，他经常感到焦虑、紧张、沮丧。他的成绩也不理想，导致他对自己失去了信心。他想要改变这种状况，于是他开始尝试自我心理调节。他首先通过自我觉察，发现自己的情绪和认知是影响自己学习效果的重要因素。他意识到自己需要调整自己的情绪和认知，使之更加积极和合理。他通过自我反省，找出了自己的优势和劣势，以及自己的目标和期望。他通过自我觉悟，认识到自己需要根据自己的实际情况，制订合适的学习计划和方法，而不是盲目地跟随别人或者对自己要求过高。他通过自我认识，明确了自己的价值和意义，增强了自己的自尊和自信。他通过自我改变，采取了一些有效的行动，如定期进行放松训练、积极参与课堂讨论、主动向老师和同学请教、多读一些有益的书籍等。这些行动使他的情绪得到了缓解，他的认知也变得更加客观和正面，他的学习效果也有了明显的提升。

（三）有利于培养大学生健全人格、积极心理品质和心理韧性特质

积极情绪、积极人格特质，对大学生形成健全人格、积极心理品质和心理韧性有良好的促进作用。积极情绪有助于促进个体的认知思维与行动。在一般条件下积极情绪能够促使个体提高认知能力，拓宽思维视野，增强创新精神，培养正确的自我评价，建立良好的人际关系，形成乐观的未来展望，有效地应对生活中的挑战和困难，冲破思维定式，扩大个体的注意范围，增强认知灵活性与创造性，从而更新和扩展个体的认知领域。正面性格特征能推动个人建立准确的自我评价、欣赏自己、接受别人、自主自信，与人相处融洽，拥有这些正向个性特点的人，对于未来的期待往往充满希望与热情。面对挑战，他们善于找到问题的价值所在，采用有效的解决方法来调节自己的心态，坚定他们的目标并且全力以赴地实现。这种积极的心态和性格特性带来的影响是深远且持久的，持续性的调整优势有助于建立个人成长的长久资产，如生理能力、智能水平和人际关系等，这些对塑造健康的人格及积极的心态有显著的影响。所以，教师们应关注激发大学生的正面情感和积极个性的特征，以奠定他们全方位的发展与快乐生活的基础。

【课堂拓展】

实用性方法

培养大学生健全人格是教育的重要目标之一，也是社会和谐发展的需要。健全人格的大学生，不仅能够在学习和生活中表现出正确的态度、坚强的意志、积极的情感和自制的品质，还能够尊重和理解他人，与人和睦相处，为社会做出贡献。可通过以下实用性方法培养积极人格特性的大学生。

（1）利用学科教学

学科教学不仅是传授知识的过程，也是培养人格的过程。教师要在教学中渗透人格教育的内容，引导大学生树立正确的价值观、认识观、方法观，激发大学生的好奇心、好胜心、创新意识，培养大学生的批判性思维、创造性思维和问题解决能力。

（2）开展心理健康教育

心理健康教育是培养大学生健全人格的重要途径之一。学校要加强心理健康教育的队伍建设和机构建设，开设心理学类课程，搭建心理咨询平台，对大学生进行心理测试、评估、辅导和干预，帮助大学生了解自己的性格特点、优势和不足，提高自信心、自尊心和自我调节能力。

（3）丰富文化实践活动

文化实践活动是培养大学生健全人格的有效途径之一。学校要充分发挥社团组织的作用，开展丰富多彩的校园文化活动和社会实践活动，让大学生在参与、体验、交流中

感受快乐、收获成长，锻炼合作、沟通、领导等能力，培养公民意识和社会责任感。

（4）强化家庭教育

家庭教育是培养大学生健全人格的基础。家长要转变观念，提高对人格教育的重视，发挥榜样作用，营造和谐氛围，加强教育引导，尊重孩子的情感，合理提出要求，与孩子建立良好的亲子关系。

（5）借鉴社会资源

社会资源是培养大学生健全人格的有益补充。学校要与社会各界建立良好的合作关系，利用各类教育基地、文化场所、公益组织等资源，组织大学生参观、访问、交流、志愿服务等活动，让大学生接触不同的人和事物，拓宽视野，增长见识，弘扬传统文化，树立正确的世界观、人生观、价值观。

总之，通过实用性方法培养积极健康人格的大学生是一项系统而复杂的工程，需要家庭、学校、社会三方面共同努力，形成合力。只有这样，才能使每一个大学生都能成为具有健全人格的优秀公民。

三、治愈自身创伤：大学生自我心理疏导的现状与问题分析

（一）大学生缺乏自我心理疏导的正确认识

为了应对日益增长的学习和生活压力，大学生需要正确地认识和处理自身的心理问题。然而，很多大学生在遇到心理困扰时，并没有采取积极有效的方式来解决，而是选择逃避、否认或者放弃。这些消极的应对策略不仅不能缓解心理痛苦，反而会加剧心理创伤，导致更严重的后果。造成这种现象的原因主要有两个方面，如图8-7所示。

图8-7　大学生自我心理疏导的现状与问题分析

一是大学生缺乏必要的心理健康教育，不了解如何保持和提升自己的身心状态。

二是大学生受到传统文化的束缚，认为表达情感是软弱的表现，不愿意向他人寻求帮助或者倾诉。这些错误的观念和习惯阻碍了大学生利用自己的内在资源来调节和恢复心理平衡。

事实上，心理学家已经证明了人类具有强大的自我修复能力，只要能够激发出来，就能够治愈各种身心创伤，并且增强自己的抵抗力和适应力，从而实现身心健康。

（二）大学生缺乏自我心理疏导的正确方法

相当一部分大学生在面对各种挑战时，会产生不同程度的心理压力和负面情绪。这些挑战包括适应新的环境、确定自己的专业方向、应对学习任务、处理人际关系、表达自己的感受、规划自己的未来等。由于受到传统心理健康教育的影响，这些大学生往往不会从自身内部寻找解决问题的方法，而是依赖外部的资源和帮助。他们会向学校的心理辅导教师寻求咨询，或者利用其他社会支持系统，如亲友、老师、同学等，来缓解自己的情绪困扰。这种事后干预的方式，虽然可以在一定程度上减轻或消除心理危机，对于短期内出现的心理问题也可以起到一定的缓解作用，但是不能从根本上解决问题，也不能防止情绪的反复出现。因此，我们需要提倡一种主动预防的心理健康教育模式，让大学生学会从自身内部找到解决问题的能力和信心，培养他们的自我调节和自我管理技能，提高他们的心理素质和适应能力。

（三）学校缺乏针对大学生自我心理疏导的正确指导和教育

现阶段，学校的心理健康教育主要集中在构建课程体系、提供咨询服务及开展思政教育等方面，但并未充分考虑并激发大学生的自主参与意识，以积极的方式保护自己的心理健康。此外，缺少专门的大学生自我心理调节教育的制度和政策，也没有实际操作的经验来引导他们如何自我调整情绪（图8-8）。因此，大学生难以实现真正的自我控制、自我舒缓和自我成长。

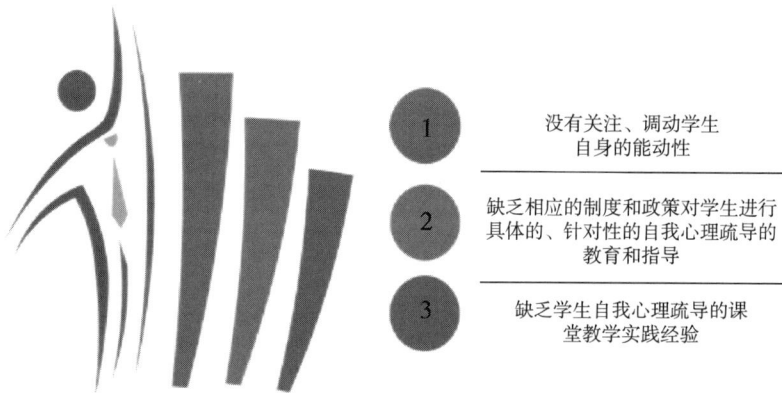

图8-8　学校缺乏针对大学生自我心理疏导的正确指导和教育

学校应加强对大学生自我心理疏导的重要性和必要性的宣传和教育，提高大学生的自我心理疏导意识和能力，培养大学生的自我心理疏导习惯和技巧。

学校应建立和完善大学生自我心理疏导的制度和政策，为大学生提供更多的自我心理疏导的机会和资源，如开设专门的自我心理疏导课程、建立自我心理疏导的平台和社团、组织自我心理疏导的活动和讲座等。

学校应加强对大学生自我心理疏导的课堂教学实践，通过案例分析、角色扮演、小组讨论等方式，让大学生在实际情境中体验和运用自我心理疏导的方法和策略，提升大学生的自我心理疏导效果和水平。有研究表明，课堂教学实践是提高大学生自我心理疏导能力的有效途径之一。通过课堂教学实践，可以让大学生更加深入地了解自己的心理特点和需求，更加灵活地掌握自己的情绪和行为，更加积极地参与到解决问题和促进发展的过程中。

四、唤醒自我：大学生心理健康的自我疏导方法

（一）构建适切的心理认知

因为大学生所处的社会阶层和较高的文化修养，他们对事情有自己独特的理解，对待问题的角度可能与常人截然不同，拥有一种以全世界为目标的愿望和抱负（图8-9）。

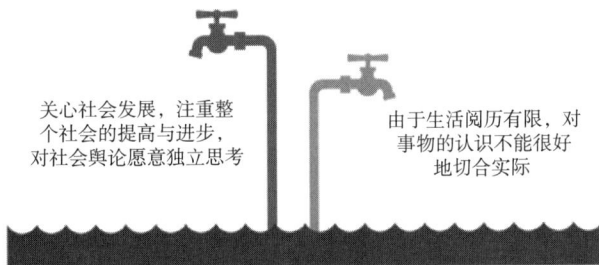

关心社会发展，注重整个社会的提高与进步，对社会舆论愿意独立思考

由于生活阅历有限，对事物的认识不能很好地切合实际

图8-9　构建适切的心理认知

一方面，他们对社会的进步有着深厚的关注。这种关注不仅考虑个人利益，更是从宏观角度出发，重视整体经济社会的提升和前行，热衷于投身社会事务，并且乐于独立地思考社会舆论。

另一方面，因为他们的生活经验相对较少且和社会保持着一定程度的疏离感，他们在讨论、评估或思索社会问题的时候，常常会带有理想化的成分，无法完全符合现实情况。对于事物的理解，通常存在一些偏颇和天真之处，难以深层次、精确和全方位地把握问题，这与强烈的自我认知并不匹配，因此成为影响他们的主要心理障碍。

【案例8-8】

亮亮是一名大二的学生，他对社会问题很感兴趣，经常在网上发表自己的观点和评论。他认为自己有责任为社会的进步和公平做出贡献，所以他积极参与各种社会活动和志愿服务，希望能够帮助到更多的人。他也很关注自己的内心世界，经常反思自己的情感和动机，试图找到自己的价值和意义。他觉得自己是一个有思想、有理想、有担当的人。

亮亮的行为和心理特征体现了大学生的自我意识。他不再像中学生那样只关注外部

环境和自己的独立性，而是更加注重内省和自我分析，力图了解自己、塑造自己、设计自己。由于他的生活经验有限，他对社会问题的认识可能不够深入和全面，有时候可能带有一些幻想和理想化的色彩，不能很好地切合实际。这可能导致他在面对复杂和困难的情况时感到困惑和失落。他需要在实践中不断提高自己的社会认识能力和适应能力，使自己的自我意识更加成熟和稳定。

（二）加强政治理论和专业知识学习

大学生要树立知识就是力量的信念，拿出不断前进的积极态度，从"要我学"转变至"我要学"，从"学会"转变至"会学"，主动地掌握知识，不是被动地接受知识。

大学生应该做到学以致用，学有所用，避免"仓库式"的学习。大学生要把所学的知识运用到实际问题中，解决实际问题，不只是把知识存储在脑海里。只有这样，大学生才能提高知识理解和记忆，而不是忘记和浪费。

大学生要了解创新在学习中的重要性。创新性是知识经济的本质属性，创新人才是创新发展的关键。要敢于创新，勇于尝试，不断探索新的知识和方法，不能固守旧的知识和方法。这样才能拓展知识的边界，而不是局限于知识的范围。

大学生应该树立"终身学习"理念。学习是一个永无止境的过程，大家要随时更新自己的知识和技能，适应社会的变化和需求，不是停滞不前，落后于时代。只有这样才能保持自己的竞争力和发展潜力，而不是被淘汰和边缘化（图8-10）。

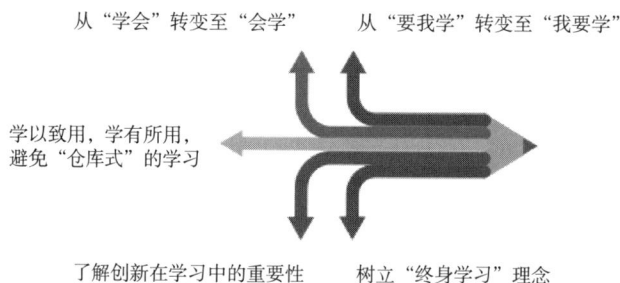

图8-10　加强政治理论和专业知识的学习

【案例8-9】

李明是一名大二的学生，他对政治理论课不感兴趣，认为这些课程与自己的专业无关，只是为了应付考试而学习。他经常缺课、迟到、早退，甚至在课堂上玩手机、睡觉。他的政治理论成绩一直很差，也影响了他的专业学习。

李明缺乏正确的政治理论观和学习观，没有认识到政治理论课的重要性和必要性。政治理论课不仅是传授知识、培养思维的课程，更是塑造人格、提升境界的课程。政治理论课与专业知识并不矛盾，而是相辅相成，相互促进。只有掌握了正确的政治理论，才能更好地运用专业知识，服务于国家和社会的发展。

（三）树立合理的短期目标

在日常生活学习中，大学生要不断为自己树立可行的短期目标，然后努力去实现，培养自信心。❶合理的短期目标可以为进步提供新的起点，让大学生有明确的方向和动力。短期目标不断实现，大学生可以逐步提高自己的能力和水平，攀上人生高峰。例如，大学生可以要求自己两周内准备好一场竞赛或一场演讲，并在实践中检验自己的成果；作为班干部，大学生可以一个月内精心准备一次读书活动，并在组织中展现自己的领导力；一学期内考过英语四级；等等。这些都是具体而有挑战性的短期目标，可以激发大学生的积极性和主动性。短期目标实现时获得的成就感、信心可以激发创造力，工作更有效率。

【案例8-10】

小万是一名大学生，他的高数成绩不太理想，期末挂科。他很想提高高数成绩，但是不知道从哪里开始。他听从老师的建议，为自己制定了一个短期目标：在补考前，把本学期的高数知识点复习一遍，并做完所有的课后习题。为了实现这个目标，他制订了一个详细的计划：每天早上起床后，花半小时复习前一天的高数知识点，并做一些相关的练习题；每天晚上睡觉前，花一个小时复习当天的高数知识点，并做完当天的课后习题；每周末，花两个小时总结本周的高数知识点，并做一些模拟题。在执行这个计划的过程中，小万遇到了一些困难，有些知识点他不太理解，有些题目他不会做。他没有放弃，而是积极地向老师和同学请教，查阅资料，逐渐渡过了难关。经过一学期的努力，小万补考中取得了很好的成绩，他的高数成绩从不及格提高到了80分以上。他非常开心，也更有信心和兴趣去学习数学。

这个案例说明了一个合理的短期目标应该具备以下特点：具体、可衡量、可实现、相关、有时限。小万的目标是具体的，因为他明确了要复习哪些知识点，做哪些习题；是可衡量的，因为他可以通过补考成绩来检验自己是否达到了目标；是可实现的，因为他根据自己的能力和时间安排了一个切实可行的计划；是相关的，因为他的目标与他提高数学成绩这个长期目标是一致的；是有时限的，因为他给自己规定了一个明确的截止日期。

（四）建立合理的生活秩序

1.学习负担适量
大学生的主要任务是学习，很多心理活动都与学习有关。大学生学习应有一定压

---

❶ 聂恺阳：《浅析大学生心理健康的维护和自我调适》，载于《现代交际》，2021（6）：135-137。

力，这种压力对心理健康发展和学业完成来说是十分必要的，不能过分加重负担。错误倾向一是觉得中学苦读书这么多年，好不容易结束高考，于是终日玩乐不思进取。二是不太适应学习方式，中学阶段在同学中学习优势已不复存在，周围强手云集，父母对自己寄予厚望，于是压力很大，产生高度焦虑，进而严重影响其自信心（图8-11）。

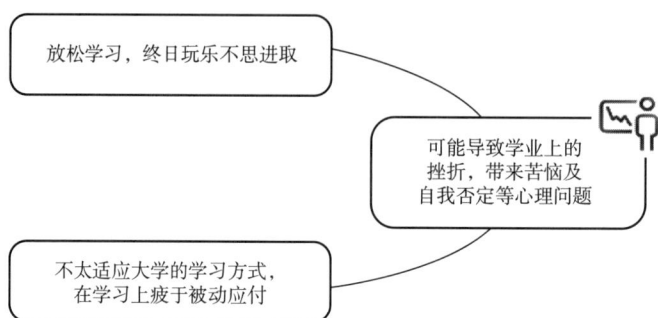

图8-11　新生在学习中要克服两种倾向

2. 生活节奏合理

校园为大学生提供了丰富多彩的文体活动，让大学生可以合理安排自己的生活节奏，积极参与各种有趣的社团活动。这样的生活方式不仅可以缓解学习压力，还可以拓展知识面、结识志同道合的朋友，发掘自己在不同领域的才能，增加与人沟通和合作的能力，感受快乐和成功的滋味。这种稳定的积极状态，能够激发大学生的潜能，提升自信心，使他们能够有规律地生活，平衡好学习和休闲，有条不紊地安排时间，提高学习效率，从而促进身心健康和全面发展。

3. 注意保护大脑

大脑是心理活动最重要的物质基础。保持良好的用脑卫生对于促进大脑发育和功能有重要意义。用脑卫生包括合理安排学习时间和内容，避免过度劳累或压力过大，保证充足的睡眠和休息，参加适当的体育锻炼和娱乐活动，以及保持良好的饮食习惯等。这些措施可以增强大脑的血液供应和氧气供应，提高大脑的代谢水平和抗氧化能力，防止神经细胞的损伤或死亡，从而保持大脑的健康状态。

4. 人际关系良好

人际关系良好是指一个人能够与他人建立和谐、友好、互相尊重的关系，能够有效地沟通、合作，解决冲突，能够适应不同的环境，能够表达自己的情感和需求，也能够理解和尊重他人的情感和需求。人际关系良好的人通常具有以下特点：自信、开放、诚实、善良、乐观、积极、主动、灵活、包容、有责任心、有同理心等。人际关系良好对个人和社会都有很多好处，比如提高自我认知和自我效能，增强幸福感和满足感，促进个人成长和发展，建立良好的声誉和信誉，扩大社会网络和资源，增加社会支持和帮助，减少压力和焦虑，预防孤独和抑郁，改善身心健康等。

（五）做自己情绪的主人

要学习做自己情绪的主人（图8-12），在学习和生活中，难免会遇到各种困难和挫折，对情绪产生影响。如果不能控制自己的情绪，会失去理智和判断，导致学习效率下降，影响身心健康。要在日常生活与学习中不断提高受挫能力和承受焦虑的能力，学会用积极的态度面对问题，保持镇静和自信。可以通过多种方式调整情绪，主动协助老师组织各种活动，参加各种社会实践，拓宽视野和知识，追求高层次目标的实现。增强自我价值感和成就感，提高自我效能感和自我控制力，不断磨炼自己的耐性和毅力。

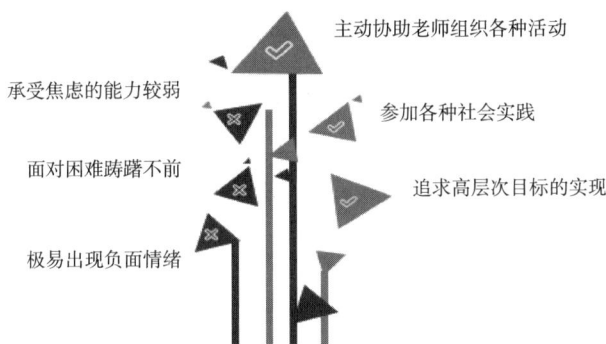

承受焦虑的能力较弱

面对困难踌躇不前

极易出现负面情绪

主动协助老师组织各种活动

参加各种社会实践

追求高层次目标的实现

图8-12　做自己情绪的主人

【案例8-11】

杨明是一名大一新生，平时成绩优秀，但是性格内向，不善于与人交流。在期末考试前夕，他因为没有及时复习而感到焦虑和紧张，导致考试时出现失误，成绩不理想。他非常沮丧和自责，觉得自己没有用，对未来失去信心。他不愿意与任何人沟通，甚至想过放弃学业。

杨明的情绪问题主要是由他对自己的期望过高，对失败的容忍度过低，以及缺乏有效的应对策略导致的。杨明应该学会正确地看待考试和成绩，不要把它们作为衡量自己的唯一标准。他应该认识到失败是成功的垫脚石，只要努力就有希望。他应该积极地寻求老师、同学、家人等的鼓励和指导，增强自信心。他也应该多参与一些课外活动，拓宽自己的视野和交际圈，释放压力和负面情绪。他没有认识到考试只是检验学习水平的一种方式，并不代表自己的全部价值。他也没有及时调整自己的心态，寻求外部的帮助和支持，而是选择了逃避和自我封闭。

（六）培养和谐的人际关系

和谐的人际关系，是大学生心理健康不可缺少的条件，是非常重要的心理保健途径（图8-13）。可以增加个人的自信心和同学间的理解，减轻心理压力，维持心理平衡。爱能够滋润健康心理，大学生要主动献出爱心，友好地与人交往，做到多尊重、多理解、多包容，用真心来缩短彼此之间的距离。我们应该经常观察他人的优点，寻找共同点并容忍差异，不对别人过于苛刻，而应给予更多的认可和表扬，这是由于"寻求被注意、被尊重、被称赞"是一种正常的人类需求。在遇到矛盾时，善于换位思考，多沟通，表达自己的想法，学会变相沟通。

多尊重、
多理解、多包容

做到求大同、存小异，
对人不求全责备

主动献出爱心，
友好地与人交往

多赏识、
多赞美、用真心

图8-13　培养和谐的人际关系

【案例8-12】

小王是一个热心肠的人，喜欢帮助别人，但有时候却得不到别人的感激，反而惹来麻烦。比如有一次，他看到一个同学在图书馆里看书，就主动帮他看了一会儿包，结果那个同学回来后却责怪他为什么动了他的东西，还说他是不是想偷什么。小王很委屈，觉得自己好心没好报。

这个案例反映了一个常见的社会现象，就是好心办坏事。在这个案例中，是因为小王没有考虑到别人的感受和需求，而是根据自己的想法去做事情。同学回来后却责怪他为什么动了他的东西，还说他是不是想偷什么。其实，那个同学可能是很在乎自己的隐私和财物，不喜欢别人碰他的东西，或者是对小王不太熟悉，不信任他的动机。如果小王能够先问一下那个同学是否需要帮忙，或者是告诉他自己要做什么，或者是等那个同学回来后再还给他，可能就不会引起误会和冲突了。这个案例告诉我们，在帮助别人的时候，要尊重别人的意愿和选择，要沟通和协商好，要避免强加自己的观点和行为给别人，否则可能会造成反效果。

（七）培养健康的精神状态

学习和生活中难免会遇到一些困难和压力，比如考试不理想、人际关系不和谐、家庭问题等，都会给大学生带来一定的心理负担。当遇到压力或挫折时，不要憋在心里，找到适合自己的方式来释放情绪，保持平和的心境。可以向亲友倾诉，给予自己一些支持和鼓励，在适当的时候大声地笑、哭、喊，让自己的情绪得到宣泄。可以通过写日记、写信、做运动等方式来缓解压力，都可以帮助自己调整心态，放松身心。要学会控制自己的情绪，不要让负面情绪影响自己的学习和生活，不要过度宣泄自己的情绪。过度宣泄情绪可能会造成一些不良后果，比如伤害自己或他人、损坏公共财物、影响社会秩序等。要多寻找生活中的乐趣，培养一种幽默的心态，在遇到困难时能够用幽默的方式来化解，减少悲观和极端的想法。幽默可以让自己更加开朗，可以增进与他人的沟通和交流，提高自己的人际关系水平。

【案例8-13】

林洋是一名大四学生，面临着考研的压力。他每天早上6点起床，晚上11点睡觉，除了上课和做作业，几乎没有时间做其他事情。他觉得自己很累，但是又不敢放松，怕影响成绩。他经常感到焦虑、烦躁、失眠，有时候还会哭泣。

这个案例反映了大四学生在考研前的心理压力和困扰。林洋是一个典型的例子，他为了追求理想的大学和专业，付出了巨大的努力和牺牲，但是却没有得到足够的支持和引导，导致他的心理健康出现了问题。他的症状表明他可能患有抑郁症或焦虑症，需要及时寻求专业的帮助。这个案例也提醒我们，考研不是人生的唯一出路，也不是衡量一个人价值的标准。我们应该尊重每一个大学生的个性和选择，给予他们更多的关爱和鼓励，让他们在考研中发挥出自己的最佳水平，而不是被压力所压垮。

【讨论活动】

设定"我"的目标

（1）准备一张白纸，在安静的氛围里，写下"我"的梦想。

（2）如果将"我"的梦想设为人生大目标（或者人生终极目标），把它写下来；如果"我"的梦想不是我的人生大目标，那么"我"认为"我"的人生大目标是什么，写下来。这时可以考虑第（1）题"我"的梦想是否需要调整，需要调整也可以改动。

（3）根据人生大目标，分解"我"的阶段性目标，即把达到这个目标分为几个阶段，确定每个阶段的阶段性目标。当然，阶段性目标要为实现大目标而服务。

（4）通过目标设定，考虑目前的行动，也可以为达成阶段性目标设置合理的奖励，以鼓励自己。

（八）采取积极的态度和方式取悦自我

每个人要形成正确的认知评价，找到自己的优势，选择适合自己的道路去获得和别人一样的成功；要遏制消极心态，如"我做不到""大家都不接受我""我脑子不好用，学不会"等想法；要去除不合理的自我标签，"我必须把学习生活中的每一件事做好""我必须让所有人对我刮目相看""我必须考年级第一"等。要学会辩证地认识和评价事物，要认识自己的不足，发挥自己的长处，积极面对生活中遇到的各种事情，增强自己的信心（图8-14）。

图8-14　采取积极的态度和方式取悦自我

【案例8-14】

一位大学生在每次考试前，会给自己设定一个合理的目标，并写下自己想要达到的成绩。如果考试后，她发现自己达到了或超过了目标，她会给自己买一本喜欢的书或一件漂亮的衣服。如果没有达到目标，她会分析原因，并制订改进计划。这样，她可以在提高自己能力的同时，也增加自己的满足感。

这个案例展示了一位大学生如何通过设定目标和奖励自己来提高学习效率和动力。这位高中生的目标是合理的，不是过高或过低，能够激发她的积极性。她的奖励方式也是适当的，既能够满足自己的兴趣和需求，又不会影响学习。当她没有达到目标时，她不会气馁或放弃，而是会找出原因并制订改进计划。这样，她可以在每次考试中都有所进步，并且保持学习的乐趣。这个案例反映了目标设定理论的一些基本原则，即目标应该是具体的、可衡量的、可实现的、相关的和有时限的。同时，目标还应该与个人的价值观和动机一致，以增加目标的吸引力和意义。

【讨论活动】

（1）问问自己

"我"相信自己吗？当出现棘手的问题时，"我"相信自己有能力处理吗？

"我"的梦想是什么？"我"相信梦想会实现吗？

（2）优缺点大整理

①拿出一张白纸，中间对折，左边写"优点"，右边写"缺点"，全部写完之后，看看自己对自己的优缺点评价如何。

②如果你愿意，可以找你最要好的朋友或者父母、师长等，让他们帮你写你的优点和缺点，写法同上。

③根据自己写的优缺点，结合他人眼中的你的优缺点，看看有何不同。

④根据自己写的优缺点和他人眼中你的优缺点，找到自己真正的缺点，尝试觉察并调整。

五、配合与支持：学校对大学生自我心理疏导培养路径

（一）发掘积极人格因素，强化积极心理品质培养，提高自我心理疏导水平

教育者需要协助大学生构建正向思维模式，教导他们如何做出合理的解释，并培养出对事物正面解读的习惯。当面临心理负担、矛盾或情感困惑的时候，他们应能调整负面自我的看法，以积极的角度去理解事物，从而推动情绪的变化和问题的解决。教育者需要指导和激励大学生发现自己的优点和专长，擅长从成功的经历中吸取教训，展开成功的幻想，保持积极的心态，提升他们的思考能力和自信心。

教师采取多种方式和方法，创造一个有利于大学生成长的环境。教师应该关注大学生的个性差异，尊重大学生的选择和意愿，给予大学生适当的自主权和参与感。教师应该建立良好的师生关系，给予大学生温暖和支持，增强大学生的自信和自尊。教师应该设置合理的目标和期望，给予大学生正向的反馈和奖励，激发大学生的动机和兴趣。教师应该提供多样的学习活动和体验，培养大学生的创造力和批判性思维，拓宽大学生的视野和知识。教师应该教育大学生正确处理挫折和失败，培养大学生的韧性和适应力，引导大学生积极面对挑战和变化。

教师在学校心理健康教育中扮演着重要的角色，不仅要传授知识，更要关注大学生的心理发展和成长。教师要根据大学生的个性、兴趣和特点，因材施教，激发大学生的学习动机和创造力。教师需要用一种尊重并包容的心态去激励大学生进步，认可他们的努力成果并对他们表示称赞或奖励，这有助于增强他们在面对挑战时的信心及自主解决问题的决心。同时，学校的心理咨询服务应全面融入学习生活，以此激活个体的能力、潜力，并在实践中不断完善自身人格品质，进而加强应对压力的精神力量并且优化自身的情绪调节技巧，进一步增进个人内心的平静度和平静力。

【案例8-15】

张老师是一名数学教师，他在教学中注重培养学生的逻辑思维和解决问题的能力，经常让学生参与数学探究、讨论和展示等活动。他还关注学生的情感需求，尊重他们的

个性差异，给予他们适当的鼓励和支持。张老师认为，数学不仅是一门科学，还是一门艺术，可以让学生体验到思维的乐趣和美感。张老师自己也是一个热爱数学的人，他经常参加各种数学竞赛和研讨会，不断地提升自己的专业水平和教学能力。

张老师展现了积极人格中的自信、合作和创新。他自信地面对数学教学的挑战和机遇，合作地与学生共同探索数学知识和方法，创新地将数学与情感相融合，提升了学生的数学素养和情感。他还通过自身的数学实践，拓展了自己的专业领域，体现了积极人格对个人的发展。

（二）引导和培养大学生积极情绪体验，提升大学生心理调适的能动性

积极情绪是人类心理健康的重要因素，它不仅能够提高个体的生活满意度，还能够促进个体的创造力、适应力和社会关系。积极情绪可以激发个体的潜能，使其能够以更开放、更灵活、更包容的方式思考和行动，从而增加个人资源的积累和利用。积极情绪还可以增强个体的自信心和自我效能感，使其对自己的能力和未来有更高的期望和评价，从而更积极地面对挑战和机遇（图8-15）。

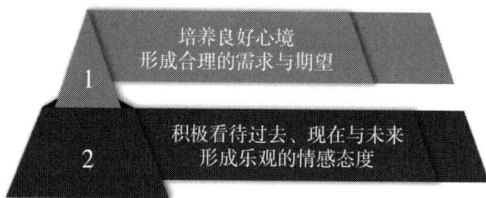

图8-15　引导大学生丰富自身积极情绪体验

一是我们需要塑造积极的心态，并确立合适的需求和期待。这种积极的心态是个人形成正面情绪和情感的心理基础，教师应该重视指导大学生调整心态，设定实施可能性的计划和目标，建立合理的期望，进而充分体验到积极的情绪，构建良好的情绪基础。

二是我们需要以积极的态度去面对过去的经历和现在的状况，作为教育者，我们要指导大学生如何建立一种实际的乐观心态，这意味着他们应该更加重视那些有利于他们的过往经验、当前情况及对未来的期望，以此来提升他们的主观幸福感、扩大成功的感受，并且培养健康的稳定情绪。其次，我们要教导大学生如何构建这种实际的乐观心态，那就是更深入地理解过去、当下和未来可能带来的好处，从而增强他们的主观幸福感和成就感。在未来，有助于增强个人的幸福感、提升成功的体验，以及培养健康稳定的情绪状态。

三是要培养积极应对困难和挫折的能力，形成适应性的情绪调节。教师要引导大学生认识到困难和挫折是人生不可避免的一部分，要学会从中吸取经验和教训，转化为动力和信心，而不是消极地放弃或逃避。教师要教会大学生运用有效的情绪调节策略，如

积极思考、自我激励、寻求支持等，以提高自身的抗压能力和适应能力。

【讨论活动】

情绪脸谱

在日常生活中，如果遇到以下情绪，你会做出什么反应？请画出你的情绪脸谱（图8-16）。

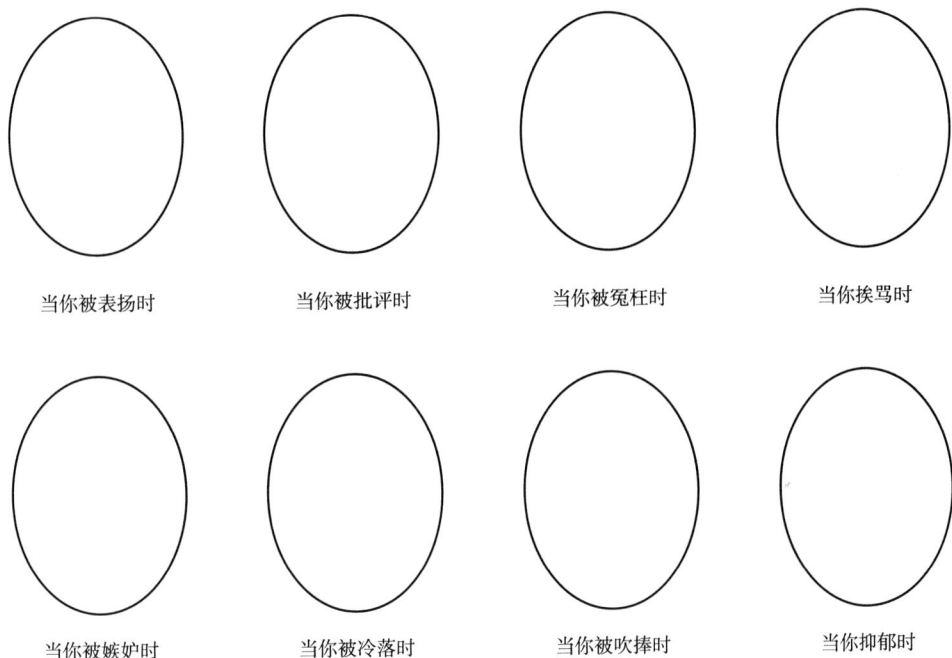

当你被表扬时	当你被批评时	当你被冤枉时	当你挨骂时
当你被嫉妒时	当你被冷落时	当你被吹捧时	当你抑郁时

图8-16　情绪脸谱

（三）构建积极的学校支持系统，保障大学生自我心理疏导外部环境

来自家庭、学校和社会团体或外界支持也是促进个体心理积极潜能实现的力量。外界支持包括家庭成员、老师、同学、朋友等人际关系中的情感支持、信息支持和实际支持，以及家庭、学校和社会团体中的规范支持、机会支持和资源支持，可以帮助个体建立自信、自尊和自我效能感，增强个体应对压力和挑战的能力，激发个体积极情绪和动机，促进个体学习成就和社会适应，实现个体心理积极发展。

学校应采取有效的措施，提高大学生人际交往能力和团队合作精神。一是组织各种团辅拓展活动和集体实践活动，让大学生在轻松愉快的氛围中建立信任、沟通和协作的关系，增强他们对群体的归属感和责任感。这样可以培养大学生之间良好的人际关系，提高他们的社会适应能力和自信心。二是学校和社会共同努力，以"构建和谐"为宗旨，创造积极向上、安全健康的环境，给大学生提供正面的榜样、鼓励和支持，激发他们的积极心理品质，如乐观、自尊、自律等。这样可以帮助大学生克服困难和挑战，实现个人成长和社会贡献。

（四）建构积极的心理认知机制，提升大学生自我心理调适素养

建立正向思维体系构成了理解个人、群体、环境及它们之间关系的基石（图8-17）。大学生的自我评估包括其个性和技能、身体状况、外观形象等方面，这些都直接影响到他们的心理健康。而对于一些患有精神疾病的大学生来说，他们的问题往往源于对自己身份的不确定、对自己的容忍度低以及自我调整的能力差，通过积极的心态去思考问题，有助于让大学生能够正确看待自身的优势和劣势。他们在自我提升和进步的过程中需要学会尊重自己并保持自信，同时也要避免过于苛求完美的表现，他们应该适应现状，理性分析自身情况，乐观对待自我，充分发挥潜力。

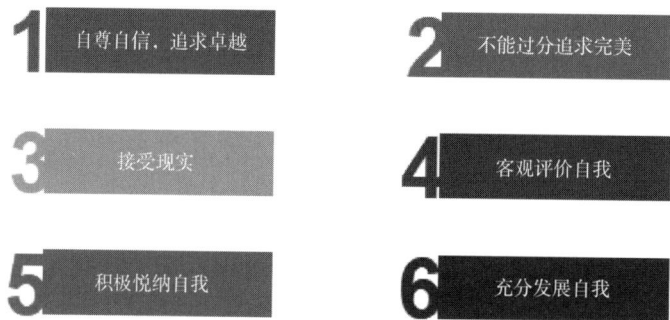

图8-17 建构积极的心理认知机制，提升大学生自我心理调适素养

积极的心理认知机制能够帮助大学生正确地了解和评估他人，以尊重、理解、包容和共享的方式对待他人，并以乐观积极的态度有效地应对问题。此外，这种积极的心理认知机制还能推动大学生理智思考，积极地解释环境，提高生活满意度。大学生适应问题主要是环境的适应问题，即校园、社会与生活环境及文化、心理环境。

【案例8-16】

刘老师是一位大学语文教师，她对自己的工作非常有热情，也很有教学能力。但是，她经常感到焦虑和不安，担心自己不能达到学生和家长的期望，担心自己不能达到学校的要求，担心自己不能与同事和睦相处。她总是对自己要求很高，追求完美，不允许自己出现任何差错。她经常加班加点地备课、批改作业、参加培训、写论文，导致身体和精神都很疲惫。她觉得自己是一个失败者，没有任何成就感和幸福感。

刘老师的情况可以从心理学的几个方面来分析。首先，她可能存在自我评价过低的问题，即对自己的能力和价值持有负面的看法，认为自己不够好，不配得到别人的认可

和尊重。这会导致她缺乏自信，对自己的工作感到不满意，对自己的未来感到悲观。其次，她可能存在完美主义的倾向，即对自己和他人都有过高的标准和期待，不能容忍任何缺陷和错误。这会导致她给自己施加过多的压力，难以享受工作和生活中的乐趣，容易出现焦虑、抑郁等情绪问题。最后，她可能缺乏有效的应对策略，即在面对工作和生活中的困难和挑战时，没有采取合适的方式来调节自己的情绪和行为，而是采用逃避、否认、自责等消极的应对方式。这会导致她无法解决实际问题，反而加剧了自己的困境和痛苦。

第二节
情绪管理与其研究现状

一、控制情绪更是控制自己：情绪管理概念

"情绪管理"一词最早是由Hochschild提出的，Hochschild是一位组织行为学家，他认为情绪管理是个体在社会交往中，为了达到某种目的而调节自己的情绪或感受的过程。情绪管理这一概念在20世纪80年代被提出后，引起了各个学科领域的关注和研究，如医学、心理学、教育学等。专家学者从不同的角度和层面，探讨了情绪管理的理论和实践，提出了许多有价值的观点和方法。Hochschild 将情绪管理定义为个体之间的情感互动，个体通过改变情绪或感觉程度或质量从而采取的行为，并且情绪是可视环境场景的不同来进行管理的。情绪管理是个体在了解自身情绪的前提下，在社会交际需求下，建立科学的情绪调节机制，形成积极地培养乐观的情绪体验，消除消极情绪并保持乐观的情绪态度。❶

【讨论活动】

吹气球解压练习

拿一个气球，以不吹爆为限，把气球吹到自己认为合适的程度（用吹起来的气球的大小代表你目前压力的大小）。吹完后把气球中的气慢慢放掉，想象压力随着气球变小而吐出体外。

然后重新吹气球，把气球吹到自己认为合适的程度（用吹起来的气球的大小代表你目前压力的大小）。对比两次吹气球的大小有差别吗？思考一下为什么。

---

❶ 于婷：《大学生品格优势、情绪管理与心理健康关系》，黑龙江大学，2022。

二、与自己的情绪和谐相处：提升情绪管理能力，提高心理健康水平

（一）认识情绪及强化情绪管理

情绪是一种复杂的心理现象，包括三个方面：认知评价、生理反应和行为倾向。认知评价是指个体对自己所处的环境或事件的主观判断和意义赋予，它决定了个体产生何种类型和强度的情绪。生理反应是指个体在情绪激发时，身体各个系统发生的变化，如心跳加快、血压升高、肌肉紧张等。行为倾向是指个体在情绪激发时，产生的一种动机或欲望，促使个体采取某种行动或表达某种态度。

消极情绪是指那些不利于个体适应环境、影响个体健康和幸福的情绪，如愤怒、恐惧、悲伤、焦虑、羞愧等。消极情绪并不完全是坏事，也有一定的积极作用，如提醒个体注意危险、激发个体解决问题、增强个体同理心等。如果消极情绪过于强烈或持续时间过长，就会对个体造成不良影响，如影响个体的思维能力、学习效率、人际关系、身心健康等。

情绪调节自我效能感是指个体对自己能够有效地管理和控制自己的情绪状态有一定的信心和把握，这种信心和把握会影响个体在遇到不良情绪时的应对方式和效果。❶大学生作为一个特殊的群体，面临着各种各样的压力和挑战，因此需要具备良好的情绪调节能力。

一是教育大学生认识和理解情绪的本质、功能和影响，让他们明白没有好坏之分的情绪，只有适合与不适合的表达方式。

二是培养大学生对自己和他人情绪状态的敏感性和准确性，让他们能够及时发现、识别和表达自己的情绪，也能够理解和尊重他人的情绪。

三是指导大学生运用有效的情绪调节策略，如积极思考、换位思考、寻求支持、放松锻炼等，来缓解和消除不良情绪，增强积极情绪。

四是给予大学生充分的肯定和鼓励，让他们相信自己有能力处理好自己的情绪问题，增强他们的自信心和自尊心。通过这些方法，可以帮助大学生建立起健康、积极、稳定的情绪状态，从而更好地应对学习和生活中的各种挑战。

调节情绪并不是简单地压抑或放纵自己的情绪，而是要根据不同的情境和目标，采用合适的方法来调整自己的情绪状态。具体问题具体分析是调节情绪的基本原则。我们不能一概而论地对待自己或他人的情绪反应，而是要考虑到情绪产生的原因、影响和后果。能缓解愤怒的负面效应，能促进问题的有效处理。当个体处于悲伤、焦虑、恐惧等其他负面情绪时，也要根据具体情况采取相应的调节方法，如转移注意力、积极思考、

---

❶ 金鑫：《中小学教师情绪工作的现状及其与情绪调节自我效能感、心理健康的关系》，宁夏大学，2012。

寻求支持等。

要对情绪管理有一个正确和全面的认识和了解。要明白情绪本身并没有好坏之分，而是一种正常和自然的心理现象。要知道不同类型和强度的情绪对个体有不同的作用和影响。要意识到提高自我情绪管理能力需要一个持久和积极的过程。要不断地观察和反思自己和他人的情绪反应，并从中汲取经验和教训。要多向身边可信赖和支持的人寻求帮助和建议，并积极参与一些有利于提升心理素质和增进幸福感的活动。

【课堂拓展】

减压三部曲

当你遇到压力，引发坏情绪的时候，按步骤做一下练习。这个问题出现，最坏的结果是什么？你能承受得住吗？想出至少三个解决办法，不让最坏的结果出现，从中选出最佳方案。

（二）利用朋辈心理辅导

朋辈辅导指的是大学生在进行人际交往过程中，在遇到心理问题时，得到同辈中获得过培训的非专业人员进行心理辅导的过程。朋辈心理辅导有助于大学生进行心理调节，是情绪调节的一种方法。当代大学生在遇到挫折或者困难时，大部分大学生首先想到的都是向自己的好友寻求帮助或安慰。同辈的伙伴可以站在同一角度，有更多的感同身受，更加容易理解和沟通，提供更加精确的帮助。在朋辈们的帮助下，可以得到有效的情绪调节。通过朋辈辅导实现心理状态由消极向积极的转变，朋辈辅导可以建立起互帮互助的朋辈关系。学校可以通过设立朋辈心理帮助热线，开通网上心理答疑解惑、心理辅导等公众号，通过科普心理健康问题，增强与大学生的互动性，帮助其解决心理问题。

（三）学习自我情绪管理

一是要做到感知情绪，不但要感受到其他人的情绪变化，同时也要感觉到自己的情绪变化，在消极情绪出现时，可以对自己做出提问，在了解什么是情绪，什么使我的情绪发生转变，以及转变的情绪会给我带来什么影响后，就会发现，自己可以简单地控制自己的情绪。

二是要学会适当表达自己的情绪（图8-18）。适当地表达自己情绪，让别人了解自己的情绪状态实现人际交往，在互动过程中感知和体验各种情绪变化。情绪意识和明确表达可以展现自己内心真实的感受，可以在交往过程中，增强了解并改善彼此的关系。正确的情绪表达可以帮助你获得良好的人际交往关系；而错误的情绪表达，可能会带来更多的误解和防备。

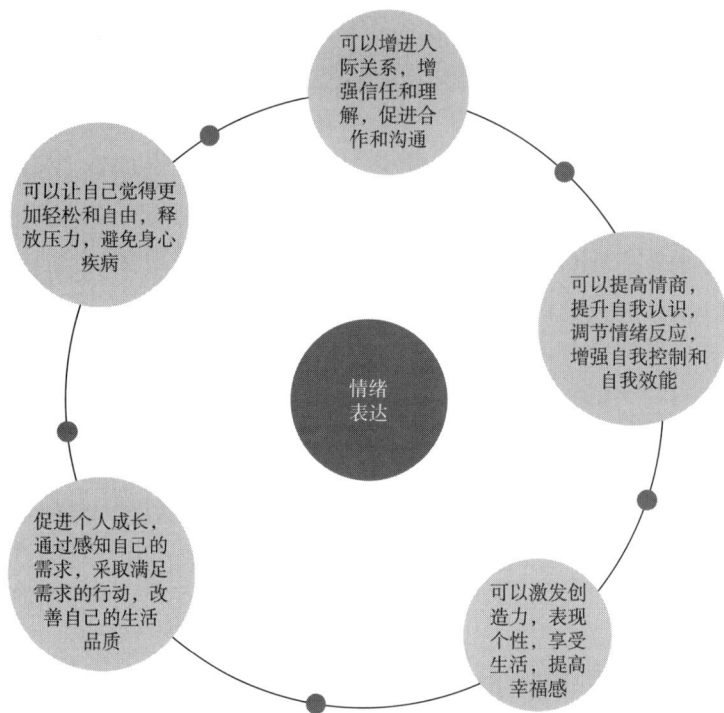

图8-18 情绪表达

三是要以科学合理的方式去调节消极情绪。当大学生学习压力和生活压力过大时，可以选择适当的方式去消除压力，不是憋在心里，越积越多。可以通过肢体、语言等方式，发泄心中的消极情绪，实现压力的转移，选择一种适合自己的方式去释放压力。

【课堂活动】

深呼吸放松法

找到一个舒服的坐姿，闭眼，用鼻子深深地吸气，尽量多吸气，想象自己将外界的正能量、好的一切吸到身体内，感受肚子慢慢鼓起；然后屏住呼吸3秒；再用嘴慢慢呼气，感受将身体里所有的坏情绪呼出体外，呼气时把注意力放在双肩上。重复6次。

深呼吸放松法可以集中注意力，提高大脑记忆力，舒缓紧张焦虑的情绪，减轻压力。

（四）学会情绪表达

通过表达情绪，可以向他人展示自己的真实想法和感受，让他人更加了解和尊重自己。可以建立更加亲密和谐的人际关系。表达情绪的方式有很多，比如说话、写作、绘画、听音乐等。不同的方式适合不同的情境和个性。无论选择哪种方式，重要的是要真诚、恰当和有效地表达自己的情绪，避免过度或不恰当地表达情绪，造成误解或冲突。

学会表达情绪，可以让自己更加健康、快乐和成功。

　　在这个快节奏、高压力的社会里，大家经常面临各种各样的情绪挑战。有时候，我们可能会感到快乐、满足、自信；有时候，我们可能会感到悲伤、失望、焦虑。这些情绪都是正常的人类反应，它们反映了我们对自己和周围环境的评价和态度。如果我们能够正确地认识和接受自己的情绪，那么我们就能够更好地控制和调节自己的情绪，使之适应不同的场合和需求。而如果我们忽视或压抑自己的情绪，那么我们就可能会导致自己的心理健康受损，甚至引发一些身体疾病。

　　因此，表达情绪是一种非常有益的行为，它可以帮助我们释放压力，调整心态，提升自我价值。当我们表达情绪时，不仅是在向外界传递信息，也是在向自己传递信息。我们可以通过表达情绪来确认自己的需求和期望，激发自己的动力和潜能，促进自己的成长和发展。同时，表达情绪也可以让我们与他人产生共鸣和联系，增强归属感。当我们与他人分享自己的情绪时，我们可以得到他人的理解、鼓励、安慰或建议，从而增加自己的幸福感和满意度。当我们倾听他人的情绪时，我们可以展现自己的同理心、关心和尊重，从而增强他人对我们的信任和好感。

　　表达情绪是一种有利于个人和社会的行为，可以帮助大家沟通交流，促进人际关系。在表达情绪时，大家应该选择合适的方式、时间和对象，以及注意语气、用词和肢体语言等方面，以确保表达效果。同时，大家也应该尊重他人的情绪，并给予适当的反馈。这样做，大家就可以享受表达情绪带来的好处，并避免可能出现的问题。

【讨论】

1.现在的你，如何做好自我心理疏导？

2.你知道的心理疏导的方法有哪些？

3.你认为自我心理疏导与专业心理治疗的区别和共同点是什么？

第九章
恋爱心理健康

第一节
恋爱心理概述

爱情无疑是大学生最为关注的话题之一。它是那样具有令人寻觅和向往的魅力，拨动同学们的心弦。恋爱问题又恰恰是大学生最感困惑的问题，严重影响到大学生的学习、生活乃至人格的健康发展。关注大学生恋爱心理，培养大学生正确恋爱行为，成为心理健康教育一项重要内容。

一、究竟什么是爱情：爱的本质

爱情是关乎人生幸福的大事，是人类最永恒的话题。它古老而又鲜活，复杂却又简单，虽具有普遍性但却因人而异。爱情是一种难以预测的情感，使人感受到世界的美好和单纯的幸福，也使人体会到心的绞痛和破碎。

张爱玲说："于千万人之中，遇见你要遇见的人。于千万年之中，时间无涯的荒野里，没有早一步，也没有迟一步，遇上了也只能轻轻说一句：你也在这里吗？"

泰戈尔说："友谊和爱情之间的区别在于：友谊意味着两个人和世界，然而爱情意味着两个人就是世界。在友谊中一加一等于二，在爱情中一加一还是一。"

罗杰斯认为"爱是深深地理解和接受"；弗洛姆认为"爱是我们对所爱者生命与成长的主动关切，没有这种关切就没有爱"；海德认为"爱是深度的喜欢"。

爱情是一对男女基于一定的社会关系和共同生活理想，在各自内心所形成的对对方最真挚的仰慕，并渴望对方成为自己终身伴侣的最强烈的、稳定的、专一的情感。[1]爱情是受社会因素影响的心理、生理和主观情感结合的复杂现象，不同时代、不同文化、不同学科和不同学者对爱情有着不同的理解和定义。[2]爱情三角理论认为，爱情由亲密、激情、承诺三种成分构成。[3]多伦多大学心理学教授约翰·艾伦·李以爱情的三种形式，即激情、游戏和友谊作为三原色形容爱情。

关于爱情从何而来，进化论、学习论、社会学论、精神性爱论、生化论、依附论等众说纷纭。在多角关系、虐待行为、嫉妒与控制、高风险行为等恋爱关系中也会存在复杂的问题。中国相关法律法规、政策文件、各部委相关教育文件对婚姻和家庭关系、大学生身心安全与健康等均做出了相关指示。

二、完美的爱都具备什么：爱情的要素

（一）激情

激情是情绪上的着迷，是爱情中的性欲成分。爱情是以性本能为生理基础的，通过性本能对异性产生兴趣，没有性本能就不可能对异性产生兴趣，也就不能发展为爱情，所以性是爱情的前提。当一方遇见钟情的异性后，往往会产生一种渴望在一起的激情，进而出现相应的行为，激情的行为表现主要在眼神上。恋人双方有时会表现出一种奉献的激情。这种激情不是出于观念也不是出于伦理道德，亦不是出于责任而是出于感情。

（二）亲密

亲密是指在爱情关系中能够引起温暖的体验。[4]当双方确定恋爱关系后，会急于缩短彼此的空间距离，即使是异地恋也会通过微信视频、语音通话等方式来解相思之苦。恋人在亲密交往中表现出强烈的排他性，双方十分在意对方的言行，看到对方与其他异性往来时，往往会心生嫉妒。

（三）承诺

承诺是愿意为爱负责，并付诸实践的行动，也指愿意爱着对方，并且保持关系、长相厮守的决定。恋爱是爱的选择，婚姻是爱的确定，养育是爱的分配，终老是爱的还原，由于钟情男女实质性交往的建立，随着自我暴露程度的大大提高，与对方倾心交谈成为一种美妙的享受。钟情者关心对方胜过关心自己，愿意为对方负责并为此做

---

[1] 李璐：《许鞍华电影中的爱情悲剧研究》，河北师范大学，2017。
[2] 张雪峰：《大学生爱情观量表的编制及爱情特点分析》，曲阜师范大学，2012。
[3] 谷莉、杨若汐、周广东：《强化敏感性人格特质对两性亲密关系的影响：成人依恋类型的中介作用》，载于《心理与行为研究》，2018，16（4）：534-540。
[4] 李永枫：《新时代大学生恋爱观存在问题及其引导研究》，广西师范大学，2023。

出承诺。在激情的驱动下，还会山盟海誓承诺忠于对方，矢志不渝，为对方终生的幸福负责。

三、斯滕伯格爱情三角形理论体现出什么：爱情的类型

斯滕伯格爱情三角形理论如图9-1所示。

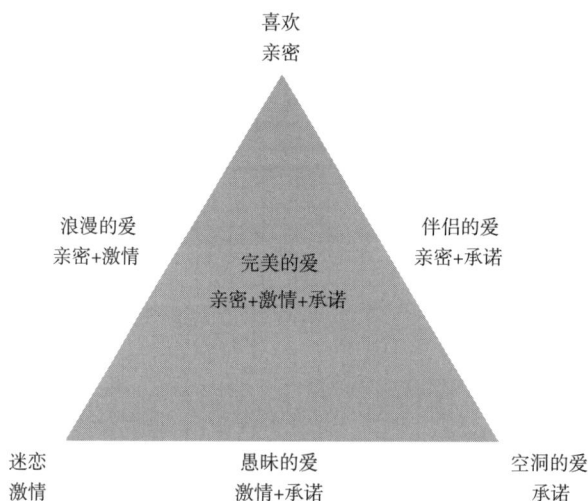

图9-1　斯滕伯格的爱情三角形理论

（一）喜欢式爱情=亲密

主要表现为亲近，而非热情与誓言的结合。这更接近友谊的爱意，如同日常所讲的"红粉知己""蓝粉知己"，能够共同分享快乐，一同承担痛苦。然而这种情感却缺少了热力，双方无法感知到对方对性的吸引力，也难以产生心跳的感觉。两个人更像是同行的伙伴。

（二）迷恋式爱情=激情

主要是激情，没有亲密和承诺，也被认为是没有投入真心的感情。浪漫关系通常以迷恋式爱情开始，随着时间的延续和亲密的发展成为浪漫式爱情。没有亲密和承诺的发展，迷恋式爱情可能随时土崩瓦解。双方可能一见钟情，瞬间彼此体内的激素迅速上升。两个人之间没有相互了解，甚至不用问彼此的姓名，一切始于人类原始的欲望，在欲望得到满足之后，便相忘于江湖。

（三）空洞式爱情=承诺

如果只有口头上的约定，而缺乏深厚的感情和热情，那么这段关系很可能会演变为

虚无缥缈的爱意。在传统的婚嫁模式里，夫妻间的联系有可能从一开始就基于虚假的爱意，并且随着时间的推移，逐渐转变为另一种形态。虽然空洞式爱情并不一定需要作为一段长久关系的最终阶段，但却很可能是一个新的起点。然而，在这个充满恋爱自由的时代，这种情况下的情感已然变得越来越罕见，但在一些人被家庭压力或者金钱问题所困扰时，他们会选择这样的一种生存状态：两人共同度过日常生活，却没有任何深入了解、高期望值或是炽热的感情，甚至连交流都变成了平淡如水的事情。

（四）浪漫式爱情=激情+亲密

有着深厚的感情和亲密，但缺乏承诺。浪漫的爱情通常发生在一段恋情的初始阶段，双方对彼此都充满了吸引力，同时也渴望更深入地理解对方。能够互相关心和理解，这是一段恋情非常美好的时刻。

【案例9-1】

电影《泰坦尼克号》里杰克和露丝，他们一个是来自底层的穷小子，另一个是即将嫁人的任性小姐。两个人之间的差距很大，但他们都渴望一段纯真的爱情。杰克教露丝吐痰，让她体会到平时从未体会的自由。而露丝高贵的气质和对爱情的执着，也令杰克着迷。两人仅仅相识几天，便私订终身，还愿意生死相随。在面对大灾大难的时候，萍水相逢的杰克比认识很久的未婚夫都靠谱很多。这就是因为他们之间的亲密所产生的依赖感。故事最后，杰克沉入了海底，露丝一人生还。露丝一生都怀念着杰克。其实如果杰克不死，他们也很难在一起。因为杰克给不了露丝什么承诺。就算能给，两个人遭遇的反对声也是很大的。等他们熬过了那些反对，也不一定就能守住当初那份浪漫。美丽又易碎，这就是浪漫式爱情。

（五）友伴式爱情=亲密+承诺

尽管缺乏热情，但是有着深厚的亲密度与承诺感。由于包含着能够持续发展的重要因素，因此它比友谊的关系更为牢固，这并非长久存在的激情，然而深刻的情感连接和对对方的责任依然存在。这类感情中最常见的例子就是父母的结合，他们之间互知、熟识且亲切，视彼此为共度余生的人生伙伴。不过，如果长时间处于此种状态下，可能会显得有些单调无趣，这是因为时间流逝和生活琐碎消磨掉了最初的热烈，这也正是人们常说的"七年之痒"背后的原因。

（六）愚昧式爱情=激情+承诺

有激情与承诺，没有亲密。彼此还没有相互了解就在激情的状态下做出了承诺，早早走入婚姻。这样的爱情，如果在结婚之后发现彼此生活合拍，性格合适，那真是一件很幸运的事。但更多的是在真正开始了解彼此以后，发现对方并不是最初认识的那个人，会有失望，会争吵，甚至无法维持关系。这也是现在这一代人出现"闪婚"和"闪离"现象的原因。

在激情的状态下是很难理性地看待一个人的，会忽视对方身上的缺点，在激情的作用下把一切美好的体验归因于遇到了真爱，而这种虚幻的"真爱"往往经不起现实的考验。

（七）完美式爱情=激情+亲密+责任

完美式爱情，象征了人类渴望实现的关系模式。尽管时间推移，但这种深厚的情感并未有任何减损。在所有七种恋爱类型中，完美型爱情就是"完美情人"所体验到的那种爱。许多人都曾经欣赏过你在年轻时的欢乐时光，赞美你的容颜之美，无论虚情假意还是真挚之言。然而，唯独一人始终钟情于你对信仰的忠诚，对你年华渐衰而布满皱纹的面庞依然痴迷不已。追求完美的爱情意味着找到了合适的人选，并且在这段相互热爱的旅程中，双方仍在持续地提升自己对于爱的理解和掌握。坚持自我的吸引力，乐于深入了解对方，并用真诚的心来呵护这份感情。

四、恋爱需要经过哪些过程：爱情发展阶段

（一）晕轮期

这段在男女双方刚刚接触或者交往的初期较为常见，对方的缺点在自己眼里也可能是优点，属于"情人眼里出西施"的阶段。

很多人不知道的是，爱是受激素化学元素影响的，爱情在激素的影响下，多巴胺的分泌让人在热恋期间激情四射，两人无论何时何地总希望在一起。男女双方看到恋人身上全是优点，就算有一些缺点，但也被解读为可爱的特质，几乎看不到对方的不良生活习性和不同的价值观，而且每个人都无限放大自己的优点，刻意掩饰自己的缺点。这个阶段总觉得对方身上布满了耀眼的光环，在心理学上称为晕轮效应。

这种掉在蜜罐里的感觉都是激素的作用，在这里身体吸引的成分占多数。但如果恋人双方频繁地缠绵在一起的话，这种激情多数只能维持3~6个月。

【案例9-2】

年轻的普希金爱上了娜坦丽，娜坦丽的美丽容貌深深吸引了普希金，让他对她的理解力、浪漫和高雅印象深刻，并渴望与她共度一生。然而，婚后不久，普希金意识到他们之间的价值观存在巨大差异，每次普希金向她朗读他的诗作时，她都会抗议："别读了！别读了！"反之，她常常邀请普希金陪她参加各种盛大的聚会和舞会。这种行为导致普希金放弃了自己的写作事业，背负巨额债务，甚至因争风吃醋而与人发生冲突，直至不幸丧生。

（二）认知与磨合期

这段时期男女双方会经常争吵，情绪起伏较大，忽高忽低。经过短暂的热恋期之后，对彼此的了解会越来越全面和深入，对身体的好奇和吸引也会逐渐冷却下来，双方刻意掩饰的缺点会逐渐暴露出来。这个阶段，双方才真正看到了对方身上存在的缺点，有时会出现无法忍受对方某些缺点的现象。

由于各种习惯以及价值观的差异，加上双方逐渐降温的热情，这个阶段通常会发生较多的矛盾，特别是缺乏安全感的女生。当女生感受到爱情的甜蜜如同泡沫一般消失之后，失望的心情让情绪忽高忽低，从而让男生捉摸不定，或许经常会发生强烈的争执，使双方都痛苦不堪。这时一方有分手的想法或做出分手决定的情况，就自然而然地发生了。多数恋爱的终止就是发生在这一阶段，也就是恋爱关系的结束是由外在吸引过渡到内在吸引的失败过程。这是一个比较艰难的阶段，在这个阶段需要双方投入更多的谅解、包容和耐心去经营爱情，相信爱情终究不会远离。

（三）理性期与平淡期

双方经过相互的磨合，对彼此已经知根知底，在相处过程中也有了一定的默契度。长时间的相处会使双方的感情逐渐成熟和稳定，初期的理性化的想法及期望被平和与温情所代替。感情进入稳定期后，会觉得对方的优点多于缺点，并愿意接纳对方的某些固有的缺点，这便具备了进入婚姻的基本条件。

【课程活动】

情景展现

操作步骤：将班级同学分成若干小组，每个小组由六人组成，三名男生和三名女生，进行三个阶段的情景演绎，每个阶段需要两名同学表演。其他组同学做观察员，记录并评比各组演绎情况。

活动要求：

（1）小组内的每一位同学都必须参加演绎。

（2）小组间评比：演绎的同学的表演是否可以突出不同爱情发展阶段的特点，演绎的同学是否完全进入角色。

五、什么是美好的爱情：健康爱情的特征

（一）双方是独立平等的

（1）人格上独立平等。没有谁依赖谁，也没有谁想要改变谁，更没有谁控制谁，更

多的是尊重对方、体谅对方。

（2）经济上独立平等。没有谁一味地单方面付出，也没有谁会在乎谁付出得更多，更没有谁掌控谁的财产或者谁贪图谁的财产，更多的是互相扶持。

（3）感情上独立平等。没有谁在乎谁更爱谁，也没有谁离开了谁就不能生活。可以轰轰烈烈地爱，也可以潇潇洒洒地离开。即使离开了，不在一起了，也不会去诋毁对方。

（二）充满让人进步的力量

良好的恋爱让人成长得轻松，而劣质的恋爱让人成长得痛苦。良好的恋爱让人收获美满幸福，劣质的恋爱让人堕入深渊；良好的恋爱能让人变得越来越优秀，而劣质的恋爱会让人越来越堕落；良好的恋爱过程是欣赏，劣质的恋爱总会让人遭受打击。

（三）双方恰当处理吵架闹矛盾

总有牙齿咬到舌头的时候，再好的两个人相处都会吵架闹矛盾。但闹矛盾后，没有谁应该一直单方面地道歉，吵架后应该先反省自己，谁错了谁道歉。双方在吵架闹矛盾时不要进行人身攻击。吵架闹矛盾后应学会了解对方，在了解中更懂得包容对方。

（四）健康的恋爱经得起各种考验

虽然不会为了爱情不顾一切，但也不会为了物质诱惑就随意抛弃对方，可以陪对方同甘，也可以陪对方共苦。

良好的恋爱关系里，保持适当的距离反而可以产生美，也可以做到小别胜新婚，不会因为承受不住孤独寂寞就随意放弃对方。

不管别人怎么评价诋毁对方，都能坚定对对方的感情，坚持自己所了解并接触的对方。不会因轻信别人的只言片语就质问对方，良好的恋爱关系总是信任多于猜疑。

【案例9-3】

自1986年起，王继才与妻子王仕花便放弃了他们的家庭生活，选择驻扎在一个遥远且荒凉的小岛——开山岛，直到2012年已有26个春秋。在此期间，他们不仅要承受家庭的分离及孤独生活的折磨，还要守护这座小岛上的每一寸土地，包括军事设备，同时收集各种数据以供观察。直至2012年11月，这对夫妻的故事被公众知晓后，引发了社会的广泛关注和称颂。

六、爱情的好与坏：爱情的意义

（一）积极意义

从个体发展角度看，恋爱对大学生心理成熟、健全人格有很大的促进作用。恋爱是培养责任心的重要手段，责任心是人的重要品质之一，恋爱中男女双方责任心则显得更为重要。感情从来不是孤立的个人心理活动，双方在生活的征途中风雨同舟，患难与共，彼此间的责任才会真正带来幸福的感情。恋爱是大学生释放日益强烈的性冲动的重要途径，让大学生更好地认识自己，促使大学生个性的完善和社会情感的发展。

（二）消极意义

重要的经历如热恋和分手，尤其是分手，这是每个人生命中不可避免且具有重要负面意义的事件之一，大学生谈恋爱可能引发他们无法专注于学习的困扰、思维能力的削弱、日常行为模式被打破及自我控制力的下降等问题，进而对他们的学习产生不良影响，甚至有可能阻碍其学业的发展。因为过分渴望亲近感，年轻人往往会寻求更多独处的时间，这使他们的社交圈子不断收缩，最终降低了与朋友互动的效果。

第二节
恋爱心理特点与问题

一、爱情的花开花落：恋爱心理特点

（一）恋爱动机多种多样

恋爱动机是恋爱行为产生的原因，即一个人为什么要恋爱，能反映出人的恋爱价值取向。[1]谈恋爱有的是为了打发无聊的时间；有的是为了排遣寂寞；有的则完全是因为生理需求；有的是虚荣心和攀比心在作怪。有的大学生是抱着认真态度谈恋爱，不仅是想谈一场恋爱，还是想找到适合自己的伴侣。

【课堂拓展】

研究显示，女大学生的恋爱动机更多地表现在她们的情感表达方面，希望在跟对方有共同理想、共同文化背景的条件下谈恋爱。同时，62%的女大学生认为谈恋爱是为了建立和发展一段专一的爱情，29%的女大学生认为谈恋爱是以建立婚姻家庭为主要目的。极少部分女大学生认为谈恋爱是"性的需求"和"拒绝空白期"。这足以证明，女大学生恋爱动机多元化。但绝大部分女大学生还是以追求专一的爱情和以结婚为首要目标。这与社会上一部分人的认知相悖。由于大学生同居现象十分常见，所以有一部分人认为

[1]《青少年价值观测评指标体系模型研究》课题组，王东：《当代大学生的婚恋价值观研究》，载于《中国青年研究》，2011（5）：42-47。

大学生恋爱主要是为了满足性欲的需要和物质上的需求。

（二）轻视恋爱结果

大多数大学生没有想过两个人以后的发展规划，抱着过一天算一天的态度。恋爱态度是注重过程轻视结果，不求天长地久，只求曾经拥有。少数大学生想过这个问题，越想越纠结，结果就不再想。少数大学生认真考虑过这个问题，两个人将来要结婚，一起努力到同一个城市打拼，这种大学生少之又少。大学生谈恋爱时不看重恋爱结果。

（三）爱情与学业难平衡

在校园里经常看到一对情侣每天都在一起，不管是上课还是吃饭。上课的时候总是一起坐在教室的某个角落，不停地聊天。课余时间，两人往往计划周末外出约会。学习不再被重视，爱情成了生活中唯一重要的事情。在学校中，这种现象比较常见，很多大学生因为谈恋爱心系对方，无暇顾及学习，难以保持爱情与学业的平衡。

（四）难以应对爱情中的挫折

爱情可能会遭遇挑战和困难，比如告白失败、长时间的努力没有回报、分手等，这对许多大学生来说都是巨大的压力。这些情况会引发他们的情感崩溃、注意力减弱、记忆力下降、对学业失去兴趣、社交活动减少、深陷悲伤不能自控。有些同学甚至因此而彻底丧失信心，变得消沉沮丧，少部分的人还会出现病态思维并采取极端行动，从而违反法规，伤害自己也伤害他人。

（五）恋爱方式不文明

大学生们在热恋中表现出极度丰富的情感和强烈的情绪，他们渴望与对方有紧密的身体接触。因此，我们常常在教学楼、食堂、操场以及校园内的景点等公共区域看到他们过于亲密，行为不检点，这让人反感，严重影响了大学生的形象，影响校园文化。

【课堂拓展】

恋爱方式：在恋爱方式上，大学生更是呈现多样化的趋势。除传统的正常恋爱交往方式外，还有异地恋和网恋。大学生从初高中的世界里脱离出来，正式离开父母的怀抱和熟悉的环境开始独立，在网络如此盛行的现代社会，开始依赖网络进行人际交往，甚至是网络恋爱。调查显示，目前大学生每天平均上网时间达到了5.3小时，是全国平均水平的2.3倍。网络虽然给予了辽阔的信息获取平台和交际舞台，但同时使一种新的恋爱方式——"网络恋爱"发展起来，无论何事皆有其双重特性，互联网亦然。它既能为用户提供便利的工具与信息，也存在着"虚幻"的一面，每个人都能够创建假名，并塑造出截然不同的在线生活，这往往使那些沉迷网恋的人们遭受欺诈而结束这段感情。感情和金钱都受到欺骗，造成大学生对感情产生不信任的心理，更严重的甚至会产生报复心理。

（六）性行为发生率增高

随着年龄的增长，大学生生理发展成熟，心理发展尚未成熟。面对性的生理需求，有些大学生难以控制自己，过早地偷尝禁果。加上受到西方性解放观念的影响，对性抱有开放的态度，觉得发生性行为是理所当然的，导致大学生性行为发生率增高。有些同学甚至仅仅为了满足生理需求而去谈恋爱，这往往给大学生带来身体上和心理上的双重伤害。❶

二、独自承受：恋爱心理困境

恋爱心理困境如图9-2所示。

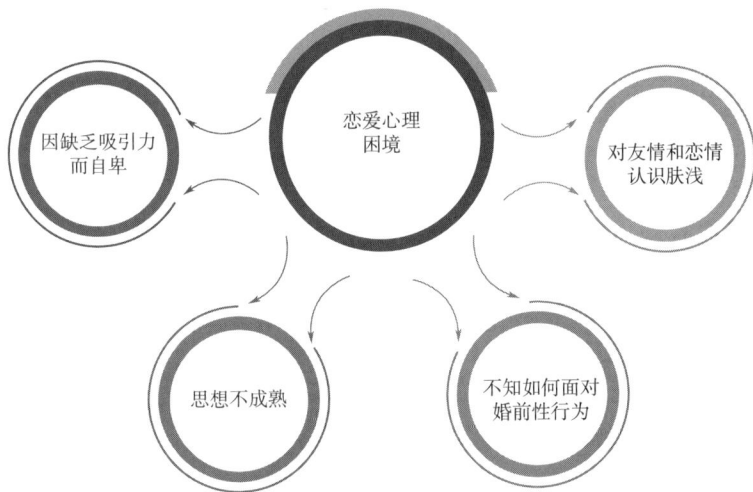

图9-2　恋爱心理困境

（一）总感到自己缺乏吸引力

心理难题：因为缺少恋人的陪伴而感到自卑，觉得自己对异性没有吸引力，不敢大胆与异性接触，害怕在异性面前犯错。形成原因有：对恋爱吸引力有误解，缺乏科学认知。在挑选异性伴侣时，认为个人的性格、能力、品质和爱好更具吸引力。通过从各个方面寻找自己的优点，提升自信，学习辩证地思考问题，理解事物的双重性，早一步发现的爱情可能会提前消逝。

---

❶ 赵晓敏、刘歆：《大学生恋爱心理特点及教育对策》，载于《学园》，2015（5）：147-148。

（二）能做恋人的异性朋友难寻

对友情和恋情认识比较肤浅。大学生的心理状态可能受到社会进步速度加快和社会思想变迁，所带来的复杂人际关系的挑战。我们需要明确的是，恋爱是自然的、社会的且具有多样性的，并指导他们如何在追求爱情时保持主见的同时尊重自然规律。在选择伴侣的过程中可能会出现一些相反的情绪反应或群体行为，这有可能导致不良的后果，并对自身和他人的情感造成损害。因此，在与同龄人交流互动的时候要学会管理自己的感情，避免误解为深厚的喜爱而将其视为真正的爱情。

（三）心智幼稚，无法承担后果

由于大学生心理年龄小，思想并不成熟，没有能力去处理失败恋爱带来的问题。有些大学生在恋爱失败后由于承受不了失败恋爱的打击，思想上看不开，整天沉溺于失恋的痛苦中不能自拔，有些人甚至走上犯罪和自我毁灭的道路。

（四）不知如何面对婚前性行为和"试婚"现象

除了与大学生性心理发育成熟及角色特殊性相关以外，一方面是受西方"性自由、性解放"影响，另一方面与我国学校性知识教育薄弱、大众媒体宣传较少有关。

三、恋爱困扰与应对：常见恋爱心理问题

（一）恋爱动机失真

恋爱动机源自恋爱的需要，直接指向了恋爱的目的。❶

1. 从众效应

又称为羊群效应，总是被周围的人所影响，开始就质疑自己的决定是不是正确。看着同学们时而秀恩爱，就会有想要恋爱的冲动，尤其是对室友产生更大的负面影响。

2. 贪慕虚荣

在很多大学生眼里，有对象是非常值得炫耀和骄傲的事，是对外证明自己本事和能力的一种方式。反之，无恋爱可谈被认为缺少魅力，尤其是女大学生，更容易沉浸在被人追求和欣赏中不能自拔，甚至迷失了自己。

【案例9-4】

居斯塔夫·福楼拜，法国著名作家。他在小说《包法利夫人》中，主要讲述了漂亮单纯的爱玛嫁给了小镇的医生查理·包法利。她发现婚后乏味无趣的生活与自己理想中

---

❶ 尹涛：《大学生恋爱中存在的心理问题及对策研究》，载于《教育教学论坛》，2020（43）：96-97。

浪漫有情趣的生活不相符。她先与鲁道夫私通，后与练习生赖昂偷情，最终受到放高利贷的勒索欺骗，在爱情的破灭与经济的崩溃中，服毒自尽。包法利夫人在追逐理想生活中，感性压倒了理智，迷失在浪漫又虚幻的欲望中。

3. 功利心态

一些大学生常以金钱多少、门路多少、权力大小为衡量恋人的标准，不看重对方的人品道德与责任意识，更注重物质条件。

（二）恋爱态度失衡

1. 恋爱与学业的关系

面对学校里繁重的学习任务，将有限的时间和精力置于学业之上，把宝贵的精力和青春过多地消耗在谈情说爱上，既耽误了学业，又难以获得真正的爱情。

2. 恋爱与集体的关系

把自己禁锢在两人世界之中，就会远离集体，就会影响自己的人际交往朋友圈，阻碍个人的成长和发展，不利于社会适应能力的提升。

3. 恋爱与道德的关系

恋爱的前提是双方平等、互相尊重。恋爱过程必须恪守道德要求，恋爱过程中互帮互助、真诚相待，选择恋爱对象时应注意对方的道德品质。恋爱行为要文明、自尊、自重、自爱。

4. 恋爱与博爱的关系

爱的情感包括情侣之爱、父母之爱、朋友之爱、社会之爱、祖国之爱等。一个大学生如果不爱自己的父母、同学、朋友、学校和社会，就不可能在恋爱过程中付出真情感。

（三）恋爱行为失当

1. 透支式的恋爱投入

大学生把精力、时间和金钱投入到谈情说爱中，没有经济独立，需要家庭给予经济支援，无形中给家庭带来更大的压力和负担。

2. 浮夸式的情感表示

部分大学生在展露自己的感情时，过于随意、不拘小节，在大庭广众之下，出现一些不合时宜的动作和行为。更有部分大学生甚至偷吃禁果，长期同居。

3. 极端化的报复行为

对爱情的片面认知和不真实的恋爱动机，导致大学生在恋爱中唱"独角戏"等现象经常发生。

【案例9-5】

兰山区一男子张某在前女友提出分手后，不断采用泼油、砸车、砸监控、装定位等极端手段强迫女方继续和自己谈恋爱。张某最终没能迎来爱情，反而因寻衅滋事被送进了看守所。

（四）恋爱道德失范

1.恋爱道德的庸俗化

部分大学生在爱情、自我利益、家庭和社会责任等方面的意识淡薄。大学生恋爱不端正，出于虚荣、解闷、欲望等，影响了大学生自己和所爱之人的学业和未来，增加家庭经济负担，助长社会不良风气。

2.恋爱目的功利化

表现在建立一种爱的关系过程中，把爱当作一种投资和交易，看对方是否有"利用价值"，玷污了爱情的高贵与纯洁。

【案例9-6】

男子王海专门通过婚恋网站结交单身女性，多次以索要礼物为由骗取"女友"钱财。2013~2015年，王海先后诈骗蔡某等8名女子共计40余万元。2016年4月8日，王海被以诈骗罪判处有期徒刑五年。

四、恋爱的未来：大学生的婚姻观

婚姻观这方面，主要分为大学生对未来婚姻的期盼和对未来家庭角色和地位的构想。对未来婚姻的期盼：绝大多数女性表明预计结婚的年龄在25~30周岁。随着我国改革开放的深入发展，自由且开放式恋爱与婚姻观念也慢慢进入中国。大学生作为年轻一代相比较而言是很容易接受新鲜事物的。

对未来家庭角色和地位的构想：大学生已经开始逐步摆脱传统的"重男轻女""男尊女卑"的陈旧观念影响，开始在未来的家庭中为自己争取平等权利。这正是高知识女性优势的体现。接受了高等知识和素质水平的教育，她们维护自己的权益、保障自己的权益的意识得到了提升。在现代大学生看来，结婚后双方应该平等地共同分担家务，不以经济基础来决定家庭地位。在家庭中作为丈夫和父亲的角色应该更多地参与到孩子的教育和家务的劳动中，以此来填补家庭中的空白部分。

第三节
正确对待失恋

有恋爱就会有失恋。两个人从相识、相恋、相爱到结婚，要经历曲折坎坷的过程和时间的考验。当伴侣因社会环境、他人介入以及感情冲突等原因导致关系破裂时，失恋的打击将极大地影响大学生的心理状态、生活质量、正常的学习与工作。如果只是一方决定分手，另一方苦苦追求，就会给失恋一方带来很大的打击。当遭遇感情破裂时，人们往往会选择回避事实，减少社交活动，并在内心深处自我惩罚，这也会对家庭成员产生负面影响，有些人可能会采取行动或心理方式来伤害对方。而分手带来的痛苦有时候可能导致严重的影响，例如自残、心理扭曲或者精神崩溃等，所以每个正在经历爱情的人都需要有应对分手的心理预备。

一、乌云密布：失恋症状

（一）极度的悲伤和绝望

失恋者对恋爱对象的喜欢程度越强时，该症状的表现就越强。

（二）感到无比的难堪和羞辱

对于自尊心越强的失恋者来说恋爱的公开程度过大，表现就越明显。

（三）充满了虚无感和失落感

热恋时对爱情存在越肯定，失恋后虚无感越强烈；热恋时产生依赖心理倾向越大，得到的恋人温暖和安慰越多，失落感也就越多。

（四）对恋爱对象产生憎恶

失恋后，失恋者对平时感兴趣的事物会感到索然无味，冷淡视之；对恋爱对象会产生憎恶，怀恨在心，产生报复心理。

二、为何结束恋爱：失恋原因

（一）社会心理因素

1. 家庭的压力

在大学生挑选恋爱伴侣的过程中，父母的影响力相当大。由于恋人双方缺乏勇气和信念，又害怕父母的权威，他们觉得自己与对象不匹配或者外貌差距过大，感到自卑。

再加上父母的干预，只能痛苦地选择分手。

2. 社会舆论与风俗的压力

因为社会舆论和风俗的影响，比如认为两个不同地方的人不适合在一起生活，这可能会妨碍他们与对方父母的交流，所以恋爱双方会感到巨大的压力。

3. 环境条件的限制

毕业后，两个恋人可能无法共同就职，或者许多情侣会发现他们的工作地点并不相同，甚至可能相隔很远，这使他们在面对家庭的负担和其他责任时必须做出艰难的选择，有时只能无奈地放弃彼此。

（二）个体心理因素

1. 一方变心，见异思迁

当一方在恋爱过程中遇到了一个比他们现有的伴侣更好的人时，他们就会选择分手，对新鲜事物产生厌倦，选择离开对方。

2. 个性不合，观点分歧

因为恋人之间的性格特点各异，在相处过程中他们的思想和感情可能会产生冲突，容易发脾气并争吵，导致他们难以维持关系，最后只能选择分手，这也是大学生失恋普遍存在的原因。

3. 恋爱动机不纯

有些大学生的情感驱动并不纯粹，他们对爱的理解不足，视恋情为游戏，或者追求对方的财富，利用感情来满足自己的欲望，见到谁都想去喜欢，四处播撒他们的热情，最终却只能得到无人理睬的结局，这样的情感驱动力存在问题，缺乏对他人尊敬的大学生注定会遭到遗弃。

三、走出阴霾：失恋心理调适

（一）冷静分析失恋原因

为了走出分手带来的伤痛，并避免情绪与行动上的异常，我们需要重新审视爱的价值，它并非生活的全貌，而是一个人对梦想和生活目标的追寻。通过理性地思考分手的原因，我们可以更有效地减轻分手带来的伤害，当我们回想起那些并不愉快的共处时光时，我们的悲伤将会大幅度降低。

（二）学会采取转移的方法

分手的伤痛往往会引发强烈的情绪反应，一旦经历分手，应立刻转换生活场景，积极投入到新的事物和社交活动中去，尽可能地接触大自然，以此来转移自己的注意力和情感焦点。同时，要专注于自我兴趣爱好，全身心投入学业，把分手带来的悲伤化为前进的力量。这样一来，人们就能从不断地学习进步中感受到人生的价值不仅仅在于恋爱，更重要的是追求事业成功。可以转移感情，寻找新的替代者，诚心去寻觅真正属于自己的爱。

（三）学会自我安慰

一种有效的方法是利用自我安慰来减缓分手带来的伤痛。这种方法的目的是让个人能够自我调整和保护自己免受伤害。思考前任的不足可以削弱对他们的完美幻想，从而更易于遗忘他们。同时，把个人的优势一一列举出来并发现自身的闪光点，坚信自身拥有如此之多的优点并不难找到新的伴侣，这能增强我们的信心，减少内心的痛苦。

（四）合理宣泄，减轻痛苦

当经历分手时，我们需要找到适当的方式释放自己的痛苦、忧虑与愤怒。过于抑制这些情感可能会导致自我更深层次的抑郁、孤立和悲伤。如果没有合适的人选分享你的困扰，你可以选择把心事记录下来，然后独自在家中痛哭流涕或者去人迹罕至的地方比如大海边放声高喊，以此彻底表达并舒缓内心的情感波动，从而实现心灵的平复和理性思维的回归。然而，这种宣泄必须控制在一个合理的范围内，避免陷入持续不断的负面情绪旋涡，以免影响自己的精神健康。

（五）发挥社会支持的作用

为了缓解分手带来的伤痛，个人需要自我激励的同时，也需得到亲友、家人的关爱与学校的理解及社会的关注。他们能有效地协助我们减缓悲伤，而这部分的社会力量是不可或缺的。我们可以经常陪着失去爱情的人，耐心聆听他们的感受，并通过交流来舒缓情绪，引导他们走出内心的困扰。此外，学校和社区可建立咨询服务中心，为有需求的大学生提供专业的心理咨询服务，以降低他们在感情挫折中的精神压力，我们要培养坚定的工作态度，避免因恋爱失败导致行为失常，理性控制自己的情感反应，从而降低分手所产生的负面影响。

第四节
爱情的不同阶段

一、如何开始爱：爱情初期应有的心理状态

爱情初始时期如图9-3所示。

降低期待值

主动表达，害怕什么就出言拒绝，讨厌什么就直接提醒

建立彼此都舒适的恋爱模式

用最小的恋爱成本收获最多的快乐

心理建设

要在潜意识里接受另一个人的存在，做事时多想想对方

"天平原则"

棋逢对手，势均力敌

图9-3 爱情初始时期

（一）心理建设：恋爱是两个人的事

恋爱之前，每个人往往都是独立的，习惯了一个人的生活，这时，突然生命中要多一个人，肯定会有些别扭。从某种程度上来说，这也就相当于我们原来的生活方式和习惯其实很大程度上会因此而改变。在此之前，我们要做好充分的"心理建设"，这样当我们真正恋爱时才不会感到手足无措。"情侣"这个词，本身就指代两个人。既然准备恋爱，就要在潜意识里接受另一个人的存在，做事时多想想对方。

心理学上，被称为"恋人参照效应"，指的是当你真正喜欢、接纳对方的时候，你会在潜意识里把对方当作自己的一部分，既不是附庸也不会独立于自己之外。这也就是为什么我们看到了罗密欧就想到了朱丽叶，看到了杰克就想到了露丝，因为他们彼此有强烈的恋人参照，也就是他们的深爱令我们铭记。这也都证明了，爱情必须是两个人的事情，我们要恋爱，就应当先学会真正接受对方的存在。

（二）降低期待值：平平淡淡才是真

越是没有谈恋爱，越是把恋爱看得神奇无瑕。但爱情的真相是，我们除了那份多巴胺分泌的快乐，还会有更多的争吵、冷战和矛盾。因此很多时候，我们越是满怀希望和憧憬地进入一段恋情，结局大多又满怀失望。因此恋爱前，我们一定要降低期待值，以及高期待下的高要求。不是每对情侣都像诗中写的那样"身无彩蝶双飞翼，心有灵犀一点通"。抱着对爱情无限憧憬的浪漫主义者把这句诗当作指导自己恋爱的法则，灵魂伴侣少之又少，即便你们是灵魂伴侣，也存在着不能心有灵犀的可能。当我们抱着高期待高要求进入一段新恋情，渴望对方完全明白自己的所有心思，那么对于这种不可能的事，失望也是注定的。所以说，需要什么就要主动表达，害怕什么就出言拒绝，讨厌什么就直接提醒，不要太期待对方可以通过你的一个眼神或者小动作就能明白自己所有的心思。

（三）建立彼此都舒适的恋爱模式

每对情侣的恋爱模式都不同，而对于没有恋爱经验的新人而言，建立彼此舒适的恋爱模式变得更为重要。彼此舒适的模式就是当我们在这个模式中时，能用最小的恋爱成本收获最多的快乐，能尽情畅快地沟通和相处，能激发出彼此的潜力，不断地前进。这个恋爱模式只属于这两个人，有足够的防御能力应对外在的诱惑。

（四）恋爱双方必须对等：天平原则

《简·爱》曾言："爱是一场博弈，必须保持永远与对方不分伯仲、势均力敌，才能长此以往地相依相息。"好的爱情，都有一个门槛，要棋逢对手，要势均力敌。靠牺牲自我乞讨来的爱情，都不会太长久。这也就是为什么古代讲究门当户对，并不是爱情嫌贫爱富，只是任何一份爱情，都来自强者对强者的互相欣赏，很难长久地与弱者之间相互共情。

二、如何经营爱：爱情过程中需要正确的爱情观

（一）肯定的言辞

正所谓"良言一句三冬暖，恶语伤人六月寒"，肯定的言辞总能给人带来积极向上、阳光温暖的情绪体验。肯定的言辞除了真诚地肯定和欣赏自己的伴侣，还包括鼓励的话语、仁慈的话语、谦逊的话语。

鼓励的话语诸如"我相信你一定可以的""如果那是你决定要做的，我会全力支持你"，当伴侣陷入困境、缺乏勇气和安全感的时候，鼓励的话语就像是打气筒一样为对方灌注希望和动力。

仁慈的话语更多强调说话时的语气、语调和方式，就好像"对不起，我错了"比"都是我的错行了吧"听起来更诚恳、更充满爱意一样，语言的非内容信息在解读其含义时起着十分重要的作用。

谦逊的话语告诉我们要区分请求和要求，关系中的双方都各为平等的成年个体，请求是在肯定伴侣的价值和能力，而一味顺从要求的背后，绝不是爱的传达。

（二）精心的时刻

首先强调的是一种注意力的指向，而非物理距离或者事情本身。尽管有的夫妻身处同一空间，甚至合作完成同一件事情，但思绪却并不在对方身上，那便认为他们并没有共享"精心的时刻"。

在所有精心的时刻中最常见的是精心的会话，但并不见得所有人都懂得如何开展精

心的会话。精心的对话关键在于如何倾听、如何共情、如何让对方感觉到被关注、被看见，而在这个过程中，自我表露自身的感受和情绪，而非事实和想法，也十分重要。爱的语言使用不当，也会造成彼此之间的落差。

还有一类精心的时刻叫精心的活动，可以是一方感兴趣或双方感兴趣的事，重点不在于内容，而在于目的和体验。例如，一起去听一场演唱会、一起去野餐、一起去打球等，这些活动会留存于参与者的情景记忆中，在将来被提取、被回忆，会让爱再次浮现。

（三）接受的礼物

礼物可能是大多数人都会使用的表达爱意的语言，但在送礼上弄巧成拙的事情也常常发生。礼物重在接受礼物的人，而非价钱。

礼物可以是走在路上不经意看到的掉落的枫叶，可以是亲手用卡纸折成的星星，甚至还可以是对方需要时的陪伴，只要是对方愿意且舒服的，不用等到特定的时间和场合，它们也能传达出一个人的爱意。

（四）身体的接触

事实上，身体的接触也是关系中表达爱的语言之一。身体的接触包括但不限于牵手、接吻、拥抱和性，学习对方的身体语言，用适当的、对方喜欢的方式去触碰，满足其情绪需要，表达对对方的深情。

【课堂拓展】

破坏婚姻关系的四大"杀手"

戈特曼博士对婚姻进行了多年研究，他可以通过与一对夫妻几分钟的沟通预测他们将来是否会离婚，预测的准确率高达90%以上。他发现了破坏婚姻关系的四大"杀手"：一号"杀手"是指责，二号"杀手"是轻蔑，三号"杀手"是防卫，四号"杀手"是冷淡。

三、如何结束恋爱：友好和平地分手

（一）认真分析

结束一段恋爱应该认真去思考，去分析，毕竟恋爱不是那么容易放下的，应认真思考两个人之间的感情是否还能继续，是否有挽回的余地。

（二）适当改变

恋爱的人应该相互包容，如果有可能，就学会改变自己，做出适当的让步，共同去经营彼此的爱情。如果真的不可能继续了，那么再选择放弃。

（三）果断放下

爱情是不能将就的，两个人之间不合适了，选择分开，同时也要果断，不要犹犹豫豫，不要等待对方回心转意，期待对方挽回自己。

（四）学会忘记

结束了一段恋爱，心情难免会失落，会伤心，这时候就要学会调节自己，坦然接受放下的爱情，重新迎接属于自己的新生活。学会忘记，不要再去回忆或者思念已经放下的恋爱。

（五）充实生活

让不合适的恋爱结束之后，充实自己的生活，努力提升自己的生活质量，让生活过得充实而有意义。不要让不再拥有的恋爱影响自己的情绪，要懂得调节。

（六）珍惜眼前

恋爱的结束意味着新的开始，不去回忆，不去伤心，认真地做好自己应该做的事情，坦然地放下过往，珍惜当下的生活，让自己对生活充满希望。

四、如何面对失恋：不能为爱情耗费所有精力甚至生命

（一）让自己忙起来

关于克服痛苦的方法，戴尔·卡内基曾说过这样一句话：人的大脑不能同时思考两件事情，当你忙碌的时候，就没有时间抑郁了。失恋后，人难免会感觉到痛苦，可若不懂得控制自己的情绪，放任痛苦的蔓延，便会使自己在痛苦的泥潭中越陷越深。而控制自己的情绪，令自己走出失恋痛苦的方法，便是让自己忙碌起来。有人在失恋后，曾说过这样一句话，爱情是虚无缥缈、无法琢磨的，它是我们无法掌控的，唯一不会辜负我们的，只有事业。"一分耕耘，一分收获"这句话或许并不适用于爱情，但它一定适用于事业。

人在失恋后，心中难免会产生一种被人抛弃的失落感，如果让自己沉溺在痛苦中，就会丧失自信与希望；可如果懂得将失恋的痛苦化为拼搏事业的动力，便能够在分散失恋痛苦的同时，也获得事业上的成就感。

（二）打开心扉，结识更多优秀的人

很多人在失恋后，都喜欢将自己关在封闭的房间中，放任痛苦蔓延。可将自己封闭起来，非但无益于排解失恋的痛苦，更会使自己陷入回忆的痛苦中，难以自拔。而排解

这种痛苦的方法，便是不让自己处于封闭的环境中，让自己走出去，打开心扉，去认识更多的人，便会发现，其实这世上有很多优秀的人，失去一个不爱自己的人，并不可怕，这样可以找到一个与自己相爱的人。

失恋后，如果我们不能够打开自己的心扉，去结识更多优秀的人，就不会忘记旧恋人带给自己的伤害，也不会有心思去开展一段新的恋情。

走出失恋有两个秘诀，一是用时间来治愈失恋的伤痛，二是重新开启一段新的恋情，这世界很大，总会遇见能与自己两情相悦的人。

（三）出去旅行，看看更广阔的世界

爱情不是人生的全部，即使失去了爱情，人生同样可以是多姿多彩的，只要我们愿意细心观察生活，便能够在生活中见到美丽的风景，重新找到人生的意义。失恋后，与其将自己关在封闭的房间中痛苦不堪，不如给自己的身心放个假，出去旅行，去看看更广阔的世界。在旅行的过程中，我们或许会重新感受到人生的意义，街边的一草一木，路上的行人与车马，它们都在以自己独有的生存姿态，向我们展示着生命的意义。

人生不只有爱情，唯有懂得用一颗平常心去看待爱情，才能体会到人生中的美好，从而不再狭隘地将爱情看作生命中的全部意义。如果无法摆脱失恋的痛苦，便试着出去旅行吧，外面更加广阔的世界，能让你看见人生中更美丽的风景，从而减轻失恋的痛苦。

五、如何拒绝爱：充满善意地拒绝

（一）留有余地

做什么事情都要给对方留有余地，哪怕是拒绝对方。应该照顾到对方的颜面，不要在人多的地方拒绝，更不要说一些狠话伤害到对方。要知道，由爱生恨的报复性事件非常多，千万不要给自己树敌。

（二）大方得体

如果不喜欢的异性向自己示好时，不要扭扭捏捏，也不要对对方不理不睬，要大大方方地像普通朋友一样对待对方。

（三）当断则断

如果认为对方实在不合适，不要给对方一个模糊的认知，不要让对方产生自己喜欢对方的错觉，这样时间长了会让彼此陷入一种进退维谷的境地。拒绝注定会给人造成伤害，但如果拒绝方式不干脆，很容易给人造成误解，等到对方发现是自作多情之后将会

陷入更痛苦的深渊。因此，不要因为于心不忍而给对方造成更大的伤害，伤害了别人，也连累了自己。

（四）适当地装傻

如果对方的表白不是很明显，可以假装没有理解到，委婉地告诉对方适合做朋友，不适合做情侣。

（五）切莫暧昧

在接受任何一段恋情前，都应该明确地想清楚，自己到底是出于什么目的。如果仅仅是无聊，想找个人解闷，那么千万不要去谈恋爱。那样只能浪费自己的感情，而且会伤害别人的感情。千万不要搞暧昧，不然会引火烧身。

【讨论活动】

（1）情景展现

操作：将班级同学分成若干小组，注意男、女同学比例。每个小组分别由两名同学轮流扮演表达爱情的人（角色A）与谢绝爱情的人（角色B），其他同学做观察员，评比扮演角色B的同学的表达能力，并对他（或她）的不足给予帮助。

活动要求：

①小组内的每一位同学都至少扮演角色A一次、扮演角色B一次；

②小组内评比：扮演角色B的同学的言辞是否可以有效拒绝爱情，而且使扮演角色A的同学不感到尴尬。

（2）巧妙地对不爱的人说"不"

我们在生活中有时会遇到对自己钟情，可自己却无法接受对方爱情的情况。设想一个你不喜欢的人向你求爱的情境，请在头脑中想出至少10种不同的方法拒绝对方。前提是不伤害对方的自尊心，使你们的友谊可持续发展。

第五节
性心理概述及问题调试

一、什么是性：性心理和性心理健康

性心理指在性生理的基础上，与性征、性欲、性行为有关的心理状态与心理过程，包括与异性交往和婚恋等心理状态。性生理是性心理发展的生物学基础，性生理发育的障碍或缺陷，会使性心理的发展出现偏差。

性心理健康指个体具有正常的性欲望，能够正确认识性的有关问题，并且具有较强的性适应能力，能和异性进行恰当交往，在免受性问题困扰的同时，还能增进自身人格的完善，促进自身身心健康的发展。

二、当代大学生的性心理：性心理现状

（一）对恋爱渴望与对异性心理不了解的矛盾

长期以自我为中心的男女大学生对异性心理了解并不深，不能换位思考与共情理解对方的心理需求，在恋爱期间，双方易发生争吵、生气、矛盾，乃至恶性事件。

（二）性的身心需求与社会规范和道德责任的矛盾

适龄的男女青年独处时常会产生强烈的相互吸引力，甚至会发生相互爱抚、接吻等行为，这些与传统教育或道德责任是相违背的，近代西方思想传入，使大学生徘徊于传统与开放性的观念之间，内心可能会引发道德焦虑。

（三）开放性观念和行为表现上装饰性的矛盾

大学生对性的关心程度明显增强，十分重视自己在异性心目中的形象，看重异性的评价，按照异性要求和希望来进行自我评价和塑造自己的形象。尽管大学生心理上对性问题和异性都很关注、很敏感，但在行为上却表现出拘谨、羞涩和冷漠，具有明显的装饰性。

（四）注重恋爱过程，轻视恋爱结果

一些大学生由于自身寂寞，为了满足精神要求或者受环境影响跟风谈恋爱，大多不考虑长远的恋爱关系，认为只需要一时的陪伴或者是虚荣地攀比，恋爱中没有体现专一性、平等性和持久性。把恋爱与婚姻分离，只强调爱的权利而否认爱的责任，是大学生性心理不成熟的表现。情感依赖较重，心理承受能力薄弱。

三、大学生如何面对性：大学生的性心理困扰

大学生的性心理困扰大概有两种：性认识矛盾、性行为矛盾。性认识矛盾主要包括性忠贞与性自由的矛盾；性行为矛盾主要包括面临性冲动，部分学生率性而为，部分学生否定性冲动。

四、如何引导大学生正确面对性

性健康教育对策如图9-4所示。

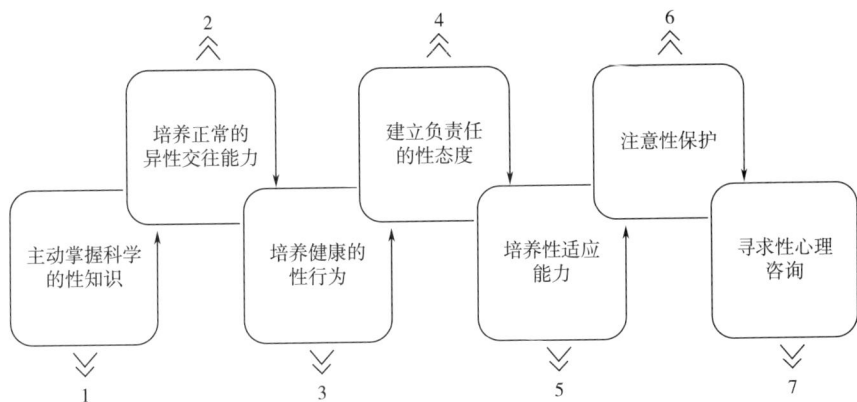

图9-4 性健康教育对策

第六节
大学生恋爱能力提升策略

一、如何引导大学生提升恋爱能力：教育对策

（一）加强对大学生恋爱与性知识的教育

学校通过开设心理健康课程或邀请专家举办讲座等方式，讲解正确的恋爱观和性观念，加强对大学生恋爱和性知识的教育。大学生明白什么是爱情，高质量的爱情是怎样的，如何去恰当表达自己的爱，如何去经营、珍惜一份爱情，以及大学生需要了解哪些性常识，明白什么是健康的性行为，远离危险的性行为，引导大学生树立正确的性观念，教会女生在恋爱中保护自己。

（二）帮助大学生有效应对恋爱中的挫折

恋爱中遇到挫折并不可怕，在挫折面前不知如何应对或是错误地应对才可怕。学校应该加强大学生挫折应对教育，通过校园文化活动、宣传栏、团体活动、讲座等向大学生传递有效应对挫折的方法。大学生在恋爱中遇到挫折时，应知道哪些方式是不能采取的，哪些方法是有效的，以及要去哪里寻求帮助，找谁寻求帮助或如何帮助自己。

（三）教育大学生养成文明的恋爱方式

学校通过课堂、讲座、宣传栏等教育大学生学会文明的恋爱方式，让大学生明白在公共场合旁若无人地过度亲密的行为是不文明的，既是对自己也是对别人的不尊重，学会表达爱要分场合，适时适当表达。

（四）发挥心理健康辅导中心的作用

学校心理健康辅导中心引导大学生树立正确的恋爱观，正确面对恋爱中的挫折以及平衡恋爱与学业之间的关系。从新生适应讲座、心理健康课到心理讲座，向大学生传递恋爱心理知识，教会大学生什么是爱，如何表白，恋爱中如何沟通，如何面对恋爱难题等。可以通过个体心理咨询、团体心理辅导的方式帮助有情感困惑的大学生。

【讨论活动】

小测试：爱情与喜欢量表

指导语：请根据自己的实际情况，对以下陈述做出判断，符合计1分，不符合计0分。

（1）在他（她）情绪很低落的时候，我觉得很重要的职责就是使他（她）快乐起来。

（2）在所有的事件上，我都可以信赖他（她）。

（3）我觉得要忽略他（她）的过失是一件很容易的事情。

（4）我愿意为他（她）做所有的事。

（5）对他（她）我有一种想占为己有的想法。

（6）若我不能和他（她）在一起，我会觉得非常不幸。

（7）假使我孤寂，首先想到的就是要去找他（她）。

（8）在世界上我的事也许很多，但最重要的事是他（她）幸福不幸福。

（9）不管他（她）做错了什么，我都愿意宽恕他（她）。

（10）我觉得他（她）的幸福是我的责任。

（11）和他（她）在一起时，我发现自己什么事都不想做，只想用眼睛看着他（她）。

（12）若我也能让他（她）百分之百地信赖，我会觉得十分快乐。

（13）没有他（她），我觉得难以生活下去。

（14）我和他（她）在一起时，我发觉好像两人都有相同的心情。

（15）我认为他（她）非常好。

（16）我愿意推荐他（她）去做令人尊敬的事。

（17）在我看来，他（她）特别成熟。

（18）我对他（她）有高度的信任。

（19）我觉得大部分人和他（她）相处，都会对他（她）有很好的印象。

（20）我觉得和他（她）很相似。

（21）我愿意在班上或团体中，做什么事都投他（她）一票。

（22）我觉得他（她）是许多人中，容易受到别人尊敬的一个。

（23）我认为他（她）是十二万分聪明的。

（24）我觉得他（她）是我认识的所有人中，最讨人喜欢的。

（25）他（她）是我很想学习的那种人。

（26）我觉得他（她）非常容易赢得别人的好感。

上述题目中，与自己相符，计1分；不相符，计0分。前13个题目的得分合计后得到爱情分量表总分，后13个题目的得分合计后得到喜欢分量表的总分。如果爱情分量表的总分高于喜欢分量表的总分，那么你对对方爱的成分多于喜欢，你们之间是爱情而非友谊；反之，则是友谊而非爱情。

二、如何提升自己的恋爱能力：自我培养

大学生恋爱能力自我培养如图9-5所示。

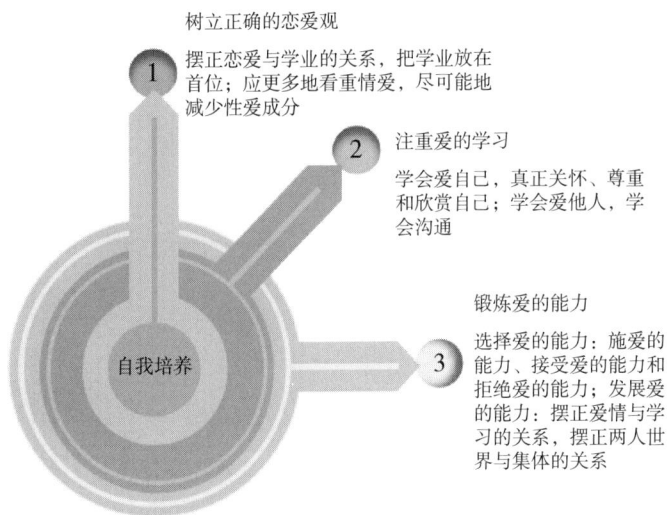

图9-5　大学生恋爱能力自我培养

【讨论】

1.你了解过失恋后都有哪些哀伤反应吗？

2.你认为提升恋爱关系质量的方法还有哪些？

3.学习完本章，你认为应该怎样对待性？